U0772426

编译文库

马克思主义

韦红霞 著

红色文化融入高校思想政治教育
—— 学理阐释和实践路径

Research on the Integration of Red Culture into Ideological and
Political Education in Universities

中央编译出版社
CCTP Central Compilation & Translation Press

图书在版编目（ＣＩＰ）数据

红色文化融入高校思想政治教育 ： 学理阐释和实践
路径 ／ 韦红霞著. -- 北京 ： 中央编译出版社，2024.4
　　ISBN 978-7-5117-4707-5

　　Ⅰ．①红… Ⅱ．①韦… Ⅲ．①高等学校－思想政治教
育－研究－中国 Ⅳ．①G641

　　中国国家版本馆CIP数据核字(2024)第052810号

红色文化融入高校思想政治教育：学理阐释和实践路径

责任编辑	李媛媛	
责任印制	李　颖	
出版发行	中央编译出版社	
网　　址	www. cctpcm. com	
地　　址	北京市海淀区北四环西路 69 号 （100080）	
电　　话	（010）55627391（总编室）	（010）55627319（编辑室）
	（010）55627320（发行部）	（010）55627377（新技术部）
经　　销	全国新华书店	
印　　刷	佳兴达印刷（天津）有限公司	
开　　本	710 毫米×1000 毫米　1/16	
字　　数	280 千字	
印　　张	21. 75	
版　　次	2024 年 4 月第 1 版	
印　　次	2024 年 4 月第 1 次印刷	
定　　价	95. 00 元	

新浪微博：@中央编译出版社　　　**微　　信**：中央编译出版社(ID: cctphome)
淘宝店铺：中央编译出版社直销店(http://shop108367160. taobao.com)　（010）55627331

本社常年法律顾问：北京市吴栾赵阎律师事务所律师　闫军　梁勤
凡有印装质量问题，本社负责调换。电话：(010) 55627320

前　言

习近平总书记高度重视红色文化的传承和革命精神的弘扬，多次强调"要把红色资源利用好、把红色传统发扬好、把红色基因传承好"，要"把理想信念的火种、红色传统的基因一代代传下去"。党的二十大报告指出，"弘扬以伟大建党精神为源头的中国共产党人精神谱系，用好红色资源"，"着力培养担当民族复兴大任的时代新人"。红色文化蕴含丰富的思想政治教育价值，彰显永恒的精神魅力和鲜明的时代特色，是当代大学生应当汲取的宝贵"营养剂"和精神"钙片"。习近平关于红色文化育人的系列重要论述，是新时代红色文化融入高校思想政治教育的理论指导和重要遵循。

红色文化作为思想政治教育的重要载体和文化资源，对提升高校思想政治教育实效和实现立德树人的目标有着重要意义。将红色文化精神财富科学有效融入高校思想政治教育，已成为一项重要而紧迫的任务。本书立足于高校思想政治教育"大思政"格局，深化"三全育人"理念，遵循"是什么、为什么、做什么、怎么做"的逻辑进路，从红色文化融入高校思想政治教育的理论基础、内在逻辑、价值分析、实证研究、基本要求、对策探析等方面，对红色文化融入高校思想政治教育进行深入研究。

本书以红色文化是什么作为研究起点，系统阐释马克思主义经典作家、中国共产党人关于红色文化育人的基本思想，探析红色文化融入高校思想政治教育的学科依据，解析红色文化与高校思想政治教育在属性、目标、内容、方法等方面的内在联系，证成了红色文化融入高校思想政治教育的科学性、合理性。红色文化所呈现的理想导航、道德示范、精神升华、心理激励、审美熏陶等价值，充分体现红色文化融入高校思想政治教育的重要意义。为切实掌握高校红色文化融合育人现状，采用了问卷调查与访谈相结合的方法，对北京、上海、重庆、陕西、江西、贵州等十省市部分全日制普通本科高等学校的在读本科大学生进行问卷调查，对以上部分高校的教师进行访谈，涉及红色文化与高校思想政治教育融入的各环节，包括大学生对红色文化的认知、大学生对红色文化的情感态度及红色文化融入高校思想政治教育的现状等方面。采用SPSS21 社会科学统计软件对调查数据进行分析，呈现了红色文化融入高校思想政治教育中课程设置、教学内容、教学方法、资源配置、协同育人、技术运用等方面亟待解决的问题，剖析影响红色文化有效融入的各种因素。据此，提出了红色文化融入高校思想政治教育的基本要求和对策。一方面，从宏观上提出红色文化融入高校思想政治教育要遵循的基本要求，即坚持政治导向、以人为本、系统性、共建共享、发展性等原则，把握好主渠道与主阵地、主课堂与全课堂、政府社会家庭和学校"四位一体"的协同方向，强化组织、资源、队伍、激励与评价等保障机制；另一方面，从微观上具体提出要以红色文化课程体系建设为牵引深化红色文化育人，以高校"课堂革命"为抓手创新红色文化育人，以红色文化资源整合为依托促进红色文化育人，以现代信息技术为手段推进红色文化育人，系统推进红色文化有机融入高校思想政治教育，切实增强育人实效。

本书拓展了红色文化传承、弘扬、创新和发展思路，科学挖掘和合理运用价值丰富的红色文化，以期助力破解高校思想政治教育面临的现实难题，切实提升高校思想政治教育质效，落实立德树人根本任务，培育担当民族伟大复兴的时代新人。

目　录

绪　论

　　习近平总书记高度重视思想政治教育工作，强调要把"思想政治工作贯穿教育教学全过程""坚持教书与育人相统一"①，"浇花浇根，育人育心"②，将思想政治课精准定位为"落实立德树人根本任务的关键课程"③。并深刻指出，要把中华民族几千年来形成的博大精深的优秀传统文化，"党带领人民在革命、建设、改革过程中锻造的革命文化和社会主义先进文化"作为思政课建设的深厚力量。④ 伟大的红船精神、长征精神、沂蒙精神、延安精神等是"中国共产党人红色基因和中华民族宝贵精神财富的重要组成部分"⑤，要讲好"党的故事""革命的故事""根据地的故事""英雄和烈士的故事"⑥。党的二十大报告指出，"弘扬以伟大建党精神为源头的中国共产党人精神谱系，用好红色资源""着力培养担当民族复兴大任的时代新人"。让这些红色文化成为青少年思想道德教育的重要素材，成为高校大学生成长的"营养剂"和精神之

---

　　① 习近平：《论党的宣传思想工作》，北京：中央文献出版社2020年版，第275页。
　　② 习近平：《论党的宣传思想工作》，北京：中央文献出版社2020年版，第344页。
　　③ 习近平：《论党的宣传思想工作》，北京：中央文献出版社2020年版，第372页。
　　④ 习近平：《论党的宣传思想工作》，北京：中央文献出版社2020年版，第377页。
　　⑤ 习近平：《论党的宣传思想工作》，北京：中央文献出版社2020年版，第29页。
　　⑥ 习近平：《论党的宣传思想工作》，北京：中央文献出版社2020年版，第29页。

"钙"。红色文化是高校思想政治教育的重要资源宝库，红色文化有机融入高校思想政治教育，切实促进了高校立德树人根本任务落实。

一、问题缘起与研究意义

（一）问题缘起

毛泽东、邓小平、江泽民、胡锦涛等中国共产党领导人十分重视革命传统教育，重视革命精神的传承。习近平总书记高度重视红色基因和红色精神的传承与弘扬，对文化育人、红色文化及高校思想政治教育均做出重要论述，是新时期高校思想政治教育的重要遵循，也是红色文化育人的重要指南。在当前，各种文化思潮相互冲击、碰撞与交融，学校思想政治教育面临复杂局面。红色文化作为思想政治教育的宝贵资源，能在高校"培养什么人、如何培养人、为谁培养人"这个根本问题及"立德树人"这个中心环节上发挥重要而独特的作用。

1. 落实立德树人根本任务的客观需要

习近平多次强调立德树人的重要性。2016年12月7日，在全国高校思想政治工作会议上强调"高校立身之本在于立德树人"①；2018年9月10日，在全国教育大会上的重要讲话中多次提到"立德树人"，并强调"要把立德树人融入思想道德教育、文化知识教育、社会实践教育各环节"②。2019年3月18日，在主持召开的学校思想政治理论课教师座谈会上强调，思想政治理论课是落实立德树人根本任务的关键课程。

---

① 习近平：《习近平谈治国理政》（第二卷），北京：外文出版社2017年版，第377页。
② 习近平：《论党的宣传思想工作》，北京：中央文献出版社2020年版，第351页。

　　落实立德树人根本任务，是新时代贯彻党的教育方针的重要体现。2017 年 9 月，中共中央办公厅、国务院办公厅印发了《关于深化教育体制机制改革的意见》，提出健全立德树人系统化落实机制。2019 年 8 月，中共中央办公厅、国务院办公厅印发的《关于深化新时代学校思想政治理论课改革创新的若干意见》提出："思政课是落实立德树人根本任务的关键课程，发挥着不可替代的作用。"这些都强调了思想政治教育、思政课在落实立德树人根本任务中的重要作用。

　　立德树人是党和国家对教育提出的根本任务，是高校做好思想政治工作的中心环节。立德树人的德之品格，不仅具有中华优秀传统文化的血脉基因、社会主义先进文化的优秀基因，更鲜明地烙印上具有中国气派、中国特色的红色文化的传承基因。推进红色文化融入高校思想政治教育，发挥好红色文化的政治导向、德育示范、审美熏陶、价值观塑造等功能，愈加成为新时代高校落实立德树人根本任务的重要命题。要进一步深化红色文化育人的价值实现和功能作用机制，引领大学生树立共产主义理想信念、牢固确立社会主义核心价值观、传承弘扬民族精神和时代精神，引导大学生培育正确的世界观、人生观、价值观，增强立德树人工作实效。

2. 增强大学生文化自觉和文化自信的必然要求

　　全球化的推进和信息时代的来临，全球范围内各种思想文化交流、交融、交锋日益频繁。新时代，思想文化建设面临着与"普世价值""宪政民主""历史虚无主义和文化虚无主义""新自由主义"等诸多错误思潮和观点的激烈斗争。这些错误思潮和观点对我国思想文化战线的安全形成巨大挑战，对青年大学生产生广泛的负面影响。如文化自卑和文化自负的较普遍存在，如在精神状态和价值观领域中存在的精神懈怠，缺乏奋斗精神和梦想精神、时代精神和民族精神、奉献精神和法治意识等，极大制约了立德树人根本任务的落实。

习近平指出，"文化自信是更基本、更深沉、更持久的力量。"① 坚定文化自信，建设文化强国，既要有敢于"引进来"的气度，又要有勇于"走出去"的气魄。中华优秀传统文化、红色文化和社会主义先进文化是我们文化自信的根基，是我们文化"走出去"的底气。只有对这些文化结晶有深刻的了解、认识和认同，才能从根本上有骨气、有底气地坚持文化自信，才是中国文化强国的应有之貌。

没有中华文化的自觉和中国文明的自信，青年大学生就不可能自觉树立中国特色社会主义道路自信、理论自信、制度自信、文化自信。红色文化是先进文化，是中国特色社会主义文化的重要组成部分。传播红色文化、传承红色精神，让大学生做中国特色社会主义道路的坚定捍卫者和自觉实践者，是高等教育为党育人、为国育才的初心使命，是高校提升人才培养质量的重要任务。

3. 增强高校思想政治教育实效的现实需要

高校思想政治教育实效性问题已是常论常需、常论常新的话题。思想政治教育体系由教育主体、教育客体、教育介体、教育环体等要素构成。任何一个要素的缺失或薄弱，都会导致思想政治教育功能消减、效用弱化。

思想政治教育载体是思想政治教育介体的必不可少的组成部分，是思想政治教育运行过程中各要素相互联系的枢纽。文化载体，顾名思义就是把文化作为思想政治教育的载体，是指思想政治教育者将文化融入思想政治教育中，以达到提高思想政治教育效果的目的。文化载体有利于增强思想政治教育的吸引力、渗透力和影响力；有利于提高人们的综合素质和增强思想政治教育实效。文化载体的融入融合，开辟了思想政治教育的新思路和新途径。本书聚焦红色文化融入高校思想政治教育，

---

① 习近平：《习近平谈治国理政》（第二卷），北京：外文出版社 2017 年版，第 349 页。

期望通过深入研究，全面发挥红色文化育人功能，增强高校思想政治教育实效。

4. 传承和弘扬红色文化是高校思想政治教育的使命担当

红色文化是对中华优秀传统文化的继承与发展，是中国共产党领导中国人民在长期的革命战争、社会主义建设和改革开放的过程中逐渐积淀形成的，反映中国共产党和最广大劳动人民的理想、信念、道德、价值，以及对美好生活的追求和向往，以多样化的文化方式传承、记载、歌颂和承载这一历史过程和成就的文化综合体。

习近平多次强调要把红色传统发扬好，把红色基因传承好。使红色基因融入血脉和浸入心扉。[①] 十八大以来，习近平高度重视弘扬革命精神，曾到浙江嘉兴、河北阜平和西柏坡、山东临沂、福建古田、陕西的延安以及照金和铜川、贵州遵义和江西井冈山等革命老区调研和考察，参观了革命老区的多处纪念馆和旧址等。强调要对党员和青少年等重点群体加强革命文化教育，使红色基因融入他们的精神生活中，弘扬红色文化的宝贵精神财富。

高校教育是弘扬和传承红色文化的重要渠道，弘扬和传承红色文化是其重要使命担当。深入开展红色文化教育，向大学生传递精神力量，激励他们积极健康成长，让红色文化入脑入心，有助于高校培养担当民族复兴大任的时代新人。

（二）研究意义

1. 理论意义

（1）有利于推进高校思想政治教育的内容建设研究

红色文化内核意义丰富，表现形式多样。红色文化包含红色物质文

---

① 习近平：《论党的宣传思想工作》，北京：中央文献出版社 2020 年版，第 28 页。

化、精神文化、制度文化和行为文化等表现形式。红色文化蕴含着实现中华民族伟大复兴梦想的强大精神力量，是高校开展理想信念教育、爱国主义教育、社会主义核心价值观教育的宝贵精神财富。红色文化融入高校思想政治教育各环节，深化了思想政治教育的内涵，丰富了思想政治教育的教学资源，发展了高校思想政治教育的内容。

（2）从红色文化视角深化高校思想政治教育的理论研究

本书从历史、现实及未来发展的脉络，分析红色文化融入高校思想政治教育的理论基础、追溯红色文化的历史发展过程、考察红色文化融入高校思想政治教育的现状，探索高校红色文化融入教育的对策。这样的研究视角，丰富了高校思想政治教育理论与实践的内涵，进一步拓展了高校思想政治教育理论体系的外延，深化了高校思想政治教育的理论研究。

（3）有助于涵养高校思想政治教育的文化根基

习近平总书记在全国高校思想政治工作中指出："加强高校思想政治工作，要更加注重以文化人以文育人。"文化根基是思想政治教育蓬勃发展的重要源泉，通过文化滋养和熏陶，有助于增强高校意识形态安全、有助于巩固大学生的理想信念、有助于营造积极健康的文化氛围。红色文化蕴含的红色精神，通过多样化的表现形式传递给大学生，其强大的吸引力和感召力，为营造和谐的育人氛围奠定了坚实基础，涵养了高校思想政治教育的文化根基。

2. 实践意义

（1）增强了思想政治教育的吸引力和感染力

红色文化表现形式具有灵活多样、生动形象、直观具体、实践性强等特点。通过红色电影、红剧、红色动漫等书写的革命历史、革命故事和英雄人物，激励和鼓舞青年学生积极向上、勇于拼搏、勇于担当，推进红色文化传播，有助于增强学生的感性认知和理性认同。深化红色文化教育，使其贴近生活、具体形象、灵活生动、感受深刻、实践性强，符合青年特点和需要，易于接受和认同，是增强思想政治教育吸引力和感染力的重要举措。

（2）拓展了高校增强思想政治教育实效的实现路径

部分青年大学生一定程度上存在着缺乏奋斗精神和梦想精神、时代精神和民族精神，缺乏正确价值观和坚定的理想信念，缺乏敬畏之心、奉献精神、法治意识等情况。推进红色文化全面融入思想政治教育各环节，充分发挥红色文化思想引领、政治导向、文化传播、道德示范、心理优化、审美熏陶、价值观塑造等价值和功能，能切实提高青年大学生的思想政治素质和精神境界，增强高校思想政治教育的针对性和实效性。

（3）促进了革命传统、革命精神、红色文化的传承与弘扬

思想政治教育作为一种社会实践活动，在促进社会文化建设、发展和创新方面，有维护主流文化、批判异质文化、传承优秀文化、创造先进文化的效应。红色文化内在地归属于思想政治教育系统，思想政治教育是红色文化传播的天然同盟。新时代，应深化红色文化教育，创新高校思想政治教育方式，加强青年大学生革命精神的传承和弘扬，让红色基因融入大学生的精神血液并代代相传。

二、研究现状述评

（一）国内研究现状

根据目前调研结果可知，红色文化研究成果较为丰硕。从 2003 年起呈逐年上升趋势，尤其是 2013 年起至今，呈直线上升趋势，红色文化热现象越来越明显。红色文化研究涉及的主题较广，研究比较全面。

除了研究红色文化基础理论以外，还包括红色文化资源、红色文化传播、红色文化教育、社会主义核心价值观、红色基因等三十余个主题。在中国知网，以"红色文化"并含"思想政治教育"为检索词，以全部期刊来源进行检索显示，从 2010 年起文章量呈加速上升趋势。从近十年发表趋势图上看，呈逐年上升趋势。可见，"红色文化"与"思想政治教育"成为了近年来学界广泛关注和重视的研究领域。其中，"红色文化"与"高校思想政治教育"的相关研究备受关注，并呈现日趋升温的现象。

以下从红色文化基础性研究、红色文化与思想政治教育研究、红色文化与高校思想政治教育研究等三个方面的主要研究成果进行分述。

1. 红色文化基础性研究

（1）红色文化的概念、价值及功能

关于红色文化的概念。红色文化的概念，众说纷纭、不尽相同，始终没有一个统一的表述。明确提出"红色文化"这一词语的时间不迟于1965 年 6 月。1965 年，中国戏剧出版社出版了一本图文并茂的小书《乌兰牧骑——红色文化工作队》。同年，另一篇论文《草原上的红色文化工作队——记内蒙古"乌兰牧骑"》发表，这里的红色文化基本上与革命文化或社会主义文化差不多。① 直至 1994 年赵心宪发表的《梁上泉童年经验的文化选择》一文，其中所指的红色文化与革命文化相当。此后，关于红色文化的研究逐渐受到关注。总的来说，红色文化概念有广义狭义之分。这里的广狭义之分是以红色文化的时间范围为标准。广义的认为是新民主主义革命时期、社会主义革命和建设时期和改革开放和

---

① 苏明达、梁汝毅：《草原上的红色文化工作队——记内蒙古"乌兰牧骑"》，载《中国民族》，1965 年第 Z1 期。

社会主义现代化建设新时期所创造的红色文化。如吴建永①、孙学文等②
认为"红色文化是中国共产党带领人民在革命、建设、改革过程中创造
的新型文化形态"。狭义的认为是新民主主义革命时期所创造的革命文
化。如黄蓉生等认为红色文化是中国共产党领导中国人民在新民主主义
革命过程中创造的革命文化。③周宿峰从广义和狭义的角度对红色文化
进行了阐释，认为广义上的红色文化涵盖了新民主主义阶段与社会主义
建设阶段的红色文化。狭义而言，革命文化就是红色文化。④尽管对红
色文化的理解有广义狭义之别，但都充分肯定了红色文化和中国共产
党、红色政权、中国革命等密不可分的联系，肯定了红色文化形成的革
命实践基础，肯定了红色文化形成的马克思主义理论基础，肯定了红色
文化继承和发展中华优秀传统文化的文化基础。

　　关于红色文化的价值和功能。红色文化的价值和功能在内涵上是一
致的，在很大程度上表达的是同一个意思。学者们从不同角度对红色文
化的价值进行了研究。如政治价值、经济价值、社会价值、教育价值、
文化价值等，更多的是政治和教育方面。彭贤则等认为红色文化对高校
党员具有坚定教育方向、丰富教育内容等教育价值。⑤马晓燕认为红色
文化具有理想信念导向、爱国情感激发、社会思潮引领等育人价值和功
能。⑥沈成飞等认为红色文化对抵御历史虚无主义、增强文化自信、提

①　吴建永：《提升红色文化的时代号召力和凝聚力》，载《人民论坛》，2009 年第 7 期。
②　孙学文、王晓飞：《新时代红色文化的传承与发展》，载《吉首大学学报（社会科学
版）》，2019 年第 6 期。
③　黄蓉生、丁玉峰：《习近平红色文化论述的思想政治教育价值探析》，载《思想教育研
究》，2018 年第 9 期。
④　周宿峰：《红色文化基本问题研究》，吉林大学博士论文，2014 年。
⑤　彭贤则：《红色文化融入高校学生党员教育的价值及路径研究》，载《学校党建与思想
教育》，2019 年第 6 期。
⑥　马晓燕：《基于实践体验的红色文化资源育人功能探究》，载《思想理论教育》，2019
年第 2 期。

升国家认同等具有不可取代的价值作用。① 邓鹏认为红色文化对大学生进行马克思主义信仰教育具有激励价值。② 马静认为红色文化具有社会导向、社会教化、社会创新功能和价值等。③ 这些充分说明了红色文化具有丰富的价值和功能，凸显了红色文化的重要地位和作用，也为本书提供了丰富借鉴。

近年来，红色文化专业书籍也十分丰富。主要有：渠长根主编的《红色文化研究与实践》（2020，红旗出版社）；裴植、程美东编著的《先锋引领的红色文化》（2019，中国社会科学出版社）；费孝辉、刘涛主编的《红色基因传承研究》（2019，济南出版社）；张海峰、刘焕峰、樊军娟著的《弘扬革命文化，传承红色基因》（2019，重庆出版社）；夏永林著的《红色文化涵育社会主义核心价值观论文集》（2019，西安电子科技大学出版社）；渠长根著的《红色文化概论》（2017，红旗出版社）；刘红梅著的《红色旅游与红色文化传承研究》（2017，人民出版社）；周锦涛著的《红色文化建设的路径探索：以红色旅游资源为考察中心》（2014，湘潭大学出版社）；丁风云著的《红色文化与沂蒙精神》（2012，山东人民出版社）；王爱华等著的《多维视野下的红色文化》（2011，西南交通大学出版社）。这些著作对红色文化的内涵、价值及功能等基础理论作了相关研究。但把红色文化融入高校思想政治教育的研究较少，对其基础理论的研究缺乏全面性、系统性和深入性。

（2）红色文化的传播

红色文化要通过传播才能体现其价值，因此红色文化传播也是研究

---

① 沈成飞等：《论红色文化的内涵、特征及其当代价值》，载《教学与研究》，2018 年第 1 期。

② 邓鹏：《论红色文化对大学生马克思主义信仰教育的价值及其应用》，载《思想理论教育导刊》，2016 第 5 期。

③ 马静：《论红色文化社会治理功能及其实现机理》，载《广西社会科学》，2016 年第 8 期。

的重要对象。学者们主要对红色文化传播方式、传播路径与对策等进行了研究。

　　主要有：邢佳妮认为提升红色文化传播力，要建构传播主体合力、增强传播艺术吸引力和对受众的影响力等。① 王宇龙提出要充分利用 VR/AR 等新媒体技术、"两微一端"、游戏传播等传播形式。② 吴太宇提出要扩展红色文化网站数量、建构红色文化大数据库、利用 QQ、微信、微博等传播平台。③ 骆郁廷等提出要着力提高红色文化微传播的实效。④ 毕耕、谭圣洁认为在全媒体时代，必须紧密结合时代发展的需要提高红色文化传播的能动性和自觉性。⑤ 朱伟探讨了运用历史教育传播红色文化是最优路径。⑥ 谭琪红提出从历史全景的视角来探讨文化传播载体的经验教训。⑦ 此外，肖灵对高校开展红色文化传播、红色文化传播新路径和构建红色文化传播新机制进行了探索。⑧ 学者们对红色文化传播方式等作了较为全面的探讨，尤其是新媒体红色文化传播方式，为探索红色文化融入高校思想政治教育教学各环节提供了借鉴和参考。

　　（3）多学科视角对红色文化理论和实践进行研究

　　红色文化内容丰富，涵盖面广，涉及政治、经济、文化、社会及生活等方面。国内学者对红色文化的研究，也汇集了不同的学科视角。

---

　　① 邢佳妮：《红色文化传播力提升策略探析》，载《理论导刊》，2019 年第 6 期。
　　② 王宇龙：《新媒体时代红色文化传播策略分析》，载《传媒》，2019 年第 3 期。
　　③ 吴太宇：《网络空间红色文化资源传播的理论价值与实践路径》，载《郑州大学学报（哲学社会科学报）》，2018 年第 1 期。
　　④ 骆郁廷等：《论红色文化的微传播》，载《江淮论坛》，2017 年第 5 期。
　　⑤ 毕耕、谭圣洁：《全媒体时代红色文化传播的媒介策略》，载《红旗文稿》，2016 年第 3 期。
　　⑥ 朱伟：《红色文化传播现状、问题与对策研究》，山东大学博士论文，2014 年。
　　⑦ 谭琪红：《中央苏区红色文化传播载体研究》南昌大学博士论文，2015 年。
　　⑧ 肖灵：《当代大学生红色文化传播研究》，北京：中国社会科学出版社 2015 年版，第 7 页。

从历史学角度，汪亭友用历史事实证明了中国革命道路的正确性，呼吁要抵制历史虚无主义，弘扬红色文化。① 刘晓华等强调微观历史叙事是高校思想政治教育的有效历史教育方式。② 这些研究体现了红色文化的历史性、继承性和发展性。红色文化的发展与中国共产党的发展历程紧密联系、息息相关，中国共产党党史也是红色文化的发展史。为研究红色文化基本内涵和历史发展等，提供了丰富的参考资料。

从经济学角度，冯亮等对晋中市红色文化旅游资源优化提出深挖红色文化价值，发扬红色传统，打造晋中市红色文化旅游品牌等对策。③ 刘红梅深入研究了红色旅游和红色文化传承密切相关的理论知识。④ 这些研究对探索高校与企业、社会等协同开展红色文化育人，合力加强红色文化教育有所启示。

从教育学角度，马静提出要积极运用时代话语、生活话语、对话话语，推动红色文化在新时代的传承与发展。⑤ 陈九如等认为深度解开红色"密码"及其立德树人意义，创新方式方法拓宽红色文化传播平台是推进红色文化教育的使然路径。⑥ 学者们提出的促进红色文化教育路径的观点为本书提供了重要参考。

（4）红色精神的研究

红色精神是红色文化的核心和实质，包括井冈山精神、延安精神、长征精神、"两弹一星"精神、奥运精神、载人航天精神等。关于红色

---

① 汪亭友：《弘扬红色文化要坚决反对历史虚无主义》，载《党建》，2019 年第 5 期。
② 刘晓华等：《高校思想政治教育中的红色文化微观历史叙事》，载《思想理论教育导刊》，2019 年第 2 期。
③ 冯亮等：《晋中市红色文化旅游资源的评价与开发优化》，载《经济问题》，2018 年第 6 期。
④ 刘红梅：《红色旅游与红色文化传承研究》，北京：人民出版社 2017 年版。
⑤ 马静：《红色文化教育话语转换的实践进路》，载《人民论坛》，2019 年第 9 期。
⑥ 陈九如等：《新时代高校红色文化教育的逻辑理路》，载《思想理论教育导刊》，2019 年第 7 期。

精神的研究较为丰富，主要有培育青年红色精神的重要性、培育的途径、红色精神与党的建设等方面。

侯惠勤指出新时代必须保持革命精神，把我们的伟大社会革命继续推进下去。① 李义提出革命精神在不同时期概念内涵不同，在中国的发展历程中阐释革命精神的演化理路。② 崔健认为红岩精神在新时代的历史方位具有重要而深远的意义。③ 刘建军等认为优秀传统文化、革命文化和先进文化共同构成了当代中国人文化自信的基本来源。④ 冉琴提出需要遵循社会历史性原则、信仰主导原则等，以实现红色精神对社会主义核心价值观的涵养。⑤ 李坤等认为培育青年红色精神，对走好"新长征"和实现"中国梦"具有深刻的现实意义。⑥ 学者们对红色精神深入的研究，为研究红色文化融入教育奠定了理论基础。

（5）革命文化的研究

红色文化首先是革命的文化，红色文化与革命文化内涵一致，但外延比革命文化更广，革命文化属于红色文化的一部分。关于革命文化的研究较为丰富，为本书提供了丰富的资料。主要就革命文化的内涵、传承、革命文化与思想政治教育等方面进行了研究。程彪认为理解革命文化的历史性内涵，对增强文化自信具有特殊时代价值。⑦ 梁楹认为要以

---

① 侯惠勤：《"不忘初心"是对共产党人革命精神的自觉磨练》，载《红旗文稿》，2019年第3期。

② 李义：《新中国成立70年革命精神的演化理路诠释》，载《马克思主义理论学科研究》，2019年第10期。

③ 崔健：《红岩精神：革命精神与民族精神的共铸及其在新时代的价值》，载《探索》，2019年第3期。

④ 刘建军等：《坚定文化自信 加强革命精神研究》，载《中国高等教育》，2018年第10期。

⑤ 冉琴：《红色精神涵养社会主义核心价值观的方法论原则》，载《毛泽东思想研究》，2017年第9期。

⑥ 李坤等：《弘扬和培育青年红色精神的路径探析》，载《学校党建与思想教育》，2019年第11期。

⑦ 程彪等：《革命文化的历史性内涵与时代价值》，载《理论探讨》，2019年第5期。

教育引导、实践养成和制度保障等路径，实现革命文化涵养时代新人的担当精神。① 柯芳等认为革命文化国际传播是增强国家文化软实力、提升中国国际影响力的重要举措。② 李康平认为中国革命文化实现了文化的创新性转型。③ 刘松认为革命文化为文化自信提供定力、为社会主义先进文化输送动力。④ 朱志明等提出可将革命文化融入教学活动、校园文化、制度建设等，推进立德树人根本任务的有效落实。⑤

2. 红色文化与思想政治教育研究

近几年来，关于红色文化与思想政治教育的研究越来越受到重视，研究成果比较丰富。研究关注点主要集中于红色文化的思想政治教育价值及作用、红色文化融入思想政治教育的路径、红色文化与思想政治教育融合、红色文化与思想政治教育的关联性等问题。

（1）红色文化的思想政治教育价值及作用

红色文化具有重要的思想政治教育价值及作用，这方面的研究成果较为丰富。罗丽琳等认为红色文化具有丰富思想政治教育内容、延伸思想政治教育载体、鲜活思想政治教育方式等重要的时代价值。⑥ 杨昆提出红色文化融入思想政治教育中，有助于完善人格、培养道德素质、树立爱国主义精神等重要作用。⑦ 黄蓉生等阐释了习近平关于红色文化的

---

① 梁櫰：《以革命文化涵养时代新人的担当精神》，载《思想理论教育导刊》，2019 年第10 期。

② 柯芳等：《革命文化国际传播的回顾与展望》，载《云南社会科学》，2019 年第 9 期。

③ 李康平：《中国革命文化基本理论问题研究》，载《马克思主义研究》，2015 年第7 期。

④ 刘松：《革命文化是文化自信的精神支柱》，载《山东社会科学》，2018 年第 2 期。

⑤ 朱志明等：《革命文化融入立德树人实践的价值意蕴及实现路径》，载《思想教育研究》，2018 年第5 期。

⑥ 罗丽琳等：《红色文化的思想政治教育基因及其时代价值》，载《新疆师范大学学报》，2018 年第11 期。

⑦ 杨昆：《红色文化的思想政治教育价值》，载《中学政治教学参考》，2018 年第12 期。

重要论述引领思想政治教育学科创新发展，成为新时代思想政治教育发展的行动指南。① 张来成认为红色文化以其现实意义、历史意义和生动感人故事深入青少年的内心，充分发挥红色文化的思想政治教育作用。② 红色文化具有重要的思想政治教育价值，为本书的必要性和重要性提供客观依据。但现有红色文化的思想政治教育价值还缺乏全面、系统和深入的研究。

（2）红色文化融入思想政治教育的路径

学界关于红色文化融入思想政治教育的路径研究提出了不同的观点，主要有：范方红提出通过红色文化融入课程体系，融入校园文化，融入实践教学体系等。③ 徐永健等认为红色文化资源对思想政治教育的关联表现在不仅是完善大学生思想政治教育的重要手段，更是塑造大学生世界观、人生观和价值观的重要方式。④ 陈春荣认为红色文化作为思想政治教育的载体，是促进思想政治教育的有效途径。⑤ 学者们提出了很多路径，对探索"红色文化融入高校思想政治教育"的实现路径提供了宝贵的参考和借鉴。但是，已有研究较多停留在传统的方式上，需进一步创新，有的不具有可操作性，较表面化，有待进一步具体化和深入探讨。

---

① 黄蓉生等：《习近平红色文化论述的思想政治教育价值探析》，载《思想教育研究》，2018 年第 9 期。

② 张来成：《充分发挥"红色文化"的思想政治教育作用》，载《中国教育学刊》，2017 年第 12 期。

③ 范方红：《红色文化融入高校思想政治教育的价值与路径》，载《学校党建与思想教育》，2017 年第 3 期。

④ 徐永健等：《试论红色文化资源与大学生思想政治教育的内在关联》，载《思想教育研究》，2016 年第 12 期。

⑤ 陈春荣等：《挑战与思考：思想政治教育中的红色文化载体》，载《中学政治教学参考》，2012 年第 6 期。

3. 红色文化与高校思想政治教育研究

关于红色文化与高校思想政治教育的研究相对来说较少，但关注的程度逐年上升。既有成果主要研究了红色文化在高校思想政治教育中的价值以及红色文化融入高校思想政治教育的路径。另外，还涉及红色文化在大学生中的传承，红色文化载体、地方区域性红色文化在高校思想政治教育中的作用及实现路径等。

刘晓华等认为要借助于微观视角，更具体详尽地将红色历史、红色故事传递给学生。[①] 韦红霞提出要注重价值引领、创新方式方法、整合教育资源等路径。[②] 王玲等认为将红色文化运用到高校思想政治教育中，有利于丰富教学资源，实现教育的价值目标，增强教育实效性等。[③] 王芬提出明确高校红色教育的目标、师资建设及课程设置、评价反馈体系的建立、社会实践、网络教育等路径。[④] 此外，刘建伟阐述了红色文化融入高校社会主义核心价值观的基本原理、现实状况和机制建构等。[⑤] 王炳林等以全景视角集中描述了利用红色资源较多的高校运用红色文化资源开展思想政治工作的发展动态，对其理论研究成果、教育教学探索等进行了阐述。[⑥] 周利生等主要就红色文化针对性教育教学、室内课堂

---

① 刘晓华、卢彦名：《高校思想政治教育中的红色文化微观历史叙事》，载《思想理论教育导刊》，2019 年第 2 期。

② 韦红霞：《红色文化有机融入高校思想政治教育的路径思考》，载《学校党建与思想教育》，2018 年第 6 期。

③ 王玲等：《红色文化资源在高校思想政治教育中的价值和实现》，载《学校党建与思想教育》，2018 年第 6 期。

④ 王芬：《红色文化在高校思想政治教育路径探析》，载《毛泽东思想研究》，2016 年第 11 期。

⑤ 刘建伟：《红色文化融入高校社会主义核心价值观教育研究》，北京：人民出版社 2018 年版。

⑥ 王炳林、张泰城：《高校红色文化资源育人发展报告 2017》，北京：人民出版社 2018 年版。

与社会课堂的结合等问题展开讨论。① 王春霞提出将红色文化资源有机融入大学生思想政治理论课、实践活动和网络媒体等路径。② 马静对红色文化的教育价值、主要问题及原因等进行了分析。③ 李霞对红色文化资源在思想政治教育中应用的理论、功能、问题、对策等进行了全面的论述。④ 王爱华围绕红色文化教育与传承模式探索、利用红色文化资源开展高校德育工作等问题展开研究。⑤ 学者们对红色文化（资源）与高校思想政治教育相关问题的研究，为本书提供了丰富的参考资料，但是研究缺乏系统化和全面性，路径研究较泛化，有待有针对性地深入研究。

（二）国外研究现状

红色文化是中国特色社会主义文化的重要组成部分，具有鲜明的中国特色。国外没有关于红色文化的相关研究，不过国外有采取类似我国红色文化教育实践活动的重要方式即红色旅游的研究，主要是开展对战争时期革命纪念地和标志物的旅游体验。其目的是开展爱国主义教育，使青年一代更加了解历史、更加热爱祖国、向英雄模范人物学习。西方有些国家大力开发和利用爱国主义旅游文化产品，修建了各类博物馆、纪念馆，加强修缮和保护历史文化遗址等，如苏联时期，有国立博物馆一千八百多个，具有较高现代化水平的各类地方性博物馆达一万多个。美国建设了一大批世界一流的博物馆、纪念馆；将大部分历史遗迹、遗址提供给游人参观游览；许多名人故居比如杰弗逊的住宅、华盛顿的庄园被改建为博物馆，供游人参观。另外，俄国的列宁墓、莫斯科的红

---

① 周利生等：《红色资源与高校思想政治教育》，北京：九州出版社2018年版。
② 王春霞：《论红色文化资源在大学生思想政治教育中的功能定位及实现路径》，载《思想理论教育导刊》，2018年第5期。
③ 马静：《红色文化教育理论与实践研究》，天津：南开大学出版社2015年版。
④ 李霞：《红色资源与思想政治教育》，北京：人民出版社2015年版。
⑤ 王爱华等：《多维视野下的红色文化》，成都：西南交通大学出版社2011年版。

场、法国的斯莫尔尼宫、巴黎的协和广场等，吸引了世界各国的游客。还有的开展爱国主义教育旅游场所，例如德国的勃兰登堡门、美国的林肯公园、印度的甘地纪念馆、南非先民纪念馆、法国的诺曼底登陆纪念馆等，受到人们喜爱。国外也很重视旅游文化产品的开发和推介，如加拿大蒙特利尔市的白求恩故居、印度的柯利华大夫纪念地、朝鲜的中国人民志愿军烈士陵园、日本的鲁迅活动纪念地等，都得到国家的保护和合理利用，吸引了众多游客的游览观光。

国外很多学者对中国红色文化兴趣渐趋浓厚，甚至来到中国亲身体验和现场考察，深入研究中国红色文化。如英国学者李爱德、马普安，他们于 2002 年 10 月 16 日重走中国红军长征之路，历时 384 天，最终徒步走完了长征之路。两位外国人在"新长征"过程中，亲身感受和体验当年红军艰难困苦的生活，被一个个感人的故事所感动和震撼，被红色精神深深地熏陶和鼓舞。2005 年 1 月，李爱德、马普安编著的《两个人的长征》一书由长江文艺出版社出版，书籍主要是以日记为主体，真实记录了两人不寻常的"新长征"之旅。2004 年美国学者 Tim Oaks、Aloe Luo 编著了 *Marketing the Revolution*：*tourism*，*Landscape and Ideology in China*，对江西等地的红色文化进行实地考察。此外，埃德加·斯诺撰写的《西行漫记》（又名《红星照耀中国》）、尼姆·威尔斯的《续西行漫记》、福尔曼的《北行漫记》等，反映了中国新民主主义革命时期，革命根据地和解放区的战争和生活场景，这些著作展现了外国人眼里的红色中国。中国的红色文化在外国也备受关注。2002 年，美国一家权威杂志，在排列 20 世纪最具影响力的一百个人物和一百件事件之中，被列入最具影响力的中国人物是毛泽东，事件是红军长征。中国的红色战争大片如《我的长征》《夜袭》等在法国等国家上映。

国外越来越关注中国的红色文化，有助于提高中国红色文化的国际传播力和国际影响力。国外爱国主义教育和红色旅游文化的开发和利用，为探索红色文化融入高校思想政治教育的研究提供了有益借鉴。

（三）研究现状述评

国内外学者们所做的相关研究和可贵探索为本书提供了丰厚的理论基础和有益借鉴。其相关研究以国内研究为主，关于红色文化、革命文化、红色文化精神、红色文化与思想政治教育的相关研究成果较为丰硕，研究趋势逐年上升，关于红色文化与高校思想政治教育的研究已越来越受到关注和重视。

已有研究虽然较为广泛和深入，但仍然存在一些需要解决的问题。一是学者们对红色文化、革命文化、红色精神、红色文化与思想政治教育相关研究比较丰富，但对红色文化的基础理论、红色文化的历史发展还需更加深入、系统和全面的研究。二是虽然对红色文化与高校思想政治教育的研究和探讨持续升温，但是在高校思想政治教育中，红色文化的开发利用远远不够，红色文化的思想政治教育功能和价值实现的研究仍有待加强。三是对红色文化融入高校思想政治教育的原则、保障机制和对策的研究，及其与思想政治教育的融会贯通，有了一批高质量的研究成果，但仍有深度融合研究的极大空间。四是红色文化融入高校思想政治教育，将其置于整个高校思想政治教育系统，在大思政格局下，对其各环节各要素的融入融合育人、协同育人研究较少。五是将理论与实践相结合，对红色文化融入高校思想政治教育的实证考察仍待细化。

大学生是建设社会主义现代化强国、实现中华民族伟大复兴的时代新人，增强高校思想政治教育实效是提升人才培养质量的客观需要和必然要求。充分发挥红色文化育人的政治导向、德育示范、价值观塑造等功能，进一步加强红色文化融入高校思想政治教育的理论研究和实践研究，增强高校思想政治教育实效，对于回答高校思想政治教育新时代之问，具有重大的理论价值和现实价值。当前，发展和创新高校思想政治教育，亟待加强红色文化融入高校思想政治教育的研究。

三、研究思路、方法与创新之处

（一）研究思路

本书立足于高校思想政治教育"大思政"格局，深化"三全育人"理念，遵循"是什么、为什么、做什么、怎么做"的逻辑进路，从红色文化融入高校思想政治教育的理论基础、内在逻辑、价值分析、实证研究、基本要求、对策探析等方面，对红色文化融入高校思想政治教育进行系统深入探讨。

首先从红色文化融入高校思想政治教育的理论基础出发，阐释了红色文化基本内涵、红色文化育人理论依据及红色文化融入高校思想政治教育的学科依据。从红色文化与高校思想政治教育意识形态同质、教育目标一致、教育内容相通、教育方式互补等方面深入解析两者的内在逻辑和关联，证成了红色文化融入高校思想政治教育的科学性、合理性。系统分析红色文化融入高校思想政治教育对大学生的理想导航、道德示范、精神升华、心理激励、审美熏陶等价值，证成了红色文化融入高校思想政治教育的理论价值和现实意义。通过对 2059 名分布于东西南北中的全日制普通高等学校的在读本科大学生的调查问卷和部分高校教师的访谈，较为全面掌握红色文化融入高校思想政治教育的现状、存在问题，并作了原因分析，为探索红色文化系统融入高校思想政治教育奠定了现实基础。在综合分析基础上，提出了红色文化融入高校思想政治教育的基本要求，主张多元化的融入原则、合理融入的协同方向、有力的保障机制，并从课程育人、课堂改革、资源整合、技术依托等方面系统地探索深化红色文化融入高校思想政治教育的对策。

（二）研究方法

1. 文献研究法

本书对马克思主义经典著作、相关研究著作、论文、领导人的讲话和相关部门的重要文件等文献，进行系统梳理和分析，实时掌握当前的研究动态，学习和借鉴前辈的研究成果，以便从宏观、中观及微观全面系统地把握研究思路、研究现状及发展方向。

2. 系统分析法

红色文化融入高校思想政治教育，是置于高校思想政治教育整个系统，融入的渠道包括思政课、校园文化活动、社会实践活动、社团活动等要素，融入中涉及的主体包括思政课教师、专业课教师、辅导员、党政领导、管理服务人员等。遵循全员全程全方位育人的理念，重视高校思想政治教育系统内部各环节之间融合育人，以及学校与政府、社会、家庭等不同系统之间的协同育人。

3. 问卷调查法

问卷调查法是把握大学生红色文化教育现状的重要方法，通过调查问卷的设计、发放、统计、数据分析、总结和归纳结论等环节，对目前大学生红色文化育人现状有客观的认识和了解。主要对北京市、上海市、重庆市、江西省、陕西省、贵州省等地部分高校的大学生进行问卷调查，主要采用SPSS21社会科学统计软件进行数据采集和处理，为研究提供第一手资料，奠定了一定的研究基础和依据。

4. 访谈法

访谈主要针对高校教师进行，采取电话和网络访谈的形式。受访教师包括以上问卷调查地区部分高校的党政领导、思政课教师、辅导员、专业教师等。从教育者的角度了解学校开展红色文化教育的情况、红色育人的状况、红色文化育人的效果等。访谈的结论与问卷调查分析的结论相结合，综合分析红色文化融入高校思想政治教育的状况，为后续进一步研究提供依据，为完善对策提供有针对性的借鉴。

（三）创新之处

1. 研究思路上，强调红色文化融入高校思想政治教育的系统性、全面性和协同性

本书立足于"大思政"格局下，深化"三全育人"理念，系统、整体、全面地探索红色文化融入高校思想政治教育。循着思政课主课堂与全课堂、主渠道与主阵地等各环节的相互联动，政府、高校、社会、家庭"四位一体"的协同，思政教师、专业教师与管理人员的协作，思想政治显性教育与红色文化隐性教育的融合等理念，合力推进红色文化全面融入高校思想政治教育，力图打造红色文化育人共同体和协同育人机制。

2. 研究内容上，深化了红色文化与高校思想政治教育内在逻辑的认知

深入挖掘红色文化特质与高校思想政治教育的内在规律，从红色文化与高校思想政治教育的意识形态同质、教育目标一致、教育内容相通、教育方式互补等内在规律探寻二者的相关性、契合性和内在逻辑性，证成了红色文化有机融入高校思想政治教育的科学性、合理性。

3. 研究观点上，有针对性地提出了红色文化有效融入高校思想政治教育的对策

基于问卷调查和访谈，多维度、全方位审视当前红色文化融入高校思想政治教育的现状、问题及根源，结合当代大学生的特点和实际需

要，科学把握好红色文化融入教育的"时、点、度、面"。提出要以红色文化课程体系建设为牵引深化红色文化育人，以高校"课堂革命"为抓手创新红色文化育人，以红色文化资源整合为依托促进红色文化育人，以现代信息技术为手段推进红色文化育人，系统推进红色文化有机融入高校思想政治教育，增强育人实效。

第一章　红色文化融入高校
思想政治教育的理论基础

　　"文化是一个国家、一个民族的灵魂。"① 中国共产党人在继承和发扬马克思、恩格斯、列宁等经典作家文化思想的基础上，将马克思主义中国化、具体化，将之同中国实践紧密结合，与时俱进，进行创造性转化与创新性发展，在长期的革命、建设与改革征程中，形成了富有中国特色、中国风格和中国气派的文化思想。习近平总书记指出："中华民族几千年来形成了博大精深的优秀传统文化，我们党带领人民在革命、建设、改革过程中锻造的革命文化和社会主义先进文化，为思政课建设提供了深厚力量。"② 并强调要把红色资源利用好、把红色传统发扬好、把红色基因传承好。红色文化是中国特色社会主义文化体系的重要组成部分，成为高校落实立德树人根本任务的精神源泉和不竭动力。

---

　　① 习近平：《在中国文联十大、中国作协九大开幕式上的讲话单行本》，北京：人民出版社2016年版，第6页。

　　② 习近平：《论党的宣传思想工作》，北京：中央文献出版社2020年版，第377页。

一、红色文化的基本内涵

（一）文化的概念及本质

1. 文化的概念

科学的文化概念的兴起，使人类学家卷入了"寻找复杂并使之有序"的曲折努力，而且还看不到尽头。[①] 对"文化"的界定，乃见仁见智，众说纷纭，至今已有不少于 400 种界说。英国人类学家泰勒提出的"文化或文明，就其广泛的民族意义来说，乃是包括全部的知识、信仰、艺术、道德、法律、风俗以及作为社会成员的人所掌握和接受的任何其他的才能和习惯的复合体"[②] 的界定，具有典型性和代表性，对学术界的影响持续至今。美国人类学家克鲁伯和克拉克洪对 1871—1951 年期间多达 164 种"文化"概念学说分析后认为，文化总体上是从历史性、描述性、规范性和结构性四个方面进行分类阐释的。[③] 显然，文化的意义纷繁多样，内涵广远浩博，且中西方对此认知路径有异。

（1）中国古代"文化"概念

中国古代早有"文化"意义的字样。最初，"文""化"是单独使用的，并且含义各不相同。"文"的本义同"纹"，指各色交错的纹理。如《说文解字》曰："文，错画也，像交文。"又如《易·系辞》曰："物相杂，故曰文。"再如《礼记·乐记》曰："五色成文而不乱"等。

---

① ［美］克利福德·格尔茨：《文化的解释》，韩莉译，南京：译林出版社 2020 年版，第 44 页。

② 张文等：《媒介融合背景下的红色文化大众化研究》，北京：中国社会出版社 2019 年版，第 52 页。

③ 邵汉明：《中国文化研究二十年》，北京：人民出版社 2003 年版，第 413 页。

逐渐"文"引申出了许多不同的意义。其一，被引申为文书典籍之义。如《论语·子罕》曰："文王既没，文不在兹乎？"其二，在伦理说基础上产生的，带有人为因素的加工、修饰、装点等意思。如《尚书》曰："经纬天地曰文。"其三，引申为美、善、德等之义。如《礼记》曰："礼诚而进，以进为文。"其四，引申为与"武"对应的文治、文事、文职，与"德行"对应的文学艺能。如《尚书》曰："王来自商，至于丰，乃偃武修文。"此外，还被引申为自然现象的脉络或者人伦秩序之义。"化"，是古字"匕"转化而来的。本义为变化、改变、生成、变易、造化。如《说文解字》曰："匕，变也。"又如《礼记》曰："可以赞天地之化育。"渐渐"化"被引申为教化、教行、感染、迁善、化育等意思。如《周礼·大宗伯》曰："以礼乐合天地之化"，在此，即教化之义。最早将"文""化"并联使用的是《周易·贲卦》："关乎天文，以察时变；关乎人文，以化成天下。""文""化"最先合成一个词语来使用的是刘向的《说苑·指武篇》："凡武之兴，为不服也，文化不改，然后加诛。"是与武力相对应的一种社会治理方式，对人的品德、性情等精神方面予以感染和教化。这种"文治武功"的理解持续至近代。①

近代以来，对"文化"概念的界定已极大突破传统框架下的文治教化路径，文化成为人类文明的重要表征。钱穆先生指出，文化是人类生活的一个整一全体，必先将此复杂的、连绵的整一全体先加以分剖，由此形成物质的、社会的和精神的三阶层逐次递进文化，各自有其独自的目的与向往，亦呈演进逐步提高方向发展。② 陈序经先生指出，若专以文雅、美术、道德、宗教、政治与武力的各种东西中的一样，去当为文化，其错误正像只以文字或文学来当为文化一样的。因为，所列举的某项或数项，也不过是文化的几个方面，若分析起来是千端万绪，不只是

---

① 舒醒：《江西红色文化》，南昌：百花洲文艺出版社 2019 年版，第 1 页。
② 钱穆：《文化学大义》，北京：九州出版社 2017 年版，第 8—24 页。

数方面的。文化包含了动的方面、静的方面与整个方面，也包含了物质与精神的、价值的及生活的态度、观点及文明的特殊表征。①

（2）西方文化概念

在西方，"文化"的词源为拉丁语 cultura，指居住、耕种、尊崇、饲养动物等意思。德文的 kultur，英文的 culture 等都保留了拉丁文的某些原本的含义。逐步引申为对树木的培育，对人们品德的培养与心灵和性情的陶冶。18 世纪末开始，西方"文化"的词义和用法发生了重大变化，在这之前，主要指"自然成长的倾向——人的培养过程"。到了19 世纪，逐渐演变为指"心灵的某种状态或习惯"，后又发展为指"一个社会知识发展的一般状态""各种艺术的总称"等。最后，文化意指"一种物质上、知识上和精神上的整体生活方式"②。1871 年，著名英国人类学家爱德华·泰勒将"文化"解释为一个包容知识、艺术、风俗、习惯、道德等在内的精神文化综合体。马林诺夫斯基认为文化不仅包含精神文化的内容，还包括一些物质文化的元素。拉尔夫·林顿认为文化是任何社会的全部生活方式。雷蒙德·威廉斯指出，文化乃是"英语之中最复杂的两三个词语之一"，他为文化下了三个范围宽泛的定义：第一，文化指智力、精神和美学发展的一般过程；第二，文化指一群人、一个时期或一个群体的某种特别的生活方式；第三，文化还可用来指涉"智力，尤其是美学所创造的作品和实践"③。可见，在西方语境下，"文化"的内涵极为宽泛，几乎无所不包。而且，"文化"还常与"文明"纠结在一起，前者接受了平凡的物质事物，后者承载了高贵的精神关注。困难在于没有哪两个人在应该做出区分的问

---

① 陈序经：《文化学概观》，长沙：岳麓书社 2009 年版，第 21—28 页。

② 韦森：《文化与制度》，上海：上海人民出版社 2003 年版，第 9 页。

③ ［英］约翰·斯道雷：《文化理论与大众文化导论（第七版）》，常江译，北京：北京大学出版社 2019 年版，第 2 页。

题上能达成共识：对此问题的回答因国家而异，在一国之内因时期而异，因作者而异。①

2. 文化的本质

正如英国学者菲利普·史密斯指出，给"文化"下定义是"出了名的困难"②。尽管古今中外对"文化"内涵界定众说纷纭，但是有一点是明确的，即文化的本质是人化与化人，是人创造文化与文化塑造人的互动过程。人是文化的核心问题，人创造了文化，文化也塑造了人。所谓"文化"即"人化"，反映了人类能动改造世界的创造性本质，以及改造与被改造、创造与被创造的主客体之间的关系。人类社会生存发展的一切外显现象的内涵或者内涵的外显现象，都是人们精神内化或者物形外化的结果，都是构成本质上属于人化的文化，构成为物质文化、精神文化及制度文化。所谓"文化"即"化人"是指人改造客体的社会实践过程是人本质的外化的过程。同时是与这种外化相伴随的文化对人的内化相互作用的过程，这也是逐渐促成开发人们的知、情、意或者追求真、善、美，提高人们道德素质，丰富审美情趣和价值取向，从而促进人类全面自由发展的过程。在创造文化的历史进程中，人们不断被文化所塑造，并不断超越自身。人化是文化的起点和前提，化人是文化的目的和宗旨。文化是人化与化人、外化与内化的互动统一。习近平总书记多次强调，要特别注重加强以文化人、以文育人，全面提高学生审美和人文素养，加强学生的思想政治教育。

3. 文化的界定

文化概念有广义和狭义之分。以苏联哲学家罗森塔尔·尤金为代表

---

① [法] 费尔南·布罗代尔：《文明史》，常绍民等译，北京：中信出版集团 2017 年版，第 6 页。

② [英] 菲利普·史密斯：《文化理论——导论》，张鲲译，北京：商务印书馆 2008 年版，第 10 页。

的学者认为，广义的文化是指人类在社会历史实践过程中所创造的物质财富和精神财富的总和。狭义的文化就是在一定的物质资料生产方式的基础上发生和发展的社会精神生活形式的总和。马克思主义理论家认为，广义的文化是指人类在社会活动中所创造的一切，包括物质与精神的创造及其成果的总和；狭义的文化就是指精神层面的文化。广义文化论者把人类创造的一切都作为文化的范畴，狭义文化论者把价值观念、心理情感、思维方式、品德修养等精神生活视为文化。我国学者们对此争论不断，但大多数采用了狭义文化。

本书主张广义的文化涵义，并展现其多维面相：第一，文化的本质是人化与化人。人化是起点，化人是目的，二者是互动统一的。第二，文化是与时俱进的，不断处于发展、变化、创新、演变的历程中。文化随着时代发展而不断创新与发展，呈现物质、精神、制度、行为等多种文化表现形式。在众多文化表现形式中，精神文化是最核心的。第三，文化具有多元化与复合化特质。多元文化发展的基础是多元社会的形成。随着全球化的到来，不同国家、不同民族文化相互交流与交融，我国也进入了多元文化时代。在当下，要继续推动社会主义文化大发展大繁荣，提高国家文化软实力，丰富人们的精神文化生活，增强人们的精神力量，建设社会主义文化强国。第四，文化的核心是价值观。文化体现着渗透到人们思想深处的深刻价值观，代表着生产力前进的方向，文化价值观的形成与时代前进的方向紧密相扣。文化的价值观可以影响人们的价值观念，引导人们向正确的方向发展。事实上，了解文化，就是了解价值；研究文化，也就是研究价值。通过文化引导人们树立正确的理想信念、升华人们的道德境界、认同社会主义核心价值观以及增强爱国主义精神、奋斗精神和担当精神。

（二） 红色文化的概念及本质

1. 红色文化的背景考察

红色文化作为一种新型文化形态，从其产生之初起算，已有整整一百多年的历史。但"红色文化"作为一个具体、明确的"集合性概念"的提出，实为近几十年之事。① 红色文化的产生与红色文化概念的提出是不同的范畴，时空上不具有同步性。用毛泽东的话说，就是"总是先有事实，后有概念"②。即先有红色革命事件、行为、人物、制度等，后才从理论上归纳和提炼出红色文化的概念。

红色文化的出现并非偶然，实乃历史之必然。近代以来的中国，社会性质发生了由独立的封建国家变为半殖民地半封建社会国家，人民处于水深火热之中。在探索救亡图存的历史征程中，中国共产党于1921年顺应时代潮流成立，高举马克思主义旗帜，结合中国革命实际，为解救国家危机、民族危机和社会危机，将马克思主义理论运用到中国革命实践，领导了中国人民进行土地革命战争、抗日战争、解放战争等英勇斗争，探索独立自主的道路，取得了新民主主义革命的伟大胜利。在此过程中，涌现了大量的英雄人物、发生了影响中国革命进程的诸多重大事件、塑造了富有中国特色的政治、经济和文化制度，为建立社会主义新中国提供了强大的精神动力和文化支持。在新中国成立后，在社会主义建设中、在改革开放实践中、在民族伟大复兴征程中，革命文化被不断发掘、传承、创新和发展，在沿存大量的革命文化、革命精神和革命制度的同时，在建设、改革过程中不断赋予新内涵，并创新发展了新时

---

① 裴植、程美东：《先锋引领的红色文化》，北京：中国社会科学出版社2019年版，第2页。

② 陈丕显：《陈丕显回忆录：在"一月风暴"的中心》，上海：上海人民出版社2005版，第99页。

代的精神和文化。

但理论界并未随着中国革命的演进而立即出现"红色文化"的概念，而是在对历史的回溯观察、传承、创新的过程中逐步形成"红色文化"的概念，据考证该概念提出不迟于 1965 年 6 月。此时，中国戏剧出版社出版了一本图文并茂的小书《乌兰牧骑——红色文化工作队》，"乌兰牧骑"在蒙语中原意为"红色的嫩芽"，用"红色文化工作队"对其原意进行引申。① 几乎同时，另一篇论文《草原上的红色文化工作队——记内蒙古"乌兰牧骑"》②，所使用"红色文化"基本上与革命文化或社会主义文化相当。但该概念被提出后并未立即成为习惯和规范用语，而是又沉寂了近三十年，1994 年赵心宪发表的《梁上泉童年经验的文化选择》一文，通过分析"边疆诗群"代表人物梁上泉早年所受的文化影响，揭示出渗透着苏区红色文化的乡村文化对其的影响，而这里所说的红色文化与革命文化相当。此后，"红色文化"研究逐渐受到关注，"红色文化"一词逐步广泛运用。

从 2003 年至 2023 年，以"红色文化"为关键词在中国知网进行检索，相关文献整体逐年上升，并在近几年呈现明显增多的趋势。这表明，"红色文化"已逐渐成为一种常态化的话语或文字。

2. 红色文化的语义解析

"红色文化"一词由"红色"与"文化"构成，从汉语构词法上看，乃为偏正结构。"用红色来修饰文化，是一种象征手法"。③ 但红色文化并非"红色"与"文化"的简单组合，而是一种特定语境中的特殊

---

① 裴植、程美东：《先锋引领的红色文化》，北京：中国社会科学出版社 2019 年版，第 3 页。

② 苏明达、梁汝毅：《草原上的红色文化工作队——记内蒙古"乌兰牧骑"》，载《中国民族》，1965 年第 Z1 期，第 18—22 页。

③ 舒醒：《江西红色文化》，南昌：百花洲文艺出版社 2019 年版，第 2 页。

政治文化，具有鲜明的意识形态色彩。① 红色代表热血激情和生命再造功能，象征着充满生机活力的发展。《现代汉语词典》对"红"与"红色"释义时，不仅指出红色象征喜庆、顺利、成功等，还特别专指象征革命或政治觉悟高。② 《辞海》中直接将"红色"与中国共产党的、新民主主义革命时期的、具有强烈信仰的等象征性意义联系起来。故此处"红"不单纯指代红的颜色，而是将中国传统文化中的红色寓意与中国革命、社会建设、改革发展中的文化有机融合，是一种政治导向、政治选择和政治定位③。事实上，自 1921 年起，中国共产党就以红色为其象征色，党旗为红色、军队称为红军，国旗为红旗，红色逐步概念化、政治化、神圣化、精神化，成为独具特色的旗帜、标识和方向。在此修饰下，文化被赋予了特殊的政治含义，以区别于中国传统文化及其他近当代文化，更有别于西方文化。

中华民族自古以来就有红色情结。在远古时代古人用红色铁粉调染在佩戴的饰品上用来装饰，在殷商时期老百姓在生活中对朱砂染料的使用已经普遍化，隋唐时期"红"与"赤"表意基本相同，在唐朝时期红色已被赋予了更多的政治色彩，唐太宗时期，长安城的外墙全部是暗红色，红色代表尊贵，成为统治者身份的象征。在元朝时期红色已成为民间流行的主色调，具有丰富多样的红色系染色谱。明朝时期，红色被赋予婚嫁、开市等喜庆的涵义。清朝时期在普通老百姓生活中，红色的运用更为广泛，已成为人们生活中不可缺少的部分。直至今日，红色仍然是中国老百姓喜欢的主色。红色是太阳的颜色，如阳光那么光明、温暖

---

① 吴娜：《社会主义核心价值观引领红色文化创新发展研究》，南昌大学博士论文，2020年，第 26—27 页。

② 中国社会科学院语言研究所词典编辑室：《现代汉语词典（修订本）》，北京：商务印书馆 2000 年版，第 520—522 页。

③ 梁家贵：《略论红色文化的内涵、研究方法及当代价值——以大别山红色文化为例》，载《红色文化资源研究》，2017 年第 1 期，第 21—26 页。

和灿烂，人们向往光明、温暖和辉煌，因而红色成为祥瑞之兆。由此，把红色界定为：是一种喜庆、吉祥、成功、顺利、进步、幸福、光明、胜利、荣誉、富贵、美丽等的象征。红色已经渗透到人们生活点滴之中，如婚嫁的大红喜字、恋人赠送的红玫瑰、过年的大红包、红色外壳的荣誉证书等。

红色还具有政治象征和革命精神意蕴。18世纪法国大革命，红色第一次与革命联系起来。俄国十月革命建立的"红军""红区"以及高举的"红旗"，都体现了红色的"革命"意义。因此红色成为了"革命""共产主义""共产党""信仰"等的象征，以及成为社会主义国家的颜色。随着共产主义运动的发展，相继建立了红色政权和红色根据地，中国共产党领导的苏维埃政权、革命军队和革命根据地也以红色为标志，由此便有了中国共产党领导的红色政权与国民党领导的白色恐怖政权相对立的称呼，红色与白色代表了两种不同的阵营。从中国共产党成立以来，就开始了大量的红色文化积淀。中国共产党的党旗和新中国的国旗是红色，红色政权、工农红军，红色是国徽不可改变的底色，这些红色象征着革命先烈们用鲜血和生命换来新中国，而不怕牺牲、顽强奋斗的精神。绛红色的天安门也显示了威严、庄重而伟大的国家形象。

3. 红色文化的内涵界定的路径

在近年来的红色文化研究热潮中，对红色文化的内涵界定，主要循着属性、时间、主体与类型等维度展开。

一是从属性维度看，红色文化是马克思主义文化。红色文化根源于马克思主义的文化观，随着世界共产主义运动兴起和发展而形成的革命文化、共产主义文化被赋予了红色革命的意义。但不因此将红色文化泛指"共产主义文化"，虽然文化传播可超越其地域性、民族性，但终究是特定民族、特定国家、特定社会的产物。红色文化在不同国度的共产主义运动中呈现的样态、类型等均呈现明显差异，用共产主义文化来界定中国特殊语境下的红色文化，必然呈现区域上、主体上、范畴上的过度泛化问题。据此，中国语境下的红色文化，当指中国共产党领导下以马克思主义为指导的红色文化，是世界共产主义文化的典型代表。

二是从时间维度上看，红色文化以中国共产党成立为标志。以红色文化所属时间分界点范围不同，对红色文化的范畴认知差异巨大。主要有三种不同观点：第一种观点：红色文化仅指中国共产党在新民主主义革命时期创造的革命文化。如"红色文化是中国共产党领导中国人民在新民主主义革命过程中，将马克思主义与中国具体实践相结合，为实现国家统一、民族独立和人民解放而浴血奋战形成的革命精神和优良传统。"[1] 第二种观点：红色文化不仅包括新民主主义革命时期形成的革命文化，还包括社会主义革命和建设时期、改革开放和社会主义现代化建设新时期的红色文化。如"红色文化是中国共产党带领人民在革命、建设、改革过程中创造的新型文化形态。"[2] 第三种观点：红色文化应"扩容"追溯至始于 1840 年鸦片战争以来的旧民主主义革命时期的革命进步文化。[3] 将红色文化界定为新民主主义革命文化过于狭隘，将其拓展到 1840 年鸦片战争又与红色文化在中国共产党领导下形成的主流红色文化观不相符。本书主张，红色文化应界定为在中国共产党领导下，在革命、建设、改革过程中形成的具有革命性、先进性的文化。

三是从主体维度看，红色文化是中国共产党领导全国各族人民共同创造的先进文化。中国红色文化与传统文化一脉相承，革命文化是其核

---

① 黄蓉生、丁玉峰：《习近平红色文化论述的思想政治教育价值探析》，载《思想教育研究》，2018 年第 9 期，第 3—8 页。

② 吴建永：《提升红色文化的时代号召力和凝聚力》，载《人民论坛》，2019 第 19 期，第 128—129 页。

③ 吴娜：《社会主义核心价值观引领红色文化创新发展研究》，南昌大学博士论文，2020 年，第 26—27 页。

心，红色精神是其灵魂，马克思主义中国化的理论体系是红色文化的主体。[①] 无论对红色文化如何界定，最根本一条，就是在中国共产党领导下，全国各族人民在革命、建设、改革过程中创造和形成的物质文化、行为文化、制度文化和精神文化。离开中国共产党领导，就不再称其为红色文化。但又不能将红色文化等同于中国共产党文化。

四是从类型维度看，红色文化包括物质、精神、制度、行为文化等形态。从表现类型上，红色文化分为物质、制度、行为和精神四种类型的文化。物质文化表现为人、物、事的统一，"人"指的是在革命、建设和改革开放过程中作出重大贡献和具有巨大影响力的人物。如革命英雄、先锋模范、仁人志士、伟大领袖、时代楷模等。"事"指的是具有重大意义和一定影响力的历史事件或事迹。如狼牙山五壮士的革命事迹、遵义会议、雷锋事迹等。"物"指的是承载"人"的活动和"事"所发生的物品、遗址和旧址等。如红军遗留下来的草鞋、遵义会议会址、领袖故居等。制度文化指的是红色纪律、纲领、政策、路线、方针等。行为文化指的是人民群众的精神文化活动。包括红色歌曲、戏曲、电影等文艺作品。精神文化是红色文化所蕴含的内核精神，红色精神是红色文化的核心、精髓和灵魂。如革命时期的红船精神、井冈山精神、苏区精神、长征精神、延安精神等，社会主义建设时期的抗美援朝精神、大庆精神、雷锋精神、"两弹一星"精神等，改革开放以来的载人航天精神、抗洪精神、抗疫精神等。红色精神文化所蕴含的高贵品质和崇高精神植根于几代中国人的精神生活中，人们在实际行动中代代传承和发扬光大。不同时期的红色精神文化，都是每一个时代的呼唤，都是国家事业发展的需要，共同建构起中华民族的精神长廊，成为中华民族极为宝贵的精神财富。

---

① 卢大有、吴自锋：《发祥与发扬：江西在中国红色文化发展中的历史地位和贡献》，载《红色文化资源研究》，2017 第 1 期，第 77—84 页。

4. 小结

本书所论述的红色文化，是指在中国共产党领导下，以马克思主义为指导，全国各族人民在长期的革命战争中、社会主义建设中、改革开放实践中，共同创造和形成的具有中国特色的先进文化。其产生和发展的过程，也是马克思主义中国化的过程。红色文化是今天中华民族的民族魂和国魂，其价值不仅在过去，而且影响到现在和未来，红色文化将永不停息地传承和发展下去。

（三）红色文化与关联概念辨析

1. 红色文化与红色资源

红色文化与红色资源在不少情形下被视为一体。不少学者将红色资源等同于红色文化。如将红色资源界定为"中国共产党领导中国人民在革命战争年代所形成的具有资政育人意义的历史遗存，它集精神资源、政治资源、文化资源、历史资源于一体……"① 界定红色文化时常以红色资源为依托，将红色资源理解为红色文化，包括文化的载体及其所蕴含的精神，具体而言包含物质和精神两方面的内容。将"红色资源"作为一种资源加以研究、开发、利用，是目前学界的基本认知取向。② 红色文化虽与红色资源高度关联，但将其等同视之存在逻辑矛盾与本质混淆问题。

从逻辑上看，红色文化包含着器物文化、精神文化、制度文化、行为文化等层面。一方面，从"资源"作为"物质资料"的本义出发，在

---

① 张泰城等：《红色资源与高校人才培养——以井冈山大学为例》，北京：中国书籍出版社2015年版，第3页。
② 张文等：《媒介融合背景下的红色文化大众化研究》，北京：中国社会出版社2019年版，第54页。

不扩展其外延的情况下，赋予"资源"以意识形态属性后，可对应的应当是红色文化的器物层面——红色资源，如浙江嘉兴红船、遵义会议会址等。显然，作为器物层面的红色资源实际上是红色文化的载体，而非红色文化本身。另一方面，若辅之以"文化"之限制，"红色资源"即成为"红色文化资源"，作为一种人文社会资源，从逻辑上看是"红色资源"的属概念或下位概念。其类型可分为红色旧居旧址、红色器物、红色文献、红色文学与艺术、红色建筑、红色意识形态等①。即便使用了"红色文化资源"的表达，也不改变其作为"红色文化"的物质与精神载体的"资源属性"。事实上，红色资源若再类型化，就可以包含红色旅游资源、红色文化资源、红色经济资源、红色品牌资源等，每一种资源都蕴含了红色文化，但都不能将之与红色文化等同。还有一种划分，将红色文化资源区分为物质类和非物质类红色文化资源，实际上表明了红色资源与红色精神的区别。② 故将红色文化等同于红色资源或红色文化资源存在逻辑上的矛盾。

从本质上看，实际上是采用广义文化还是狭义文化概念的问题。如采用广义文化概念，则包含了物质层面。如此，红色文化自当包含红色资源，使得"文化"与"资源"的界限模糊化，在此语境下"红色资源""红色文化资源"与"红色文化"意义趋同化，甚至相互替代使用并无大碍。但无论"红色资源"或"红色文化资源"，若用以代替红色文化最为核心的灵魂——红色精神，就存在本质上的矛盾，毕竟使用物质层面的文化代替精神层面的文化是与马克思主义物质文明与精神文明、经济基础与上层建筑的理论是相悖的。若采用狭义的文化概念，仅

---

① 王炳林、张泰城：《高校红色文化资源育人发展报告（2016）》，北京：人民出版社2017年版，第8页。

② 肖灵：《当代大学生红色文化传播研究》，北京：中国社会科学出版社2015年版，第131—157页。

指红色资源或红色文化资源所承载、蕴含、提炼、抽象出来的红色精神，如井冈山精神、延安精神等。以井冈山茅坪的"小井红军医院"为例，其红色资源层面所展现的是当年红军缺医少药、极度艰苦与简陋的医疗现状，但参观者能否领略到其背后彰显的中国共产党领导的工农红军不怕苦、不怕死的伟大精神则因人而异，领略程度如何也明显有别。[①]因此，在狭义的文化语境中，红色资源是红色文化内核之红色精神的物质载体，将其与红色文化等同存在本质上的混淆。

2. 红色文化与传统文化

红色文化与中国传统文化有深刻的渊源，其诞生于中国传统文化的沃土，但兼收并蓄了马克思主义的文化精髓，可概括为"古为今用""洋为中用"与"中国创造"三条路径，塑造了富有中国特色、中国精神、中国风貌的特色文化。

一是"古为今用"。中华民族生生不息的传统文化是红色文化的根基，红色文化深深根植于中华传统文化，继承了近代以来的革命文化传统，弘扬以爱国主义、集体主义、民本主义为核心的民族精神。仔细探究每一种红色文化精神，大多可从浩瀚的中国传统文化中找到渊源。毛泽东强调："全心全意地为人民服务，一刻也不脱离群众；一切从人民利益出发，而不是从个人或小集团的利益出发；向人民负责和向党的领导机关负责的一致性，这些就是我们的出发点。"[②] 这是中华民族"以人为本"精神在革命时代的体现。习近平总书记在阐释伟大的抗疫精神时，第一个强调的便是"生命至上"[③]，这更是"以人为本"的生动素

---

① 文祥：《红色旅游经验的美学分析及其德育美育价值——以井冈山为例》，载《红色文化学刊》，2020 年第 3 期，第 73—80 页。

② 《毛泽东选集》（第 3 卷），北京：人民出版社 1991 年版，第 1094—1096 页。

③ 习近平：《在全国抗击新冠肺炎疫情表彰大会上的讲话》，北京：人民出版社 2020 年版，第 3 页。

材。而与西方文化相比，以人为本的人文精神是中国文化最根本的精神。①

二是"洋为中用"。中国共产党把马克思主义基本原理同中国具体实际相结合，创造发展了红色文化。

三是"中国创造"。革命本身就具有创造创新的属性，在社会主义建设、改革过程中进行了众多创新。这些传承与创新，均根植于灿烂、悠久、延绵不断的中华传统文化。自 1921 年中国共产党成立起，用马克思列宁主义武装头脑，开始了社会主义、共产主义救中国的新的道路探索。中国共产党人创造性地塑造了红船精神、井冈山精神、长征精神、苏区精神等红色革命文化，这些都是在马克思主义指导下的文化创造，契合中国国情、经过实践检验的中国道路的文化探索。新民主主义革命时期创造出的红色革命文化，不仅引领中国革命走向光明和胜利，也实现了中国文化的现代转型，并在社会主义建设和改革开放过程中，不断孕育、传承、创新、发展与升华，与时俱进地发展了红色文化。

3. 红色文化与先进文化

红色文化形成于新民主主义革命时期，发展于社会主义建设时期，传承于改革开放时期，并将持续以一种开放的"集群性"文化形态，处于动态开放的历史进程中。红色文化具有跨越时空的特殊价值，进入新时代，红色文化仍以"丰厚的红色资源、优质的文化基因、正确的价值导向、自信的文化品格，为构筑中国精神、增强文化自信、凝聚中国力量、实现中华民族的伟大复兴提供了重要的思想文化和精神支撑。"② 红色文化与中国先进文化有着固有的内在联系和价值取向，两者之间不是等同关系，而是一种包容关系，红色文化是当代中国社会主义先进文

---

① 楼宇烈：《中国文化的根本精神》，北京：中华书局 2016 年版，第 46 页。
② 邱小云：《红色文化十讲》，南昌：江西高校出版社 2018 年版，第 11 页。

的重要组成部分。

第一，红色文化是当代中国特色社会主义文化的优质基因。邓小平指出："对马克思主义的信仰，是中国革命胜利的一种精神动力。"① 毛泽东指出："伟大的胜利的中国人民解放战争和人民大革命，已经复兴了并正在复兴着伟大的中国人民的文化"。② 中国新民主主义革命胜利的关键，是作为这场革命的"染色剂"③。马克思主义中国化所孕育的崇高共产主义理想信念和革命乐观主义精神等红色精神的思想武装，成为中国先进文化的活水源头，并为复兴中华民族文化注入了红色革命基因。红色文化与先进文化具有主体一致性、思想同源性、价值相通性、内涵同质性，在党领导的社会主义建设和改革开放过程中，不断创造性转化、创新性发展，形成新的红色文化精神，为先进文化持续注入红色基因，成为新时代在政治、经济、文化事业中取得更大胜利的强大思想保证。

第二，红色文化成为当代中国社会主义文化的自信之源。2013 年，习近平总书记在谈到坚持"四个自信"时，强调"文化自信，是更基础、更广泛、更深厚的自信。在 5000 多年文明发展中孕育的中华优秀传统文化，在党和人民伟大斗争中孕育的革命文化和社会主义先进文化，积淀着中华民族最深层的精神追求，代表着中华民族独特的精神标识。"④ 红色文化所蕴含的科学思想理论、先进价值理念、宝贵精神内涵，是中国文化自信的重要来源。文化传承与发展，决不能数典忘祖、忘记中国优秀传统文化，更不能忘记中国人民在革命斗争中用鲜血和生

① 《邓小平文选》（第 3 卷），北京：人民出版社 1993 年版，第 369 页。
② 《毛泽东选集》（第 4 卷），北京：人民出版社 1991 年版，第 1514—1516 页。
③ 白锡能、任贵祥：《红色文化与中国发展道路论文集》，北京：中国社会科学出版社 2015 年版，第 87 页。
④ 中共中央党史和文献研究院：《十九大以来重要文献选编（上）》，北京：中央文献出版社 2019 年版，第 29 页。

命创造的红色革命传统。① 红色文化应该成为中国人民文化自觉和文化自信的开端。中华民族能屹立于世界，靠的不仅仅是经济、政治、军事上的日益强盛，还有中国共产党自中国革命以来带领全国人民创造的先进红色文化，以及各个时期不断发展、创新、升华的红色文化和其他优秀文化。文化自信是更深层次、更广泛层面、更具持久性、更强大的自信，是一个国家软实力的综合体现。

二、红色文化融入高校思想政治教育的理论依据

习近平总书记指出，"人才培养一定是育人和育才相统一的过程，而育人是本。人无德不立，育人的根本在于立德。这才是人才培养的辩证法。"② 教育的根本任务在于"立德树人"，育人之本在于育德。教育是以人为中心的事业，从根本上说教育意味着启蒙人，意味着解放人。③ 红色文化育人是文化育人的重要组成部分，是思想政治教育的重要方式。人在创造文化的历史中不断被文化所塑造，从而不断超越自身。人化是文化的起点和前提，化人是文化的目的和宗旨。红色文化融入高校思想政治教育，其理论依据可溯源到马克思主义经典作家的文化育人思想，以及中国共产党人的文化育人思想。

（一）马克思主义经典作家的文化育人思想

1. 马克思恩格斯的文化育人思想

马克思恩格斯的文化思想是马克思主义理论的重要内容。马克思并

---

① 陈先达：《文化自信中的传统与当代》，北京：北京师范大学出版社 2017 年版，第 52 页。

② 习近平：《在北京大学师生座谈会上的讲话》，北京：人民出版社 2018 年版，第 7 页。

③ 刘道玉：《中国高等教育改革论》，武汉：武汉大学出版社 2018 年版，第 263 页。

未对"文化"作专门解释，而是在不同语境下使用"文明""意识形态""精神生产"等词语。马克思恩格斯以历史唯物主义和辩证唯物主义作为哲学前提，认为实践是其文化思想产生的根源，将人的全面自由发展作为其文化思想的价值追求。这成为红色文化融入高校思想政治教育的理论根源和方法论、价值论基础。

（1）历史唯物主义和辩证唯物主义是马克思恩格斯文化育人思想的哲学前提

马克思以历史唯物主义的哲学立场来分析和阐释一切精神文化现象，以辩证唯物主义哲学的站位分析一切文化现象。马克思在《德意志意识形态》中指出："思想、观念、意识的生产最初是直接与人们的物质活动，与人们的物质交往，与现实生活的语言交织在一起的"[①]。在《共产党宣言》中进一步写道："精神生产是随着物质生产的改造而改造的"。[②] 法国著名史学家布罗代尔在阐释"文明"与文化关系时指出，"civilisa-tion"是一个双义词，既表示道德价值，又表示物质价值。而马克思区分了经济基础（物质上）与上层建筑（精神上）——在他看来，后者严重依赖前者。[③] 文化发展最终依赖于人类生产方式的进步，这是对文化的历史唯物主义的科学阐释。

辩证法是马克思恩格斯文化思想的重要基础，马克思文化思想是围绕"本体论"的辩证思考而形成的科学论断。现实的人在经济、政治、文化等诸多领域进行实践活动，而每个领域都存在物质世界的辩证关系，而且诸多领域之间存在辩证的相互作用关系，所建构的上层建筑即思想观念也内化着辩证的逻辑。马克思对文化的分析，植根于经济结

---

① 《马克思恩格斯选集》（第1卷），北京：人民出版社2012年版，第152页。
② 《马克思恩格斯选集》（第1卷），北京：人民出版社2012年版，第420页。
③ ［法］费南尔·布罗代尔：《文明史》，常绍民等译，北京：中信出版集团2017年版，第5页。

构、管理制度等方面，通过对经济、政治、文化等各领域辩证关系的科学把握和整体性认知，创立了历史唯物主义的文化观。

马克思认为文化不是独立存在的，经济与文化之间存在决定与被决定、相互影响和相互作用的关系，要把文化置于整个社会结构和社会关系之中考察，才能得出全面的、科学的结论。马克思指出，人类社会是由"社会体系的各个环节"构成的"一切关系在其中同时存在又互相依存的社会机体"。①

马克思恩格斯的历史唯物主义和辩证唯物主义文化思想，既是红色文化育人思想的理论根基，亦是红色文化育人的根本方法论。作为上层建筑的红色文化，决定于经济、社会基础，但亦反作用于经济与社会。尽管文化的文本和实践从来不是历史的"原动力"，却在历史变迁和社会稳定中扮演了行动者的角色。② 马克思批判了旧唯物主义对待人和环境及教育的错误观点，认为其教育万能论忽视了"环境是由人来改变的，教育者本人一定是受教育的"③；在《共产党宣言》中，他告诫："共产党一分钟也不忽略教育工人尽可能明确地意识到资产阶级和无产阶级的敌对的对立"④。可见，马克思恩格斯在无产阶级政党创立之初的理论准备、建设实践中十分注重思想教育和宣传工作，注重启发无产阶级的思想觉悟和政治意识。在《〈黑格尔法哲学批判〉导言》中，马克思指出："批判的武器当然不能代替武器的批判，物质力量只能用物质力量来摧毁，但是理论一经群众掌握，也会变成物质力量。理论只要说服人，就能掌握群众；而理论只要彻底，就能说服人。"⑤ 红色文化作为

---

① 《马克思恩格斯选集》（第 1 卷），北京：人民出版社 2012 年版，第 223 页。

② ［英］约翰·斯道雷：《文化理论与大众文化导论（第七版）》，常江译，北京：北京大学出版社 2019 年版，第 74 页。

③ 《马克思恩格斯选集》（第 1 卷），北京：人民出版社 2012 年版，第 134 页。

④ 《马克思恩格斯选集》（第 1 卷），北京：人民出版社 2012 年版，第 434 页。

⑤ 《马克思恩格斯选集》（第 1 卷），北京：人民出版社 2012 年版，第 9—10 页。

一种先进的、科学的、革命的、创新性的理论，是马克思主义在中国的具体化理论，对教育广大群众，尤其是大学生具有强大的说服力、感染力和渗透力。红色文化作为中国共产党领导下形成的先进文化理论，处于不断的生产、发展和创新之中，推动中国革命和建设事业取得伟大成就，推动改革开放和新时代中国特色社会主义建设事业向纵深发展，为中华民族的伟大复兴提供了巨大精神动力，是培育时代新人的优质基因和营养剂。

（2）实践是马克思恩格斯文化育人思想生成和发展的根源

马克思认为文化直接来源于"物质活动""物质交往"，而物质的"活动""交往"本身就是一种实践。他在《德意志意识形态》中指出："观念、思维、人们的精神交往在这里还是人们物质关系的直接产物。表现在某一民族的政治、法律、道德、宗教、形而上学等的语言中的精神生产也是这样。"① 实践是人类特有的生命活动，包括人与自然之间、人与人之间等，实践是人改造现实世界的有意识的实际活动，实践总是离不开人，人是实践的人，实践是人的实践。实践是人类改造客观世界的活动，包括思想和行动两个方面：文化是人类在实践过程中创造和形成的，大致上也可分为思想的实践和行动的实践两部分。

马克思考察文化是从实践观出发的，奠定了其文化思想的唯物主义基础。马克思的实践范畴可分为人与自然的实践、人与人之间的实践和人自身的实践。首先是人对自然的实践，人与自然之间的实践是相互影响和相互作用的。一方面，人作用于自然。是人们通过实践活动改造自然，发挥主观能动性，而被改造的自然之物内化了人的主观思想和观点，这个物被称为"物质文化"。另一方面，自然反作用于人。人在改造自然的过程中，根据现实情况不断改变思想观念，总结经验，探寻自然规律，积淀并形成各种具体的知识，如物理、生物等科学知识文化。

---

① 《马克思恩格斯选集》（第1卷），北京：人民出版社2012年版，第152页。

其次，社会实践创造了多元文化。社会实践的丰富多样性决定了文化的多元性，每一种社会实践都会产生相应的文化类型，如有生产实践，就会产生相应的生产文化。马克思曾指出："人们按照自己的物质生产的发展建立相应的社会关系，正是这些人又按照自己的社会关系创造了相应的原理、观念和范畴。"① 最后，人的自身实践产生的精神文化。人自身实践蕴含着文化的狭义意义，人的精神实践活动，主要指的是对自己本身价值的认定和追求，是主体、客体在精神世界的辩证统一。这种精神文化，主要指向人本身的存在状态的思考。

红色文化是马克思主义文化思想与中华优秀传统文化和国情相结合的过程中孕育并产生的先进文化。② 因而，从源头上看，红色文化的总根源是中华优秀传统文化；从品质上看，红色文化的思想精髓是马克思主义；从实践上看，中国共产党领导中国人民反帝反封建反官僚资本主义的革命、伟大的社会主义建设和改革开放实践是红色文化形成的沃土；从生命力上看，红色文化在中国革命、建设、改革的各个阶段均彰显着优良传统、发挥着文化建设的引领作用，并在新时代中国特色社会主义事业中，更加彰显其历久弥新的时代价值；从对比上看，在国际国内多元文化形态中，红色文化区别于"本来"与"外来"，区分了"中""西"，彰显了中国气派、中国精神、中国价值和中国力量。③

（3）人的自由全面发展是马克思恩格斯文化育人思想的根本价值追求

"马克思主义是人的解放学"。④ 人的自由全面发展是人发展的终极

---

① 《马克思恩格斯选集》（第 1 卷），北京：人民出版社 2012 年版，第 222 页。

② 费孝辉、刘涛：《红色基因传承研究》，济南：济南出版社 2019 年版，第 103 页。

③ 杨忠明、贺培育、李晖：《雷锋精神与红色文化》，北京：社会科学文献出版社 2019 年版，第 61 页。

④ 高放：《加强对马克思主义科学的整体研究》，载《马克思主义与现实》，2005 年第 2 期，第 4—10 页。

目标，是马克思恩格斯文化育人思想的价值追求，也是"人的解放"的最高要求和追求目标。马克思把文化的价值追求定位于"现实的人"的自身发展的角度，从而实现了把人从传统哲学思想史中作为观念、绝对精神等抽象的产生物的观念中解放出来。

关于人的自由全面发展，马克思不仅将其作为一个美好的理想规定为未来共产主义社会的一个基本要求，还从批判资本主义社会的视角，充分阐释了人的自由全面发展四个方面的内涵。一是人的需求的全面发展。不仅需要物质文明的充裕，而且更加需要精神层面的富足。二是人的能力的全面发展。人的能力是人的本质力量的体现，包括物质生产能力、精神生产能力、道德修养能力等，在共产主义自由王国里，就是要充分发展人的能力。三是人的个性的全面发展。就是指每个人特有的素质、品德、修养、爱好、特长等综合方面得到最大化的发展，这是人的全面发展的综合表现。四是人的社会关系的全面发展。马克思认为，社会关系的发展状况能够决定一个人的发展程度。人的发展不仅是全面的，而且是自由的，"自由发展"是人作为主体的自觉、自主、自愿的发展，每一个人不受到他人和外力的干涉、强制，而是完全按照自己的意愿自由地发展自己希望发展的素质和能力。

马克思以实现人的自由全面发展，为其文化育人思想的价值追求，每个人都能获得自由全面发展的机会，回归人的本质。马克思的人本思想有利于激发人的潜能和力量、发挥人的主体性、施展人的自由个性，使得人能最大化发展。马克思主义关于人类社会的理想就是实现人的自由全面发展，这不是某个人，而是每一个人，每一个社会成员；这里的全面发展，是人的发展的完整性、多方面性，包括智力、体力和社会关系；这里的自由发展，是自觉、自愿、自主的发展，不屈从于任何外部的压力和支配。①

---

① 《教育学原理》编写组：《教育学原理》，北京：高等教育出版社 2019 年版，第 133 页。

但共产主义远大、崇高理想是一个渐进、充满曲折的历史过程，是通过各个发展阶段人们共同理想来逐步实现的。在当代中国，建设新时代中国特色社会主义就是共产主义在现阶段的目标，而促进人的全面发展是中国特色社会主义的本质要求，① 是坚持以人民为中心的教育的根本要求。

2. 列宁的文化育人思想

列宁是马克思主义文化思想和社会主义文化建设事业的重要创始人和奠基人，列宁文化思想主要表现在思想政治建设、社会道德建设、教育事业建设、文化事业建设等方面。在中国共产党人不断探索革命的征程中，列宁等经典作家的文化思想对中国产生了重要的影响，并成为红色文化育人的重要思想渊源。

（1）重视加强理想信念教育

苏联是世界上第一个无产阶级专政的社会主义国家，新成立的苏维埃国家面临着一系列国内国外问题的严峻考验与挑战，经济和文化科技教育水平等也相对落后。列宁在系列著述中，对一些干部群众思想上发生的变化，甚至一些布尔什维克党员动摇了社会主义、共产主义的理想信念予以严厉批评。列宁认为，成为一名真正的社会主义建设者最首要的问题是要树立坚定的马克思主义信仰。一方面，要努力学习和研究马克思主义理论，另一方面，培养良好的思想政治素养，提高文化思想水平，增强对各种错误思潮的分辨能力和抵御能力。

列宁认为，思想政治建设要注意两个原则，一是辩证地处理好成绩与不足的关系，二是处理好共产主义理想与社会主义信念的关系。列宁指出："马克思学说具有无限力量"②，"能使一切社会党人团结起来。"③

---

① 中共中央宣传部理论局：《马克思主义哲学十讲》，北京：党建读物出版社、学习出版社 2013 年版，第 170 页。

② 《列宁选集》（第 2 卷），北京：人民出版社 2012 年版，第 309 页。

③ 《列宁选集》（第 1 卷），北京：人民出版社 2012 年版，第 274 页。

列宁强调，要始终坚持马克思主义理论为指导思想，坚持马克思主义的原则、立场、观点和方法，成立马克思主义学习小组、团校等社团建设，开展走基层的实地考察和文化活动，应高度重视加强党的建设工作，努力提高广大党员干部的文化水平，只有这样，才能适应新的形势，才能提高党的战斗力和凝聚力，才能抓好思想政治建设。

列宁的信念教育的理念及原则、方法，是文化育人的重要指南，是培养高校学生爱国主义情怀的最佳教育载体、为大学生理想信念教育提供动力，并引领大学生理想信念教育的正确方向。①

（2）重视加强社会道德建设

加强培养道德精神和崇高的道德品质，有助于社会主义建设的顺利发展。列宁曾指出："道德是为摧毁剥削者的旧社会、把全体劳动者团结到创立共产主义新社会的无产阶级周围服务的。"②

当时俄国主要从三个方面开展社会道德建设。一是加强爱国主义、国际主义和集体主义精神的教育。列宁指出："爱国主义是由于千百年来各自的祖国彼此隔离而形成的一种极其深厚的感情"。③ 二是坚持道德建设与利益奖惩相结合。在道德建设中，关心个人的合法合理利益，发挥利益奖惩对人民大众进行思想道德教育的引导和激励作用。三是坚决消除旧的道德观念和不良的道德习惯。要帮助和教育人民群众克服旧社会遗留下来的不良习惯和风气，引导和灌输新思想和新道德规范，逐步提高共产主义觉悟，推动社会道德建设朝着正确方向前进。

（3）重视加强教育事业建设

列宁非常重视和关心教育事业，丰富和发展了马克思主义教育学

---

① 叶丹：《红色文化与新时代高校理想信念教育研究》，南昌：江西人民出版社 2020 年版，第 149—155 页。

② 《列宁选集》（第 4 卷），北京：人民出版社 2012 年版，第 290 页。

③ 《列宁选集》（第 3 卷），北京：人民出版社 2012 年版，第 579—580 页。

说，创立了系统的共产主义教育体系，并采取了扫除文盲、普及国民教育、推动教育体制改革、优化教育发展，以及关心人民教师、提高教师社会地位的一系列措施。列宁在《日记摘录》中说道："把国民教师的地位提到应有的高度，而不做到这一点，就谈不上任何文化，既谈不上无产阶级文化，甚至也谈不上资产阶级文化。""应当把我国国民教师的地位提到在资产阶级社会里从来没有、也不可能有的高度。"①

（4）重视推进文化事业建设

文化事业能为人们提供满足精神生活需求的社会文化产品和社会文化服务。丰富多样的文化活动，为社会营造良好的文化氛围，为满足人民群众精神文化生活需求起着重要的作用。苏维埃政权成立以后，除大力加强思想道德、教育事业建设以外，还非常重视文化事业建设，包括新闻、图书馆、博物馆、电影等文化事业。在列宁看来，文化建设具有重要意义：一方面，文化事业是无产阶级先锋队所开动的一部巨大社会民主主义机器的"齿轮和螺丝钉"②，是为"千千万万劳动人民服务"的。这指明了文化建设的性质、目的、任务，对文化育人具有重要意义。③ 另一方面，文化建设是巩固社会主义民主政权、推进社会文明进步的重要条件。

列宁结合苏联实际，制定和采取了大力发展图书馆事业、加强新闻出版事业和公益性文化事业等一系列政策措施，推动苏联文化事业实现了大发展。

（二）中国共产党人的文化育人思想

1. 毛泽东的文化育人思想

毛泽东尤为重视文化建设，曾指出："任何社会没有文化就建设不

①　《列宁选集》（第4卷），北京：人民出版社2012年版，第764页。
②　《列宁专题文集·论无产阶级政党》，北京：人民出版社2009年版，第167页。
③　马静：《红色文化教育理论与实践研究》，天津：南开大学出版社2015年版，第49页。

起来。"① 毛泽东科学的文化观点是我国文化建设的重要指导思想，也是文化育人的指南。

（1）重视思想教育及革命传统教育

自中国共产党成立以来，毛泽东始终重视思想政治教育工作，将马克思主义思想政治教育理论中国化。一是重视发挥"文化战线"和"文化军队"的重要作用。毛泽东多次强调解放斗争的战线包括文化战线和军事战线，还必须有"文化的军队"配合"拿枪的军队"方可战胜敌人。② 二是高度重视广大青年的"思想教育"工作。并始终将革命的政治工作当做人民军队的生命线。三是提出了"政治工作是一切经济工作的生命线"的著名论断。该论断进一步确立了思想政治教育工作在党和国家各项事业中的重要地位。针对知识分子和青年学生中存在思想工作减弱的倾向，毛泽东指出"除了学习专业之外，在思想上要有所进步，政治上也要有所进步，这就需要学习马克思主义，学习时事政治。没有正确的政治观点，就等于没有灵魂。"③

在党的思想政治教育工作中，除了坚持马克思主义理论指导、突出思想教育的生命线地位、围绕党和国家工作大局开展思想政治教育外，一个十分重要的经验是：中国共产党领导中国人民创造了内涵丰富、特色鲜明的宝贵的红色文化，这一特殊资源既是革命、建设与改革实践及思想政治教育实践结下的丰硕成果，又反过来影响和促进中国革命、社会主义建设和改革开放伟大事业的成功和发展，成为思想政治教育的新起点。④ 毛泽东指出，"革命的""有出息的"文学艺术家应该"使人民

---

① 《毛泽东文集》（第3卷），北京：人民出版社1996年版，第110页。

② 《毛泽东文集》（第3卷），北京：人民出版社1996年版，第847页。

③ 《毛泽东文集》（第7卷），北京：人民出版社1999年版，第226页。

④ 李霞：《红色资源与思想政治教育》，北京：人民出版社2015年版，第26页。

群众惊醒起来，感奋起来，推动人民群众走向团结和斗争，形成改造自己的环境"①。因而，应将毛泽东思想中思想政治教育的理论、立场、方法与红色文化结合起来，通过红色文化资源积极推动思想政治教育取得实效。

（2）科学提出了社会主义文化发展的基本方针

社会主义文化发展的基本方针，主要涉及两个基本方面。第一，"古为今用，洋为中用"。毛泽东十分重视中国优秀传统文化的继承和外国进步文化的借鉴。他指出："应当以中国人民的实际需要为基础，批判地吸收外国文化。对于中国古代文化，同样，既不是一概排斥，也不是盲目搬用，而是批判地接收它，以利于推进中国的新文化。"② 后在1964 年的批示中概括为"古为今用，洋为中用"。③ 第二，"百花齐放，百家争鸣"。这是文化发展的另一个基本方针。毛泽东指出："艺术问题上的百花齐放，学术问题上的百家争鸣，我看应该成为我们的方针。"④他阐释道，所谓"百花齐放，百家争鸣"，就是"艺术上的不同形式和风格可以自由发展，科学上的不同学派可以自由争论"。他还指出，"百花齐放、百家争鸣的方针，是促进艺术发展和科学进步的方针，是促进我国的社会主义文化繁荣的方针。"⑤ 毛泽东阐释道："中国应当是辩证法发展的国家。采取现在的方针，文学艺术、科学技术会繁荣发达，党会经常保持活力，人民事业会欣欣向荣，中国会变成一个大强国而又使人可亲。"⑥

---

① 《毛泽东选集》（第 3 卷），北京：人民出版社 1991 年版，第 861 页。

② 《毛泽东选集》（第 3 卷），北京：人民出版社 1991 年版，第 1083 页。

③ 《毛泽东文艺论集》，北京：中央文献出版社 2002 年版，第 227 页。

④ 《毛泽东文集》（第 7 卷），北京：人民出版社 1999 年版，第 54—55 页。

⑤ 《毛泽东文集》（第 7 卷），北京：人民出版社 1999 年版，第 229 页。

⑥ 《毛泽东文集》（第 7 卷），北京：人民出版社 1999 年版，第 291 页。

（3）强调大力发展教育事业

在新中国成立初期，毛泽东与列宁一样都重视教育，强调教育的重要性，提倡大力发展教育事业，认为提高国民文化素质和培养人才是迫切紧要的任务。第一，提出了德、智、体全面发展的教育方针。他指出："我们的教育方针，应该使受教育者在德育、智育、体育几方面都得到发展，成为有社会主义觉悟的有文化的劳动者。"① 并强调："学校要大力进行思想教育，进行遵守纪律、艰苦创业的教育。"② 第二，提倡把教育同生产劳动相结合。毛泽东指出"几千年来，都是教育脱离劳动，现在要教育劳动相结合，这是一个基本原则。"③ 第三，重视人才的培养和人才队伍的建设。毛泽东指出："没有知识分子的参加，革命的胜利是不可能的。"④ 他强调，重视加强领导干部队伍的思想政治素质，要使用批评和自我批评的方式来保持"两个务必"，要注重培养大量的各类各领域专门人才，强调通过多种方式提高他们的马克思主义理论素养。

2. 邓小平的文化育人思想

邓小平的文化育人思想，为红色文化融入思想政治教育提供了重要的理论支持。一是强调思想政治工作的重要性。邓小平强调对思想政治工作要"切实认真做好，不能放松"⑤，并指出"思想政治工作和思想政治工作队伍都必须大大加强，决不能削弱"⑥。二是重视革命传统教育。邓小平指出："在长期革命战争中……发扬革命和拼命精神，严守

---

① 《毛泽东文集》（第7卷），北京：人民出版社1999年版，第226页。
② 《毛泽东文集》（第7卷），北京：人民出版社1999年版，第246页。
③ 《建国以来毛泽东文稿（第七册）》，北京：中央文献出版社1992年版，第396页。
④ 《毛泽东选集》（第2卷），北京：人民出版社1991年版，第618页。
⑤ 《邓小平文选》（第2卷），北京：人民出版社1994年版，第342页。
⑥ 《邓小平文选》（第3卷），北京：人民出版社1993年版，第145页。

纪律和自我牺牲精神，大公无私和先人后己精神，压倒一切敌人、一切困难的精神，坚持革命乐观主义、排除万难争取胜利的精神，取得了伟大的胜利"①。三是重视精神文明的重要地位。邓小平强调物质文明与精神文明要"两手抓，两手硬"，并把"社会主义必须有高度的精神文明"作为社会主义现代化建设的重要发展方向和使命，同时推进两个文明建设。四是将培养"四有新人"、面向"四个现代化"作为教育的基本方针，确立了新时期教育的指导方针，丰富了精神文明建设的内容。

3. 江泽民的文化育人思想

江泽民的文化育人思想，主要表现在三个方面。一是始终将思想政治教育工作放在首位，突出革命史和革命传统的教育作用。强调要"加强中国近代史、现代史和国情的教育，加强我国优秀文化传统和革命传统的教育"。② 二是形成"有中国特色社会主义文化"思想，发展先进文化。江泽民在庆祝中国共产党成立七十周年大会的讲话中强调："我们的文化建设不能隔断历史。对民族传统文化要取其精华、去其糟粕，并结合时代的特点加以发展，推陈出新，使它不断发扬光大。我们还必须积极吸收人类所创造的一切优秀文化成果，把它熔铸于有中国特色社会主义的文化之中。"③ 三是大力推进教育科学事业发展，坚持"德治"与"法治"相结合。强化道德教育是思想政治教育的重要内容，也是文化育人的重要任务。

4. 胡锦涛的文化育人思想

胡锦涛的文化育人思想，主要表现在三个方面。一是高度重视思

---

① 《邓小平文选》（第 2 卷），北京：人民出版社 1994 年版，第 376 页。
② 《江泽民文选》（第 1 卷），北京：人民出版社 2006 年版，第 371 页。
③ 《江泽民文选》（第 1 卷），北京：人民出版社 2006 年版，第 151 页。

想政治教育，注重创新发展红色文化教育。胡锦涛强调，造就具有高尚思想品质和良好道德修养、掌握丰富扎实专业本领的优秀人才，对实现现代化宏伟目标和中华民族的伟大复兴具有深远战略意义。① 胡锦涛在考察延安、井冈山等红色革命圣地时指出：延安精神、井冈山精神等"是我们党的优良传统和作风的集中体现，是中国共产党人崇高品德和伟大情怀的集中体现"②。要把这些革命精神作为凝聚人心、团结奋进的强大动力，作为战胜困难、夺取胜利的重要法宝，让革命传统精神放射出新的时代光芒。③ 这是红色文化育人的重要思想基础。二是重视文化事业和文化产业的发展。充分肯定了文化的重要地位，以及党对文化的高度重视。三是提出"社会主义核心价值体系"，作为"建设和谐文化的根本"。④

（三）习近平关于文化育人的重要论述

党的十八大以来，党中央对文化领域进行全面改革，提出建设社会主义文化强国的目标。党的十九大，习近平总书记对中国特色社会主义文化的本质和内涵作出了全新的阐释，用"源自于""熔铸于""根植于"三个词准确地阐明了其各要素的地位作用及它们之间的内在关系，这是中国共产党对中国特色社会主义文化更全面、更深刻、更具时代性的科学阐释。党的二十大报告指出，要用中国特色社会主义文化铸魂育人。新时代中国特色社会主义文化思想注重掌握意识形态领导权、培育

---

① 《十六大以来重要文献选编（下）》，北京：中央文献出版社2008年版，第633页。

② 《诚挚的祝福 殷切的期望——胡锦涛总书记春节期间在延安慰问和考察纪实》，载《人民日报》，2006年1月30日，第1版。

③ 《巍巍井冈情意浓——记胡锦涛总书记同井冈山革命老区人民共迎新春》，载《人民日报》，2019年1月26日，第1版。

④ 《十六大以来重要文献选编（下）》，北京：中央文献出版社2008年版，第660页。

和践行社会主义核心价值观、传承和弘扬红色文化、加强文化自信等文化建设，为红色文化育人提供了根本遵循。

1. 强调巩固马克思主义在意识形态领域的指导地位

习近平总书记指出："意识形态是党的一项极端重要的工作。"① 必须把意识形态工作的领导权、管理权、话语权牢牢掌握在手中。② 要求全体党员都要加强学习马克思主义理论，学会运用马克思主义理论和方法分析和解决问题。要以马克思主义为指导，对马克思主义真懂真信，要有问题导向意识，要解决好"为什么人"和落实"怎么用"的问题。③ 红色文化是马克思主义的中国化、具体化的生动实践，能为强化和巩固中国共产党在意识形态领域的领导权提供合法性基础、认同性保障和价值性引领④，红色文化育人价值重大而深远。

2. 强调培育和践行社会主义核心价值观

习近平总书记提出，要"教育引导学生培育和践行社会主义核心价值观，踏踏实实修好品德"⑤。要将培养和践行价值观融入国民教育的全过程，重视家庭教育、社会教育和学校教育协同育人。党的二十大报告指出，"弘扬以伟大建党精神为源头的中国共产党人精神谱系，用好红色资源，深入开展社会主义核心价值观宣传教育"。要充分挖

---

① 习近平：《习近平关于社会主义文化建设论述专题摘编》，北京：中央文献出版社 2017 年版，第 34 页。

② 习近平：《论党的宣传思想工作》，北京：中央文献出版社 2020 年版，第 21 页。

③ 中共中央宣传部：《习近平新时代中国特色社会主义思想学习纲要》，北京：学习出版社，人民出版社 2019 年版，第 142 页。

④ 覃银辉：《革命历史文化与思想政治教育》，广州：华南理工大学出版社 2018 年版，第 128—136 页。

⑤ 教育部课题组：《深入学习习近平关于教育的重要论述》，北京：人民出版社 2019 年版，第 10 页。

掘各种重要节庆日、纪念日蕴藏的丰富教育资源，利用政治性节日、党史国史上重大事件、重要人物纪念日等举办纪念活动，积极发展红色旅游等方式，既培育和践行社会主义核心价值观，亦实现红色文化育人。

3. 强调以文化自信来推动文化繁荣发展

习近平总书记指出，"一个国家一个民族的强盛，总是以文化兴盛为支撑的，中华民族的伟大复兴要以中华文化发展繁荣为条件。"[1] 习近平总书记重视文化建设，并以文化自信来推动文化建设的繁荣发展，强调文化自信的深层基础作用。文化自信理论为传承和弘扬红色文化，增强红色文化育人实效指明了方向。

4. 习近平关于红色文化的重要论述是红色文化育人的基本遵循

习近平总书记高度重视红色文化的传承和保护，先后以瞻仰、考察、走访等多种方式到延安、井冈山、嘉兴、兰考、沂蒙等地，对红色文化及红色文化育人重要性作了重要论述，这些论述是新时代红色文化育人的基本遵循。习近平总书记对红色文化教育的论述，有深刻的内涵。一是明确了红色文化教育的起点，要"从娃娃抓起"，指出要把"红色江山世世代代"传下去。[2] 二是强调了弘扬红色精神的时代价值。"要不断结合新时代条件发扬光大"[3] 红色精神，把红色精神同民族精神、时代精神统一起来研究。[4] 三是明确了红色文化教育的方法。既要注重传统思想政治教育的"知识灌输"，又要注重"情感培养"，使红色基因"渗进血液、浸入心扉"。习近平总书记更注重"讲故事"的红色

---

① 习近平：《在山东考察时的讲话》，载《人民日报》，2013 年 11 月 29 日。
② 习近平：《论党的宣传思想工作》，北京：中央文献出版社 2020 年版，第 26 页。
③ 习近平：《论党的宣传思想工作》，北京：中央文献出版社 2020 年版，第 25 页。
④ 习近平：《论党的宣传思想工作》，北京：中央文献出版社 2020 年版，第 28 页。

教育法，他提出要"讲好党的故事""红军的故事""西路军的故事"①；讲好"革命的故事""根据地的故事""英雄和烈士的故事"②。四是明确了红色文化教育的内容。强调要加强"革命传统教育、爱国主义教育、青少年思想道德教育"③，尤其是加强理想信念教育，引导广大青少年树立正确的世界观、人生观和价值观。④ 五是注重"红色基因库"资源的运用，传承好"红色基因"。

三、红色文化融入高校思想政治教育的学科依据

（一）思想政治教育载体理论

载体概念最早是在化学领域使用，随着科学的综合化发展，载体在社会科学领域被广泛使用。所谓思想政治教育的载体，"是指在实施思想政治教育的过程中，能够承载和传递思想政治教育的内容和信息，能为思想政治教育主体所运用，促使思想政治教育主客体之间相互作用的一种活动形式和物质实体。"⑤ 思想政治教育者，需要运用一定的形式传播思想政治教育理念、内容、信息。思想政治教育载体实质上是一种特定的媒介，借助该媒介形式，教育者与受教育者之间相互作用，从而实现教育目的。思想政治教育实效与载体功能的发挥紧密联系，通过载体作用的发挥达到教育目的和实现教育效果。主要包括文化载体、传媒载体、活动载体等。

---

① 习近平：《论党的宣传思想工作》，北京：中央文献出版社2020年版，第29页。
② 习近平：《论党的宣传思想工作》，北京：中央文献出版社2020年版，第29页。
③ 习近平：《论党的宣传思想工作》，北京：中央文献出版社2020年版，第29页。
④ 习近平：《论党的宣传思想工作》，北京：中央文献出版社2020年版，第26页。
⑤ 张耀灿、郑永廷、吴潜涛、骆郁廷：《现代思想政治教育学》，北京：人民出版社2006年版，第392页。

文化载体，即"以文化为思想政治教育载体之意"①，亦即把思想政治教育融于各种文化建设中，以此丰富思想政治教育内容、拓宽思想政治教育视域，从而提升思想政治教育效果。习近平总书记强调，宣传工作要解释中国特色，讲清楚中华传统优秀文化是中华民族的突出优势②，是"最深厚的文化软实力"和中国特色社会主义植根的"文化沃土"③；在谈到红色文化时，他指出，红船精神、长征精神、沂蒙精神等革命文化和红色基因"已经深深融入中华民族的血脉和灵魂"，成为教育、鼓舞、激励中国人民攻坚克难、从胜利走向胜利的强大精神动力④，是进行青少年思想政治教育的宝贵素材和财富。红色文化不仅不是传统老旧的文化，反而"犹如酿造时间久远的酒，越老越醇厚诱人"⑤，吸引着教育界人士广泛挖掘、咀嚼和消化红色文化所蕴含的丰富营养。

中国共产党领导全国各族人民在革命、建设、改革时期创造出丰富多彩的红色文化，呈现为器物文化、精神文化、行为文化、制度文化等多种样态。比如，红色电影、音乐、绘画、歌曲、戏剧、诗歌等，丰富了思想政治教育的内容。以不同时期的红色精神教育、熏陶和感化大学生，使其真正接受和认同红色文化，从而坚定"四个自信"，真正做到内化于心、外化于行，进而实现思想政治教育目的、增强思想政治教育效果。

还可以通过活动发挥红色文化的载体作用，实现思想政治教育目的。学校以红色文化为主要内容，依托活动平台，开展各种红色文化活

① 陈万柏：《论思想政治教育文化载体的特征和功能》，载《求索》，2005 年第 5 期，第121—123 页。

② 习近平：《论党的宣传思想工作》，北京：中央文献出版社 2020 年版，第 17 页。

③ 习近平：《论党的宣传思想工作》，北京：中央文献出版社 2020 年版，第 90 页。

④ 习近平：《论党的宣传思想工作》，北京：中央文献出版社 2020 年版，第 27 页。

⑤ 渠长根：《红色文化研究与实践》，北京：红旗出版社 2019 年版，第 644 页。

动，使大学生在活动过程中获得思想的启迪、心灵的净化、信念的坚定，提升自身的思想政治道德素质。这些活动包括红歌比赛、红色诗歌朗诵、红色故事演讲、红色动漫创作大赛、红色绘画比赛等校园文化活动，组织学生参观革命遗址、伟人故居、博物馆等，以及重走长征路、访问革命英雄等社会实践活动。这些红色文化活动从课内延伸到课外、从校内延伸到校外，实现了思政课与实践课、学校课堂与社会课堂的有机融合，润物细无声地感化和熏陶大学生的思想和行为，从而达到隐性思想政治教育的目的和效果。

（二）思想政治教育资源理论

资源是在一定的历史条件下，能够为人们所开发和利用，并且能满足人们的需要，在经济、政治、文化等活动中由人们创造出财富的各种要素的总和。资源是任何社会活动的支撑和基础，没有资源，社会活动难以继续，更谈不上实现活动的目标。思想政治教育作为社会活动也应如此。所谓思想政治教育资源，"是指在思想政治教育活动中，能够被教育者开发利用的、有利于实现思想政治教育目的的各种要素的总和。"[①] 思想政治教育资源积极作用的发挥，要依靠教育者对资源的合理开发和利用。思想政治教育资源的开发和利用，总是受到一定的社会历史条件的限制，无论是对历史遗存的资源，还是现实已存在的资源的开发和利用，都会影响思想政治教育实效。

红色文化融入高校思想政治教育，实际上是教育者开发和运用红色文化资源，使其发挥积极作用，对学生思想政治道德等方面产生积极影响，实现教育目的的过程。思想政治教育与红色文化资源之间是互融和

---

① 陈华洲：《思想政治教育资源论》，北京：中国社会科学出版社 2007 年版，第 34—36 页。

互动的关系，教育者作为主导者，结合学生成长成才的特点，遵循教书育人规律及思想政治教育工作规律，对红色文化资源进行开发、分类、整合、优化和利用，将优质的红色文化资源融入高校思想政治教育的全方位和全过程中。具体来说，将红色文化资源融入思政课主渠道、校园红色文化活动、社会实践活动等各个环节当中，并且贯穿于大学生受教育过程的始终，实现红色文化育人的目的。

在高校思想政治教育的具体过程中，红色文化资源发挥着极其重要的作用。一是运用好红色课程资源和教材资源。部分高校已经开设了红色校本课程、红色特色课程及红色精品在线课程等，还专门编制了红色校本教材、辅助教材和红色教育读本等。二是运用好校园红色文化资源。利用红色故事、红色歌曲、红色诗歌等开展红色校园文化活动；可以邀请英雄、烈士后代、专家等开展讲座或者演讲等；可以在校园内设立英雄、伟人等的雕像，红色宣传栏、红色标语等校园景观资源，为传承红色基因营造良好的红色文化环境。三是利用好红色社会实践资源。实践是思想政治教育的重要方式，在我国很多地方存有丰富的红色社会实践资源，可以组织学生参观革命遗址、故居、博物馆等，重走长征路，让学生亲身体验和感受，深刻领悟红色内涵和精神实质。四是利用好红色网站、红色微信、微博等现代信息技术资源。通过网站、微信、微博、微视频等平台传播红色文化，弘扬红色精神，使大学生潜移默化地接受红色文化教育，达到教育目的。

（三）思想政治教育过程理论

思想政治教育过程理论为实施思想政治教育活动提供基本的理论依据。思想政治教育过程，"是教育者根据一定社会的思想品德要求和受教育者思想品德形成和发展规律，对受教育者进行有目的、有计划、有组织的引导，促使受教育者产生内在的思想矛盾运动，以形成和提高其思想政治素质的过程。"① 思想政治教育过程是思想政治教育活动的准备、规划、实施、开展、延续、发展的一个程序和流程，其教育目的是促进受教育者思想政治道德素质的形成、发展和提高，使之适应社会发展的需要和达到社会的思想政治要求。由此，思想政治教育过程就是要解决 "一定社会的思想政治要求与受教育者实际的思想政治素质之间的矛盾"②。受教育者的实际思想政治素质是矛盾的主要方面，教育过程要基于受教育者的思想政治素质状况和水平组织开展。推进红色文化融入高校思想政治教育，其目的是加强和提高大学生的思想政治素质，进一步落实立德树人的根本任务，培育德智体美劳全面发展的社会主义建设者和接班人。

红色文化教育过程，主要通过两个环节来实现。一是红色文化育人活动的准备。主要包括两个方面：一方面是教育者与受教育者建立关系，这是开展红色文化育人活动的前提。教育者与受教育者之间的关系具有目的性、非对等性等特点，只有建立了良好的关系，受教育者才能得到更大的收获和发展，教育效果才能显著增强。良好的关系要求教育者具有高尚的道德情操、扎实的理论基础、强烈的责任感、持久的人格魅力，要贴近学生生活、贴近学生心灵、贴近学生需要，做到以学生为本，根据学生具体情况选择红色文化教育内容和教育教学方法。教育者与学生之间建立了亲近的关系，教育内容才容易被学生接受，思想政治教育过程才会更加有效。另一方面，是受教育者的心理准备。大学生信任和尊重教育者，就能顺利接受教育，顺利实现教育目标。二是红色文化育人活动的开展。也就是进入教育活动过程，包括红色文化育人的各个环节的过程。如思政课堂、专业课课堂、校园文化活动、社会实践活

---

① 郑永廷：《思想政治教育学原理》，北京：高等教育出版社 2018 年版，第 128 页。

② 张耀灿、郑永廷、吴潜涛、骆郁廷：《现代思想政治教育学》，北京：人民出版社 2006 年版，第 327 页。

动等各环节，将红色文化融入思政课、专业课，丰富教学内容，增强思政课程和课程思政效果。如开展红色诗歌朗诵、红色歌曲比赛、红色绘画比赛、红色故事演讲赛等红色校园文化活动，组织学生参观革命遗址、旧居、博物馆，重走长征路等社会实践活动等。通过各环节的红色文化育人活动的开展，传播红色精神，使大学生受到熏陶和感染，提高大学生的思想政治认识，逐渐内化于心、外化于行。

思想政治教育过程规律是思想政治教育过程各构成要素之间内在的本质联系。包括基本规律和具体规律，只有遵循这些规律，思想政治教育才能取得良好的效果。红色文化融入高校思想政治教育，必须遵循其规律。思想政治教育过程的基本规律是"适应超越律"，"是指教育活动既要适应受教育者的思想政治品德基础和发展需求，又要超越受教育者的原有基础，体现社会思想政治品德要求的规律。"① 只有适应大学生的思想政治品德状况及其需求，才能有针对性地开展红色文化融合教育，才能提高学生的思想道德素质，从而达到社会要求的思想政治品德水平。在此，适应超越规律，作为基本规律不仅适用于受教育者，也应当适用于教育者。

（四）思想政治教育环境理论

思想政治教育总是与一定的环境紧密联系，其理论基础是马克思主义关于人与环境、教育与环境关系的理论。所谓思想政治教育环境，"是指影响人的思想品德形成和发展，影响思想政治教育活动运行的一切外部因素的综合。"② 思想政治教育的社会环境因素涉及两个方面。一是宏观的、对人们思想政治品德产生影响的一切外部因素的总和，即社

---

① 邱伟光、张耀灿：《思想政治教育学原理》，北京：高等教育出版1999年版，第114页。
② 张耀灿、郑永廷、吴潜涛、骆郁廷：《现代思想政治教育学》，北京：人民出版社2006年版，第294页。

会背景和舞台，包含了有利的和不利的，对思想政治教育有根本性影响，具有客观性。二是具体因素，是介入思想政治教育过程中发挥了作用的因素，是教育者根据教育目的开发、营造出来的小气候，具有意志建构性。① 环境对人们思想品德的形成和发展，起到导向、强化作用。就红色文化而言，通过挖掘、开发、利用红色资源，构建有利于大学生思想政治教育的、具有伟大民族精神和时代精神的红色物质文化环境和红色精神文化环境，将对大学生思想道德素质的提升起到润物细无声的教育效果。

　　红色物质文化环境为思想政治教育提供了良好的环境土壤。红色物质文化环境，是指影响思想政治教育的各种红色物质文化因素的总和，主要指革命遗址、伟人故居、博物馆、纪念馆、爱国主义教育基地、实习培训基地等所构成的教育环境。很多地方开发和挖掘出红色物质文化资源，利用这些丰富的红色文化资源，修建纪念馆、烈士陵园、展览馆等，其中多半被建设成为爱国主义教育基地。高校开展思想政治教育实践教学或者社会实践活动时，组织学生到革命遗址、纪念馆等爱国主义教育基地参观和学习，组织学生到红色培训基地参加训练等，通过体验式、浸润式的学习，使学生在红色物质文化环境中受到潜移默化的熏陶和感染，在不知不觉中提高了思想道德素质，增强了爱国主义精神。此外，不仅是学生走出去感受浓厚的红色文化氛围，还有博物馆、纪念馆等，在不破坏红色文化物质资源的前提下，可将一些红色文化物质资源送进校园，举办各种展览活动，并且邀请相关专家、英雄烈士的后代等，为学生开展红色讲座，讲红色故事等，使红色物质资源真正活起来，融入学生的学习生活中，更好地传承红色基因。

　　按照马斯洛的需求理论，人的精神需求是满足自身发展的更高层次

---

　　① 刘书林：《思想政治教育学原理专题研究纲要》，北京：人民出版社 2018 年版，第 135 页。

的需求。个人或者社会的健康发展，都离不开精神生活和精神动力，即"人无精神则不立，国无精神则不强"。人们精神世界的精神要素要通过培育和激励，才能产生和形成积极的精神力量。精神要素包括认知水平、思想观念、理想信念、价值观、信仰等方面。积极向上的精神环境的熏陶和感染为精神要素转化为精神动力提供了重要条件，人们通过精神环境的激励而产生的精神动力，可以充分调动人们的积极性和创造性，从而实现个体价值和社会价值的统一，为中华民族伟大复兴提供强大的精神动力。中国共产党领导全国各族人民在不同历史时期先后创造和形成了红色文化，作为红色文化内核的红色精神，革命时期形成的红船精神、井冈山精神、延安精神、长征精神等，在社会主义建设时期形成的雷锋精神、铁人精神、"两弹一星"精神等，在改革开放以来形成的奥运精神、抗洪精神、航天精神、抗疫精神等，充分传承和弘扬了中华民族精神，彰显了时代精神，为大学生的成长成才起到了精神导向的作用。

红色文化为建设健康文明的红色网络文化环境提供了丰富源泉。网络已是教育者和受教育者在教育教学和生活中的常用工具，网络思想政治教育已是思想政治教育的重要组成部分。网络是一把双刃剑，有利有弊，网络环境不健康，直接对大学生的思想道德观念产生负面影响。将红色文化融入网络平台，建设红色网站、红色微信公众号、红色微博等以现代信息方式传播红色文化，不仅能够方便快捷地学习丰富多样化的红色文化知识，还可以打破时间、空间、经费等限制，实现红色资源共享，扩大了受教育的群体范围，使红色文化得到更广泛更有效的传播和弘扬。

（五）思想政治教育方法理论

思想政治教育方法理论是思想政治教育学科理论体系的重要组成

部分，在思想政治教育活动中，为了实现教育目标和取得好的教育效果，必须具备科学方法论的指导，以及正确方法的运用。思想政治教育方法，"是指为了实现教育目标、传递教育内容，教育者对受教育者所采取的思想方法和工作方法。""思想政治教育方法论，就是关于思想政治教育方法的理论。"① 在新时代背景下，面临各种社会思潮的挑战，人们的思想特点也在发生改变，思想政治教育方法论需要不断地与时俱进，才能使思想政治教育活动更具生命力、吸引力和亲和力。

在红色文化教育中可以运用很多有效的教育方法。比如体验式的方法。体验式方法是思想政治教育方法的一种新模式，是结合新时代大学生的特点和需要，通过亲身参与，充分发挥其主体性和能动性，并且能够消除他们对传统思想政治教育的抵触和反感情绪，能够容易对教育内容予以接受和认同的一种教育方法。体验式的教育方法有助于提高学生辩证客观地认识问题、分析问题和解决问题的能力。在思想政治理论课的实践教学和社会实践活动中，组织学生参观革命遗址、伟人故居、博物馆、纪念馆等爱国主义教育基地，组织学生参与重走长征路等亲身体验活动，依托丰富多样的红色文化资源为大学生提供亲身体验的思想政治教育素材。在学校校园文化活动、社团活动中，开展红色故事演讲比赛、红歌比赛、红色诗歌朗诵赛等体验式的活动，让学生亲身感受红色文化蕴含的魅力和正能量，亲身感悟红色文化蕴含的高尚情操、崇高品德等精神实质，从而激发学生的学习兴趣和热情。此外，还有榜样示范的方法，也称作典型示范法，也是思想政治教育的重要方法。这种方法通过对具有高尚道德精神，对时代、国家、社会、集体的发展具有重大贡献的人物及其事迹进行广泛宣传和教育，使受教育者内化于心、外化

---

① 张耀灿、郑永廷、吴潜涛、骆郁廷：《现代思想政治教育学》，北京：人民出版社2006年版，第362页。

于行，提高自身思想道德素质，追求人的全面发展。习近平总书记在中国文联十大、中国作协九大开幕式上的讲话中说："英雄是民族最闪亮的坐标"，他曾在多次讲话中号召中华儿女要向榜样学习，高度重视榜样示范对人的塑造作用。红色文化在革命、建设、改革等不同历史时期的发展过程中，涌现出了无数可敬的英雄、烈士、模范、楷模人物，他们可歌可泣的事迹和高尚的品德是人们学习的榜样，激励人们自由而全面地发展。有保家卫国、不畏强敌、英勇牺牲、艰苦奋斗的革命英雄烈士，如刘胡兰、杨靖宇、赵一曼等。有无私奉献、鞠躬尽瘁、全心全意为人民服务的党的好干部、人民的好公仆，如焦裕禄、丁憬等。还有顾全大局、舍生忘死、雷厉风行、逆行而上的抗疫英雄们，等等。由于榜样示范方法的形象性、感染性、生活性特点，更容易被学生接受，激发他们崇德向善，以榜样作为标杆，在实现自身发展的同时推动社会的不断进步和时代的创新发展。

第二章　红色文化与高校
思想政治教育的内在逻辑

　　红色文化与高校思想政治教育之间存在着密切关联和内在逻辑。红色文化与高校思想政治教育之间"意识形态同质、教育目标一致、教育内容相通、教育方式互补",从而相互渗透、相互促进、相互借鉴,一体两面,互相融通,有着内在逻辑性。教育性、实践性、开放性、共时性是红色文化与高校思想政治教育所共同具有的典型特征。高校思想政治教育是红色文化建设和创新发展的动力和保证,红色文化是思想政治教育创新发展的重要载体和途径。红色文化融入高校思想政治教育,有助于提升高校思想政治教育质量和实效。

一、意识形态同质性

　　红色文化与高校思想政治教育皆共同具有的马克思主义意识形态属性,是探讨两者内在关联逻辑的重要依据,也是红色文化能与思想政治教育高度融合的前提。在马克思主义哲学中,属性指事物本身所固有的性质。性质体现于外,本质隐藏在内。[①]"意识形态"是近代启蒙思想和

---

　　① 冯刚、郑永廷:《思想政治教育学科 30 年发展研究报告》,北京:光明日报出版社 2014 年版,第 37 页。

科学理性发展的产物。以特拉西为代表的"观念学派"将建立在感觉之上的"观念的科学"称做意识形态。马克思、恩格斯在《德意志意识形态》中揭示了社会存在与社会意识的决定关系，指出了意识形态运用于阶级斗争、是阶级社会中的精神现象的实质，揭露了意识形态只有在社会历史发展过程中才能显露其本质。马克思研究了意识形态与阶级、统治的关系，以资本主义经济关系来分析"公平交换"的意识形态，并对资本主义拜物教进行了批判。[①] 可见，阶级性、政治性是意识形态最根本、最典型的特征，它们共同建构了厚重的意识形态理论和极具张力的意识形态概念。

（一）意识形态属性是高校思想政治教育的核心属性

思想政治教育是"一定的阶级、政党、社会群体遵循人们思想品德形成发展规律，用一定的思想观念、政治观点、道德规范，对其成员施加有目的、有计划、有组织的影响，使他们形成符合一定社会、一定阶级所需要的思想品德的社会实践活动"[②]。思想政治教育总是传播和维护国家和执政党的思想观念、政治观点，具有鲜明的政治性。阶级性、政治性是意识形态最根本和典型的特征，意识形态属性是思想政治教育的核心属性。思想政治教育的意识形态性随着阶级的消灭而消灭，同时思想政治教育也随之发生变化。

1. 意识形态性贯穿高校思想政治教育的始终

思想政治教育是人类特有的一项实践活动，因人类自身发展和社会发展的需要而产生。从社会学角度理解，人的存在是个体性与社会性的内在统一，人是社会中的人，社会是人的社会。个体要依赖一定的"共

---

① 侯惠勤：《马克思主义意识形态论》，南京：南京大学出版社 2011 年版，第 89 页。

② 张耀灿、郑永廷、吴潜涛、骆郁廷：《现代思想政治教育学》，北京：人民出版社 2006 年版，第 50 页。

同体"才能生存和发展，人发展的历史形态越低，这种依赖性表现得越强。为了维护共同体的稳定和发展，人就会利用教育方式使个体认识到集体生存、共同发展的重要性，从而更好遵循和维护共同约定的规则和相关政策。这种教育除了知识、技能的传授外，还包含对成员们集体意识和团体精神的培养，由此，思想政治教育应运而生。原始意义上的意识形态表现为群体共同的思想观念体系和集体意识。因此，思想政治教育从产生和形成，就担负着把意识形态内容传递给成员们的使命和任务，并让人们认知、认同和吸收，从而增强凝聚力。

西方思想政治教育的理论与实践，大致可以追溯到古希腊和古罗马。许多哲学家、思想家、教育家被称为"智者"，如苏格拉底、柏拉图、亚里士多德等，他们的著述中均包含了思想政治教育的观点主张，直至如今仍影响着西方社会。① 古罗马有良好的法律传统，重视法制教育，其教育观念直接影响到后来的欧洲生活。在欧洲中世纪，宗教教育成为其思想政治教育的核心。文艺复兴时期是西方思想政治教育的重大转型时期，但丁、马基雅维利、开普勒、培根等人文主义教育思想家、哲学家公开倡导把道德教育从宗教教育中分离出来。资产阶级工业革命后，西方思想家层出不穷，对当代西方思想政治教育产生了重要影响，如卢梭的道德教育论、康德的道德与道德教育论、赫尔巴特和斯宾塞的道德教育论、边沁等人的功利主义道德论、涂尔干的社会道德教育论、杜威的实用主义道德教育论等。综观整个西方思想政治教育史，都突出体现了特定统治阶级的利益和思想主导。

马克思恩格斯指出："统治阶级的思想在每一时代都是占统治地位的思想。"② 每个统治阶级都要通过一定的手段传播其阶级的意识形态，即开展意识形态教育。思想政治教育是有计划传播统治阶级的思想观

---

① 高峰：西方思想政治教育史，北京：首都师范大学出版社 2015 年版，第4—5页。

② 《马克思恩格斯选集》（第 1 卷），北京：人民出版社 2012 年版，第 178 页。

念、政治观点等意识形态内容的实践活动，其目的是让社会成员对统治阶级认同和接受，维护统治阶级的统治地位，实质上就是一种灌输主流意识形态的教育实践。思想政治教育作为一定阶级传播意识形态的重要途径，意识形态性是贯穿其始终的核心属性。我们的思想政治教育传播的是马克思主义理论和思想，是社会主义主流意识形态，体现了以人民为中心，代表了最广大人民的根本利益。

2. 意识形态性是高校思想政治教育基本矛盾的集中体现

在思想政治教育内部诸多矛盾中，能够规定和影响思想政治教育其他方面的发展，能够贯穿于它发展的整个过程，能够起决定性作用的矛盾是基本矛盾。这将思想政治教育与其他教育相区别开来。思想政治教育的基本矛盾就是"一定社会的思想品德要求与受教育者思想品德水平之间的矛盾"[①]。这一基本矛盾贯穿于思想政治教育发展的始终，既是其产生的原因，又是其发展的动力。主流意识形态属于社会思想上层建筑，必然是社会主张要求的思想观念、政治观念及道德规范的集中体现，其具有强烈的阶级意识形态色彩乃不争的事实。思想政治教育实质上就是调节个体与社会的关系，这种关系主要表现为调整个体思想政治道德素质与社会所主张要求的思想观念、政治观念及道德规范之间的矛盾关系。这一矛盾关系包括两个方面：社会要求的个体化和个体思想政治品德的社会化。[②]

社会要求的个体化，就是将社会意识的意识形态转化为体现个体意识的思想政治品德。思想政治教育是意识形态教育的主要途径，其核心任务就是宣扬和传播主流意识形态，思想政治教育运用各种方式把社会

---

① 陈万柏、张耀灿：《思想政治教育学原理（第二版）》，北京：高等教育出版社 2007 年版，第 141 页。

② 闵绪国：《意识形态性：思想政治教育的本质属性》，载《求实》，2014 年第 1 期，第82—83 页。

主流意识形态传递给广大人民群众，让他们对政治统治产生认同感和对社会产生依赖感，使主流意识形态掌握群众、凝聚群众，使群众的思想政治品德和理想信念追求在实践中不断内化，形成稳定的符合社会要求的思想观念和道德规范，从而个体的思想政治品德与主流意识形态之间逐渐趋于统一。实际上，思想政治教育的过程就是主流意识形态的个体化过程。红色文化系典型的社会主义主流文化、先进文化，通过将革命先辈所承载的崇高道德精神和价值理念，以"人、事、物"等形象手段，以及"革命精神"等抽象手段表现出来，以科学的传播目标教育人、感化人、激励人与启发人，最终达致高等学校青年学生在思想道德品质上向革命先辈看齐的目的。① 通过科学、合理的规划与设计，用红船精神中的首创精神、张思德的为人民服务精神、西柏坡精神中谦虚谨慎与不骄不躁优良作风等对大学生进行思想政治教育，让每个个体从红色文化中得到洗礼，使社会主义核心价值观在每个青年的身上得到实现。②

个体思想政治品德的社会化，就是个体成员的思想政治道德素质与社会主张要求的思想政治品德要统一。在实现社会化的过程中，思想政治教育起到了至关重要的作用，通过思想政治教育使社会成员形成稳定的符合社会要求的思想政治品德，有助于加强对意识形态的巩固与发展，而且为个体的发展创造了有益的条件。正如俞吾金教授所说的那样，一个人愈是认同和接受一定社会的主流意识形态，他在社会中的生活将愈是得心应手。③ 2017 年 1 月 25 日中共中央办公厅、国务院办公厅印发《关于实施中华优秀传统文化传承发展工程的意见》，红色文化的

---

①　肖灵：《当代大学生红色文化传播研究》，北京：中国社会科学出版社 2015 年版，第 35 页。

②　耿进昂：《高校思想政治课的"三位一体"教育》，北京：地质出版社 2017 年版，第 20 页。

③　俞吾金：《意识形态论》，上海：上海人民出版社 1993 年版，第 3 页。

传承与发展已被提高到国家工程的高度。青年学生个体思想的社会化，有一个循序渐进的过程：认知红色文化是基本元素、认可是文化形成的初级阶段、认同是红色文化形成的高级形态、共鸣或共振是红色文化的更高层次。[①] 通过对青年学生进行红色文化的传播与教育，塑造与社会主流文化形态相契合的价值观、文化观，是解决思想政治教育中意识形态基本矛盾的有效方式。

3. 意识形态功能保障和增强高校思想政治教育实效

探讨思想政治教育结果的有效性，只有将教育结果作为价值客体，分析其价值主体的价值满足关系，才能够充分地体现出来。[②] 中国走进新时代，社会主义意识形态的功能更加多元并不断强化，具体表现为具有确保社会主义发展的性质和方向的政治功能、引导市场经济的繁荣发展的经济功能、巩固中华民族文化思想基础的文化功能、做好新时代社会转型的"稳定器"和"黏合剂"的社会功能、扩大新时代中国特色外交影响的外交功能等。[③] 思想政治教育是国家治理体系的重要组成部分，在国家治理体系中具有重要的地位，承担着国家意识形态治理功能，包括价值观维护、修复等"价值观治理"功能。[④] 这里所谈论的意识形态功能，不是从作用的层面，而主要是从需求的层面出发。进一步说，意识形态功能都是一种应然需求，意识形态功能的发挥必须要注重社会和个人的需求。

---

① 关冠军、刘慧、王旭东：《红色文化品牌塑造：理论与实践》，北京：中国商务出版社 2019 年版，第 26 页。

② 沈壮海：《思想政治教育有效性研究》，武汉：武汉大学出版社 2016 年第 3 期，第 126 页。

③ 陈雪、王永贵：《新时代社会主义意识形态的功能提升研究》，载《河海大学学报（哲学社会科学版）》，2020 年第 3 期，第 24—31 页。

④ 吴宏政、王海龙：《新时代思想政治教育的国家治理功能》，载《思想理论教育导刊》，2020 第 11 期，第 124—128 页。

从思想政治教育与社会需要方面来看，思想政治教育的有效性，内含着其对社会需要的满足这一指标，思想政治教育具有鲜明的社会目的性。其任务和使命就是将社会主流意识形态包括思想观念、价值规范、政策、制度等传递给受教育者，通过这些价值规范的个体化而谋求其担负的社会需要满足使命的实现。一般情况，意识形态确立和规范得越好，社会功能就发挥得越好，民族凝聚力就越强。在思想政治教育中，把思想观念、政治观点和道德规范传播和渗透给教育对象，达成与社会价值主体的目标一致。将红色文化融入高校思想政治教育，具有实用性、教育性、情感性及时代性，能有效提升高校思想政治教育的实效性和可接受性。①

从思想政治教育与个人需要方面看，思想政治教育有效性的重要指标是能否满足受教育者的需要。受教育者主流意识形态一旦形成，就具有相对稳定性和持久性，可以支配思想和指导行为，也会升华为一种信仰。② 如果发挥好意识形态的认识功能和导向功能，在思想政治教育过程中个体更容易认同和接受，更易形成社会要求的思想政治素质，从而增强和实现思想政治教育的有效性。红色文化的有机融入，能切实满足思想政治教育个体的教育需求。认知图式在思想政治教育中具有重要作用，在将红色文化融入高校思想政治教育工作中时，要帮助受教的青年学生树立正确的认知图式，形成新知识和先进理念，引导其运用认知建构中的顺应功能来改变并优化自身对红色文化的认知图式，进而形成对红色精神的信仰，实现红色文化育人的目的。以延安大生产运动为例，在抗日战争时期，面对日本侵略者的扫荡和国民党的反共等恶劣环境，中国共产党领导抗日根据地军民开展以自给自足为目标的大规模军民生

① 杨帆、张泰城：《红色文化资源融入高校思想政治教育理论研究综述》，载《红色文化资源研究》，2018 第 2 期，第 205—216 页。

② 罗仲尤：《思想政治教育属性研究》，北京：知识产权出版社 2017 年版，第 43 页。

产自救运动，毛泽东、周恩来、朱德等领导人率先垂范，亲自开荒、种地、除草、拾粪、浇水，在他们的鼓舞下解放区军民人人自觉参加到大生产运动中，实现了解放区物资的自给自足。① 其蕴含了毛泽东发出的"自己动手、自力更生、艰苦奋斗、克服困难"的革命精神号召，对促进受教育者自力更生、艰苦奋斗等个人价值内化具有重要意义。

（二）红色文化具有鲜明的马克思主义意识形态属性

红色文化天然具有鲜明的意识形态特点和意识形态属性，本质上属于马克思主义意识形态的范畴。红色文化的意识形态价值或功能是其意识形态属性的外在表现，能够巩固中国共产党执政的思想基础、培育和涵养社会主义核心价值观、夯实社会主义文化的自信根基等。传承与发展红色文化，丰富了我国主流意识形态内涵，对主流意识形态建设具有重要作用，在实现第二个百年奋斗目标的新时代显得尤为重要。

1. 巩固中国共产党执政的思想基础

红色文化的本质特点在于"红色"。红色文化的孕育、生成、演进和升华，始终与马克思主义的传播、指导、运用与中国化实践密切相关，是中国共产党领导中国人民进行革命、建设和改革过程中的文化创造。② 因而，红色文化一开始就打上深深的红色烙印，"红色"成为红色文化最鲜明的底色和意蕴。不仅是共产党人的红色记忆，还体现着中国共产党关于革命历史的建构、未来图景的期待和共产主义理想实现的伟大政治抱负，已然超越特定的群体记忆，成为中华民族不可忘却的民族

---

① 王洪叶：《贵州红色文化资源与地域发展研究》，成都：西南交通大学出版社 2015 年版，第 32—34 页。

② 裴植、程美东：《先锋引领的红色文化》，北京：中国社会科学出版社 2019 年版，第 19 页。

"集体记忆"① 和国家精神。因而，红色文化始终体现着强烈的社会主义文化的意识形态色彩。

红色文化的意识形态价值，在政治上表现得尤为鲜明，体现出促进政治稳定、政治发展、价值认同的强大功能。从国家角度看，红色文化对于巩固中国共产党在意识形态领域的领导权、把握政治方向、引导政治行为等方面具有重要的现实意义。从公民角度看，红色文化对于扩大人民的政治参与、增强政治意识、培育政治认同等具有重要作用。红色文化伴随着中国共产党的产生而产生，见证了中国革命、建设和改革开放的伟大历史进程，作为精神支柱一直激励着中国共产党和全国人民努力奋斗、砥砺前行。红色文化凝结的崇高理想信念能够释放正能量，熏陶和感化人们的思想，鼓舞人们的精神和斗志，让共产党人在实践中坚定理想信念，为实现崇高理想而努力奋斗。红色文化成为高等学校学生不可或缺的"维生素"，成为中国共产党巩固执政基础的重要支撑和关键所在。

2. 培育和涵养社会主义核心价值观

社会主义核心价值观是社会主义价值体系的高度凝练和集中表达。其目标是为全体社会成员判断行为得失、作出道德选择、确定价值取向和践行价值准则提供规范和指导。习近平总书记把社会主义核心价值观看成是"当代中国精神的集中体现，凝聚着全体人民共同的价值追求"②。国家文化软实力核心是国家意识形态的渗透力，它的根本是核心价值观。③ 青年强，则国强，而青年强的根基在于树立和践行社会主义

---

① 王东：《革命文化：中国共产党关于革命的"集体记忆"》，载《红色文化资源研究》，2018 第 2 期，第 40—49 页。

② 教育部课题组：《深入学习习近平关于教育的重要论述》，北京：人民出版社 2019 年版，第 216 页。

③ 侯惠勤：《马克思主义意识形态论》，南京：南京大学出版社 2011 年版，第 54 页。

核心价值观。

习近平总书记指出："牢固的核心价值观，有其固有的根本，丢掉根本，就等于割断了精神命脉。"① 社会主义核心价值观是一个完整的有机体系，其与众多革命精神的核心品质重合的部分，乃成为中国共产党革命精神的共性因素，是经历时代筛选的可以代代遗传的红色基因。如井冈山精神中的坚定理想信念、实事求是的思想路线，延安精神中的艰苦奋斗等，都共同指向了坚定不移的理想信念、艰苦奋斗的优良作风、实事求是的务实作风、全心全意为人民服务的宗旨等共性因素②，成为可以复制和遗传的强大红色文化基因。这些红色精神和基因，为核心价值观的培育奠定了良好的思想基础和情感基础。

红色文化作为社会主义核心价值观的根脉源泉，与社会主义核心价值观一脉相承，它们在理论渊源、思想内核、价值功能等方面具有天然的同向性。

3. 红色文化夯实中国特色社会主义文化的自信根基

习近平总书记指出：文化自信是"更基础、更广泛、更深厚的自信"③。文化自信就是对于自我文化效能的确认感。坚定文化自信，就是要始终坚信党和人民创造和拥有的文化是科学和先进的，是实现中华民族伟大复兴中国梦的智慧源泉、精神动力和思想保证。④

红色文化蕴含了崇高的精神和高尚的道德品质，它承载着中国共产党人的初心与使命，是中国文化自信的根本支撑和价值渊源。⑤ 近代以

---

① 习近平：《习近平谈治国理政》，北京：外文出版社 2014 年版，第 164 页。

② 柴奕、齐卫平：《革命精神与中国共产党人的红色基因》，载《红色文化资源研究》，2017 年第 1 期，第 60—68 页。

③ 习近平：《习近平谈治国理政》（第二卷），北京：外文出版社 2017 年版，第 36 页。

④ 刘润为：《红色文化与文化自信》，载《红旗文稿》，2017 年第 12 期，第 4—7 页。

⑤ 王海丽：《红色文化在房山》，北京：中国商务出版社 2018 年版，第 124 页。

来，面对半殖民地半封建社会的中国，章太炎、梁启超、康有为、孙中山、胡适、陈独秀等人纷纷探求救国之道，纷纷认识到中国近代以来的屈辱史主要原因之一在传统文化痼疾的桎梏，不断寻求西方文化、经济、制度来试图扭转国运。然而，在当时历史背景下，欲通过激活中国文化，或仅仅依靠原原本本恢复中国传统文化或本位文化，已然不能担当复兴中华民族的文化重任。风云际会之下，"十月革命一声炮响，给我们送来了马克思列宁主义"①。马克思主义在中国广泛传播，产生了强大的革命动力，孕育了富有中国特色、中国风格、中国气派的红色文化。可以说，新民主主义革命以来，每一次重大的历史事件、会议等，都在传统文化基础上，在马克思主义思想的中国化创造上，实现了民族文化的承继、创新、发展与升华。这种强大的文化动力帮助中国人民推翻了三座大山，激励中国人民不断取得光辉成绩，并将继续推进中国社会主义改革开放事业和中华民族伟大复兴，形成了与西方资本主义文化相区别的中国特色文化。毛泽东指出："自从中国人学会了马克思列宁主义以后，中国人在精神上就由被动转入主动。"成功完结了中国近代史上看不起中国人和中国文化的时代，中国以一个具有高度文化自信的民族形象出现于世界。习近平总书记指出，"坚定文化自信，是事关国运兴衰、事关文化安全、事关民族精神独立性的大问题"，这种自信的底气、底色和本源，就来自红色文化。

红色文化对文化自信的促进主要通过三种路径：一是提供方向指引。红色文化彰显了坚持中国特色社会主义先进文化的发展方向，为增强中国文化自信提供方向指引和力量保证。二是增强了中国的文化软实力。三是对红色文化的认同内生文化自信。红色文化具有极强的渗透力、吸引力和感召力，使人民群众形成对社会主义主流意识形态的认

---

① 《毛泽东选集》（第 4 卷），北京：人民出版社 1991 年版，第 1471 页。

同，催生了强大的文化自信力。在严峻复杂的多元文化形势下，红色文化作为主流文化凸显其主导地位，展现了具有中国特色的文化力量，增强了中国的国际影响力。

综上，高校思想政治教育和红色文化与马克思主义意识形态之间具有天然的内在联系。马克思主义的中国化，推动形成了思想政治教育。思想政治教育的理论根基是承袭马克思主义产生发展的，马克思主义是思想政治教育保持旺盛生机与活力的关键所在。思想政治教育从根本上体现了马克思主义意识形态要求，本质上蕴含了马克思主义意识形态。马克思主义意识形态与思想政治教育相伴相生，决定了思想政治教育的发展变化。马克思主义意识形态是思想政治教育存在的合法性依据，是思想政治教育最根本的属性。红色文化诞生于马克思主义中国化的伟大实践中，无产阶级队伍的不断壮大发展，孕育了红色文化。红色文化从其诞生伊始，就天然烙印上马克思主义意识形态属性。中国共产党的诞生是红色文化产生的基石，红色文化是社会主义文化自信的重要支撑，是社会主义意识形态的重要思想基础。习近平总书记曾指出："光荣传统不能丢，丢了就丢了魂；红色基因不能变，变了就变了质。"①

二、教育目标一致性

红色文化是塑造高尚品德、实现人自由而全面发展的重要精神支撑，人的自由全面发展，是高校思想政治教育的价值取向和终极目标。红色文化教育是一个逐步实现人的全面发展的过程，目的就是要实现人的自由而全面发展。红色文化蕴涵着丰富的教育资源，既有物质文化产品，也有宝贵的精神财富。通过红色文化这一载体，开展多种形式的思

---

① 中共中央党史和文献研究院：《十八大以来重要文献选编（下）》，北京：中央文献出版社 2018 年版，第 460 页。

想政治教育，推动着每一个人"全面而自由的发展"。人的自由全面发展问题是一个极具现实意义的问题。马克思主义的人的自由全面发展思想，是马克思主义思想理论体系的重要组成部分。马克思主义认为人的发展最高境界是人的自由而全面发展，是人的本质的真正实现。马克思主义人的全面发展，是指每个社会成员的体力和智力尽可能多方面的、充分的、自由的发展。① 自由全面发展的科学内涵主要包含两方面的内容，即人的全面发展和人的自由发展。由此，在马克思主义关于人的自由全面发展理论指导下，红色文化与高校思想政治教育在实现人的全面发展目标上达到高度契合。

（一）人的自由全面发展是高校思想政治教育的终极目标

马克思主义的人的自由全面发展理论是高校思想政治教育的理论指导，高校思想政治教育作为大学生自由全面发展的重要途径，其目的性本质就是从政治化角度建设人自身。

1. 高校思想政治教育的目的是从政治化的角度建设人自身

作为特殊的教育活动，思想政治教育具有其本身的特点，既有为满足阶级和社会需求的一面，具有工具性本质；又有从政治化角度建设人自身的属人性，具有目的性本质，二者紧密联系，辩证统一。因为有了目的性，工具性有了发展的根基；因为有了工具性，目的性有了社会的支撑，二者只不过是对思想政治教育的不同角度和层面的不同认识。

人区别于动物，其中一个方面是人在行使一项活动时具有目的性。马克思在《资本论》中曾经解释道，建筑师建房与蜜蜂建筑蜂房最大的区别在于，建筑师在建房之前头脑中已经有了所想达到的目的，为了实现这个目的，他们活动的方式方法等都是围绕其目的而展开的，他们的

---

① 《教育学原理》编写组：《教育学原理》，北京：高等教育出版社 2019 年版，第 132 页。

意志必须服从这个目的。思想政治教育作为人类的一项实践活动，必然具有目的性。这目的不仅体现了思想政治教育的价值与灵魂，而且引导着思想政治教育的发展方向与目标。以人为本，满足人的需要，促进人的全面发展的教育目标必须在社会中进行和实现。思想政治教育作为一种特殊教育，既要兼顾为阶级、社会服务，又要满足人自身的发展，要从满足人的政治文化需要，实现对人的精神引导。政治需要是人们在政治社会中的自然反映，是必然的内在规定性，满足人的政治需求，是思想政治教育的重要任务。[①] 思想政治教育既不是纯粹塑造人的工具，也不是任由人自然发展的保障，其重点是塑造社会的人，培养全面发展的人。只不过它是从政治文化的角度来对人进行社会化的塑造。

从根本上来说，思想政治教育"是一种文化性的功能，是一种思想性的把握人的功能"[②]。归根结底重点在于以人为本，注重对人的关怀，努力寻求人在社会发展中得到全面发展的道路和真正的精神归宿。"教育的意义的本身就在改变人性的以形成那些异于朴质的人性的思维、情感、欲望和信仰的新方式。"[③] 思想政治教育是关注人的灵魂的教育，是一种导向教育，传递传统精神文化和主流精神文化固然重要，更关键是让人们吸收和接受精神文化，不断提升人们的精神素质。实现对人的思想上产生积极的影响，对精神上的塑造，引导人们正确理解人生的价值和目的，不断实现人的自由全面发展。思想政治教育通过对人们进行思想影响和精神建构，引导人们追求实现自我的自由而全面的发展的最高价值和长远目标。

---

① 李合亮：《解析与建构当代中国思想政治教育的哲学反思》，北京：人民出版社 2010 年版，第 143 页。

② 朱小蔓：《教育的问题与挑战：思想的回应》，南京：南京师范大学出版社 2000 年版，第 447 页。

③ ［美］约翰·杜威：《人的问题》，傅统先等译，上海：上海人民出版社 1966 年版，第 155 页。

2. 高校思想政治教育是实现人的自由全面发展的重要途径

马克思主义经典作家及中国共产党人历来重视思想政治教育对人的自由全面发展的影响与作用。习近平总书记指出："思想政治工作是学校各项工作的生命线，各级党委、各级教育主管部门、学校党组织都必须紧紧抓在手上。"① 高校思想政治教育具有较强的感染力和渗透力，它影响大学生的思想、满足学生的需求、塑造学生的精神、增强学生的凝聚力，是实现人的自由全面发展的重要途径。

高校思想政治教育引导大学生形成什么样的世界观、价值观和道德观，他们就会朝着什么样的方向发展，这是区别社会主义教育与资本主义教育的重要标准。② 当前，西方资产阶级文化思想对我国高校的渗透不断加剧，企图达到颠覆社会主义制度的政治目的。加强思想政治教育，帮助青年大学生树立正确的世界观、人生观和价值观，提高大学生认识世界和改造世界的能力，成为愈加紧迫的时代任务。高校思想政治教育要全面落实立德树人的根本任务，把对大学生的思想品德的培养放在首位，这样才能坚持社会主义的办学方向，不断推动大学生的全面发展。高校思想政治教育，在培养创新型、复合型和应用型大学生的过程中起到重要作用，是促进和实现大学生自由全面发展的重要途径。

3. 人的自由全面发展理论指引高校思想政治教育目标

目标是由总目标和具体目标所构成的一个系统。高校思想政治教育也包含了不同层次的目标，即现实目标、长远目标和终极目标，不同层

---

① 《习近平在全国教育大会上强调 坚持中国特色社会主义教育发展道路 培养德智体美劳全面发展的社会主义建设者和接班人》，载《人民日报》，2018 年 9 月 11 日。

② 袁俊平等：《人的全面发展理论与高校思想政治教育创新发展研究》，成都：西南交通大学出版社 2017 年版，第 74 页。

次之间由低到高、从具体到抽象，它们相互联系、相互作用、协同共进，最终实现人的自由全面发展的终极目标。

习近平总书记从全面建设中国特色社会主义现代化强国的高度，提出"青年兴则国家兴，青年强则国家强。青年一代有理想、有本领、有担当，国家就有前途，民族就有希望"。2020 年 3 月 15 日，习近平总书记给北京大学援鄂医疗队全体"90 后"党员的回信充分彰显党和国家对新时代中国青年前途和未来发展的高度重视，也为新时代中国青年的发展道路指明了前进的方向。高校是为国家培养人才的摇篮，在思想政治教育中，要结合大学生的特点，贴近大学生的生活和学习，根据大学生的需求，有针对性地帮助和关心学生成才，使其成为新时代有理想、有本领、有担当的人才。

习近平总书记强调，要"培养德智体美劳全面发展的社会主义建设者和接班人，加快推进教育现代化、建设教育强国、办好人民满意的教育"①。这为教育现代化指明了方向目标，立德树人是高等教育的根本任务，要作为首要问题来抓。要进一步增强智力建设，树立健康意识，加强体育锻炼，加强以美育人、以文化人，弘扬劳动精神，增强劳动意识。

思想政治教育是一种精神生产实践活动，其追求的最终目标是促进人的自由全面发展。马克思认为人的自由全面发展是共产主义社会的一个基本特征，共产主义社会不是人类社会的结束，而是人们自由自在的生活以及个体真正占有自己本质的开始。人的自由全面发展是对自身的不断丰富、完善和解放，实际上，共产主义实现的过程也是实现人的自由全面发展的过程。高校思想政治教育在促进和实现人的自由全面发展过程中，要积极引导大学生把握正确方向，要从德智体美劳等方面促进

---

① 习近平：《习近平谈治国理政》（第三卷），北京：外文出版社 2020 年版，第 328 页。

学生全面发展，最终实现大学生的自由全面发展。

（二）人的自由全面发展是红色文化育人的目标追求

人的自由全面发展理论是马克思主义理论体系的核心和精髓。人的需要的发展是马克思主义人的自由全面发展的主要内容，人不断实现自身全面发展的过程就是自身需要不断得到满足的过程，自身需要的满足程度的不断提高也意味着人自身全面发展不断得到实现。精神生活满足精神需要，是人的存在和发展方式。深刻认识精神生活的全面发展在人的自由全面发展中的核心地位，是全面把握先进文化促进人的精神生活全面发展的集中体现，通过大力加强红色文化育人，促进人的自由全面发展目标的实现。

1. 精神生活是人的自由全面发展的重要内容

生活是一个内涵丰富的概念，人的生活是生命不断生成并由精神支配的过程。人的生活在生命活动中，不仅需要物质产品来维系生存，更需要精神产品来支撑发展。人不断追求自身发展的过程，也是追求自身生存需要、享受需要和发展需要的过程。正如马克思认为："已经得到满足的第一个需要本身、满足需要的活动和已经获得的为满足需要而用的工具又引起新的需要……"① 这里的"新的需要"，主要指精神生活的需要。显然，精神生活是人的生活的重要内容和重要领域，已成为促进人的自由全面发展的重点。

人的自由全面发展的过程，就是在物质生活全面发展的基础上，人的精神生活愈益丰富的过程。② 精神生活的全面发展是人的内在的发展，是人们对生命和生活质量追求的更高目标和现代标志。这体现了人区别

---

① 《马克思恩格斯选集》（第 1 卷），北京：人民出版社 2012 年版，第 159 页。
② 沈壮海：《思想政治教育的文化视野》，北京：人民出版社 2005 年版，第 24 页。

于其他动物而独自存在的一种精神特质，人拥有其他生物所不具有的精神世界，这种精神世界使人成其为人。可见，精神是人存在的一种特有的根本性的属性，人不能没有精神生活，如果没有精神生活，人就不成其为人，人的自由全面发展也不可能实现。

2. 红色文化丰富和发展人的精神生活

促进人的精神生活的全面发展，除了要提高生产力水平，还要为人的精神生活的全面发展提供良好的文化环境和创造重要的文化条件。恩格斯认为，自由在于根据对自然界的必然性的认识来支配我们自己和外部自然界。人类创造文化，文化反过来影响人类的自由全面发展，文化越先进，人类对先进文化的运用越自觉，所获得的自由就越大，全面发展的程度就越高。① "文化上的每一个进步，都是迈向自由的一步。"② 实质上也是进一步促进人的精神生活的全面发展。

红色文化已然成为精神文明与政治文明的重要内容，影响人们精神生活的全面发展。红色文化蕴含的丰富精神气质，培育和塑造人们的政治理想、价值追求及精神气质，从而不断促进人的精神生活全面发展，促进人的自由全面发展。

3. 红色文化教育促进大学生自由全面发展目标的实现

教育是促进人的自由全面发展的重要方法和途径，马克思主义经典作家高度评价教育在促进人的自由全面发展中的重要作用，重视和提倡大力发展教育事业。无论是一个国家、一个民族，还是一个人，都需要先进文化的滋养和浸润。习近平总书记指出："没有先进文化的积极引领，没有人民精神世界的极大丰富，没有民族精神力量的不断增强，一

---

① 沈壮海：《思想政治教育的文化视野》，北京：人民出版社2005年版，第25页。
② 《马克思恩格斯选集》（第3卷），北京：人民出版社2012年版，第492页。

个国家、一个民族不可能屹立于世界民族之林。"① 红色文化融入思想政治教育是促进人的自由全面发展的重要途径，红色文化融合育人的最终目标是为了实现人的自由全面发展。

高校承担着红色文化育人的神圣使命，传承和创新红色文化是高校文化育人的本质要求，其关键是红色文化融合与传播。应积极探索运用现代科技成果和先进管理方法，适当运用声、光、电、图等具有感染力和吸引力的形式，广泛采用多媒体、互联网等现代传播技术方式，推动红色文化有机融入高校思想政治教育，创新红色文化教育传播方式，弘扬和传承红色精神，坚持正确的价值导向，营造良好的社会氛围，使学生们在潜移默化中受到影响，内化为坚定的理想信念，实现知行合一，在红色文化的滋养和引领下，不断促进他们自由全面发展。

三、教育内容相通性

红色文化包含了科学性、革命性、民族性的深刻的思想内容，对新时代中国特色社会主义建设具有重要价值，其丰富的思想内涵对提高大学生思想政治教育质量和教育效果具有重要意义。红色文化是中华民族站起来的制胜法宝，是中华民族富起来的思想武器，是中华民族强起来的根本保证。② 红色文化和红色精神是思想政治教育的优质资源，具有十分重要的育人价值。从红色文化和思想政治教育各自包含的内容来看，存在着许多相通相合之处。

（一）红色文化是高校思想政治教育的优质资源

红色文化是一个多层次动态系统。学界对红色文化类型的区分，有

---

①　习近平：《论党的宣传思想工作》，北京：中央文献出版社 2020 年版，第 96 页。

②　罗丽琳、蒲清平：《红色文化的思想政治教育基因及其时代价值》，载《新疆师范大学学报（哲学社会科学版）》，2018 第 6 期，第 45—52 页。

不同的标准。大抵有红色物质文化与精神文化二分法，红色物质文化、制度文化与精神文化三分法，以及"人、物、事、魂"四分法或红色物质文化、制度文化、精神文化、行为文化四分法等几种主要的区分方法。当然，也有学者从红色资源角度，提出了红色旧址、器物、文献、人物、事件、文艺、建筑、精神、研究、创作等十分法[①]。上述分类的差异，体现了对红色文化内涵理解的差别：二分法过于笼统，三分法难以区分物质与制度的关系，"人、物、事、魂"四分法将红色文化限缩于革命文化范畴过窄，十分法主要从资源的角度而非文化角度观察且过于松散。本书主张采用具有包容性的红色物质文化、制度文化、精神文化、行为文化四分法。红色文化精神的外在物化呈现为物质文化；精神文化是红色文化的核心和灵魂；制度文化是红色文化发展的结果和必然要求，是红色文化得以繁荣发展的理性构建和根本制度保障；行为文化是彰显红色文化及其精神的活动形式。四个层面相互交融、相互依赖、相互促进、共同发展。

1. 物质文化是红色文化教育的重要文化资源

红色文化中的物质文化是红色文化精神的外在物化形态。物质文化有时又被称作"物态文化"[②]"器物文化"[③]。红色物质文化表现为"人、事、物"的有机统一。文化的内容需要通过特定形式表达或阐释。红色文化的物质形态是构成红色文化精神纯粹的客观载体，是红色文化主体

---

① 张泰城：《论红色文化资源的分类》，载《中国井冈山干部学院学报》，2017 年 10 月第 4 期，第 137—144 页。

② 张文等：《媒介融合背景下的红色文化大众化研究》，北京：中国社会出版社 2019 年版，第 56 页。

③ 关冠军、刘慧、王旭东：《红色文化品牌塑造：理论与实践》，北京：中国商业出版社 2019 年版，第 25 页。

参与红色政治实践活动的外在显性表现。①

（1）红色人物

"人"指的是在革命、建设和改革开放过程中做出重大贡献和具有巨大影响力的人物。在波澜壮阔的中国革命、建设和改革开放过程中，涌现了大量的英雄人物，他们对革命、民族和国家做出了重大贡献，对推动中国革命、建设和改革开放发挥巨大作用，是思想政治教育的经典人物素材。包括：第一，领袖人物。领袖人物是指领导中国革命、建设和改革的领导人，在革命、建设和改革时期扮演极其重要的角色。第二，英雄人物。在中国革命和社会主义建设、改革过程中，涌现了千千万万为革命、为国家、为民族奔走呼号、抛头颅、洒热血的英雄人物。如被称为中国"普罗米修斯"的李大钊，才华卓越的奇才子瞿秋白，拉人力车的留学生陈延年，践行"蜡烛精神"的萧楚女，水族人民的骄傲邓恩铭，冲出封建家庭的"少爷"夏明翰，巾帼英雄赵一曼，在敌特心脏潜伏的钱壮飞，平凡中彰显伟大的张思德，舍身炸碉堡的英雄楷模董存瑞等革命年代的英雄人物。在社会主义建设过程中，无私奉献的雷锋同志，人民公仆焦裕禄，隐姓埋名三十载的核潜艇之父黄旭华，在保家卫国的抗美援朝战争中在烈火中永生的邱少云等。他们是民族的脊梁、时代的先锋、祖国的骄傲，他们的伟大精神铸就了中华民族的民族魂，追寻他们的足迹、吟诵他们的人生历史，是一次次心灵的震撼、激荡、净化、洗礼，是新时代高校师生必须学习的精神。第三，模范人物。在社会主义建设和改革开放过程中，同样涌现了大量的先锋模范、时代楷模、感动中国人物等，他们承继了革命先烈们的精神，诠释了新时代的红色文化精神。中国女排以十一连胜的骄人战绩赢得 2019 年女排世

---

① 白锡能、任贵祥：《红色文化与中国发展道路论文集》，北京：中国社会科学出版社 2015 年版，第 41 页。

杯，成为感动中国年度人物，女排姑娘的成就，体现了祖国至上、顽强拼搏、胜不骄败不馁的英者风范，成为中华崛起拼搏的时代强音，成为人们学习的榜样，激励人们不断努力前行，是高校思想政治教育的时代红色素材。

（2）红色事件

红色事件是具有重大意义和一定影响力的历史事件或事迹。红色事件在红色文化发展中扮演着重要角色，在历史事件组成的巨幅历史画卷中，涌现了影响中国历史进程的革命领导人物、民族英雄、模范人物等，铸造了影响深远的红色精神，激励着一代又一代的中国人民。红色事件孕育了丰富的红色精神，如五四运动、安源煤矿工人大罢工、遵义会议、两万五千里长征、狼牙山五壮士的革命事迹、抗美援朝、雷锋事迹、抗击疫情英雄事迹等。2020 年，突如其来的新冠肺炎疫情，给国家的经济和人民生命健康带来了巨大损失。在抗击新冠肺炎疫情的战斗过程中，有的疫情防控一线人员为了守护人民的生命安全和身体健康，而奋不顾身、坚守一线、与病毒作斗争，最后奉献了自己宝贵的生命。烈士们有的是白衣天使，有的是公安干警，有的是社区工作者，有的是志愿者。他们用生命守护生命，用生命践行使命，用生命书写担当，他们是新时代的英雄，是红色文化精神传承的典型，彰显了新时代的英雄气概和崇高精神。

（3）红色物品

"物"是承载"人"的活动和"事"所发生的物品、遗址和纪念场所等。分为四类：一是物品类，包括红军战士遗留下来的帽子、衣服、草鞋等；革命英雄留下的笔记本、书信等。二是遗址类，包括：革命事件或活动的遗址；名人故居；革命老区和根据地。三是纪念场所类，包括：烈士陵园；革命纪念馆或博物馆。四是文献资料类，如革命领导人的著作、经典发言、党组织及其相关机构的各类文件、各种会议记录、决议、纪律制度等档案材料，出版的各类革命书籍及报纸资料，相关历史图片照片等。①

2. 红色精神是红色文化教育的内核和灵魂

毛泽东指出，"读历史是智慧的事"②，"只有讲历史才能说服人"③。习近平总书记旗帜鲜明地指出："中国革命历史是最好的营养剂。"④ 这些宝贵的"营养剂"中最为核心的就是"红色精神"及其世代传承的"红色基因"。红色精神是红色文化的精神形态，是红色物质文化资源所承载和展现的革命之魂，也是红色文化的内核和精髓。蕴含丰富革命文化、革命理想信念、革命崇高道德的红色文化与中华传统优秀文化和传统美德是一脉相承的，一部中国共产党领导人民进行革命、建设和改革开放的历史，就是一部中华民族的革命史、奋斗史、励志史，也是不断孕育、创新、发展革命精神，弘扬革命文化和社会主义先进文化的历史。

红色精神是特定时空和特定条件下产生并贯穿于红色建筑、红色文物、红色活动的"一根红线"，具有普遍的意义和价值。⑤ 值得注意的是，红色精神并非封闭的体系，而是一个开放、包容与动态发展的体系，随着时代的发展变迁和社会进步，不断丰富其内涵、增添新的精神内容。

---

① 禹玉环：《遵义市红色文化遗产保护与开发利用问题研究》，成都：西南交通大学出版社 2016 年版，第 9 页。

② 《毛泽东同志关于以谦虚之心学习历史的名言》，载《人民日报》，2010 年 11 月 8 日，第 7 期。

③ 《毛泽东文集》（第 8 卷），北京：人民出版社 1999 年版，第 276 页。

④ 《党面临的"赶考"远未结束——习近平总书记再访西北坡侧记》，载《人民日报》，2013 年 7 月 14 日，第 1 期。

⑤ 裴植、程美东：《先锋引领的红色文化》，北京：中国社会科学出版社 2019 年版，第 35 页。

传播红色精神是思想政治教育的重要使命，也是红色文化育人的根本体现，两者在此达到高度一致。红色精神是毛泽东等老一辈无产阶级革命家留下的丰功伟绩和宝贵的精神财富，是中国人民从站起来、富起来到强起来的不竭精神动力。红色文化的传播、创新、发展，其最为核心的就是红色精神，辅之以器物文化、制度文化与行为文化。红色文化的传播主要是共产主义理想信念、全心全意为人民服务、艰苦奋斗、爱国主义、革命乐观主义、实事求是等党的优良传统和革命精神的传播，以及科学的世界观、人生观、价值观等的传播。这些红色文化核心精神的传播，实际上是高校思想政治教育工作的主体内容，两者具有高度的同质性。

3. 制度文化是红色文化教育的重要载体

红色制度文化，是指中国共产党领导全国各族人民，在各时期所创建的理论、纲领、路线、方针、政策等。红色制度文化蕴含着丰富的红色文化精神，红色文化精神通过红色制度文化得以体现。红色制度文化是先进生产力、人民群众利益和先进文化的代表，是高校思想政治教育工作有效性的重要文化依托。

红色制度文化的重要意义在于：第一，红色制度文化见证了中国共产党代表最先进生产力的发展方向。如1928年12月制定的《井冈山土地法》是我国第一部土地法，极大地解放了生产力。第二，红色制度文化见证了中国共产党代表最广大人民群众的根本利益。毛泽东指出，对于广大群众的切身利益问题，群众的生活问题，就一点也不能疏忽，一点也不能看轻。第三，红色制度文化见证了中国共产党代表先进文化的前进方向。如1942年5月，毛泽东阐述了《在延安文艺座谈会上的讲话》的马克思主义文艺观教育，催生了《太阳照在桑干河上》等经典文化作品。

4. 行为文化是红色文化教育的重要手段

行为文化是指人们在工作、生活中所贡献的，有价值的，促进文明、文化以及人类社会发展的经验及创造性活动。行为文化是人们在日常生产生活中表现出来的特定行为方式和行为结果的积淀，这种行为方式是人们所作所为的具体表现，体现着人们的价值观念取向，受制度的约束和导向。红色行为文化是指人民群众在工作生活中所创造的有关红色精神文化的作品或者活动。它通过红色艺术作品、红色活动、仪式等不同行为方式来体现和传递红色文化精神，丰富人们的精神文化生活，影响人们的思想价值观念，激励人们更好地传承和弘扬红色文化。红色行为文化包括红色艺术作品文化、仪式文化和旅游文化等，为增强思想政治教育实效和质量提供重要支撑，实现了两者间的价值共享。

红色艺术作品文化具体指红色歌曲、戏剧、电影、动漫、美术、音乐以及红色舞蹈、红色电视剧等文艺作品。在不同时期创作了很多红色艺术作品，比如《十送红军》《五星红旗》《保卫黄河》《红梅赞》《毛主席的话儿记心上》《唱支山歌给党听》《游击队歌》《红旗飘飘》《咱当兵的人》《我和我的祖国》《英雄赞歌》《团结就是力量》《我爱中华》《走进新时代》等红色歌曲；《庐山之雪》《白毛女》《龙须沟》《洪湖赤卫队》《江姐》《红色娘子军》《沙家浜》《智取威虎山》等经典红色戏剧；《地道战》《血战台儿庄》《港珠澳大桥》等经典红色电影。我们的红色艺术作品内容丰富、形式多样，呈现欣欣向荣的景象。红色艺术作品蕴含和传递着红色文化精神，传播正能量，传播中国声音。习近平总书记曾指出，"我国文艺界出现新气象新面貌，文学、戏剧、电影、电视、音乐、舞蹈、美术、摄影、书法、曲艺、杂技、民间文艺、文艺评论、群众文艺、艺术教育等都取得丰硕成果，主旋律更加响亮，正能量更加强劲，为人民提供了丰富精神食粮，向世界展示了中华文化魅力。"① 这些红色艺术文化，是高校思想政治教育的第一手素材，对弘扬

---

① 习近平：《论党的宣传思想工作》，北京：中央文献出版社 2020 年版，第 258 页。

红色精神发挥重要作用。

红色仪式文化是红色行为文化的主要内容，蕴含和体现红色文化精神，感染和影响人们的思想观念，具有教化功能。包括升国旗仪式、阅兵仪式、入党宣誓仪式等。弘扬红色文化精神，可充分利用建党节、建军节、中国人民抗日战争胜利纪念日等重要节日开展活动，或通过重走长征路等方式，进行红色精神传播，加强党性和革命精神教育，实现红色文化教育与思想政治教育的融合统一。

红色旅游文化是将红色文化与旅游产业相结合的新型旅游形式，红色旅游传承革命历史、革命事迹和革命精神，是新时代传承红色基因的重要方式，更是社会主义核心价值观培育的重要桥梁和载体。红色旅游以具有历史纪念意义的场所为载体传播红色文化精神。比如遵义会议会址、井冈山革命根据地、毛泽东故居、中国人民抗日战争纪念馆、"九一八"历史博物馆等。已经成为新时代人们零距离接触时代变迁、感知爱国爱党精神和奋斗精神、熔铸红色基因的"移动课堂"。人们只有亲身体验、感受和感悟革命事迹、革命故事和革命精神，才能更加清晰地认识和分辨是非曲直，才会更加坚定自己的理想信念，才能朝正确的方向勇往直前。

（二）高校思想政治教育肩负弘扬红色文化的历史使命

由于社会的迅速发展，加之思想政治教育本身的特殊性和复杂性，对高校思想政治教育内容划分尚无统一标准，见仁见智。当前有两种代表性观点：一是张耀灿教授等认为，思想政治教育内容体系，包括思想教育、政治教育、道德教育及心理教育四部分，思想教育是先导，政治教育是核心，道德教育是重点，心理教育是基础。[①] 二是熊建生教授按

---

① 张耀灿、郑永廷、吴潜涛、骆郁廷：《现代思想政治教育学》，北京：人民出版社2006年版，第261—263页。

思想政治教育内容结构性进行分类整合，分为思想政治教育的基础性内容、主导性内容、拓展性内容。这三个部分既相对独立，又有机联系，构成了思想政治教育内容结构体系。[①] 思想政治教育内容是一个既相对稳定又不断发展的体系，两种观点从不同角度进行划分，熊建生教授的观点是对张耀灿教授观点的发展，都是符合时代和社会发展的，都具有一定科学性和合理性。

1. 高校思想政治教育的基础性内容

主要包括以爱国主义教育、公民道德教育、传统美德教育、艰苦奋斗精神教育等为代表的内容体系，具有广泛性、稳定性、基础性和恒久性等特点。思想政治教育的基础性内容是社会的基本要求，是人应该具备的基本素质，它不仅覆盖人们生活的方方面面，而且贯穿人们的一生，与红色文化所弘扬的爱国主义、集体主义、艰苦奋斗等红色精神是一致的。

爱国主义是一个国家和民族的灵魂，是中华民族精神的核心。爱国主义教育是党的思想政治工作、社会主义精神文明建设、社会主义先进文化建设的重要内容。我们党历来重视爱国主义教育，强调要聚焦青年开展新时代爱国主义教育，培养和塑造青年的价值观，引导青年形成正确的爱国观念。高校要充分发挥课堂教学的主渠道作用，将爱国主义教育进课堂、进教材、进头脑，将爱国主义融入青年大学生的政治原则、思想意识、道德责任和心理情感熏陶孕育中，培养具有爱国情怀的学生。

公民道德是反映公民对待个人与国家、社会、他人关系的道德观念、价值取向、行为规范等。习近平总书记强调："要大力弘扬时代新

---

① 熊建生：《思想政治教育内容结构论》，北京：中国社会科学出版社 2012 年版，第 148 页。

风，加强思想道德建设，深入实施公民道德建设工程，加强和改进思想政治工作，推进新时代文明实践中心建设，不断提升人民思想觉悟、道德水准、文明素养和全社会文明程度。"① 要把立德树人贯穿学校教育全过程，坚持社会主义办学方向，坚持育人为本、德育为先。高校加强大学生的公民道德教育，其目的是引导他们遵从社会公德、恪守职业道德、传承家庭美德、砥砺个人品德，提高大学生的整体道德素质。

艰苦奋斗精神是中华民族长期发展孕育而形成的一种美德，是中华民族的优良道德传统，中华民族正是因为具有艰苦奋斗精神，从古至今创造了灿烂的文化和辉煌的历史。

2. 高校思想政治教育的主导性内容

主导性内容是在思想政治教育中体现思想政治教育的方向和性质的内容，集中体现为社会主义核心价值体系，包括以马克思主义理论、理想信念、中国梦、中华优秀传统文化、中国革命传统、社会主义核心价值观、民族精神和时代精神等为代表的教育内容系列。这就要求"思想政治教育坚持引导、选择的主要方向、方面和重点，并在个体发展和社会发展中发挥主导作用的特性"②。坚持思想政治教育的主导性，就是坚持国家政治主导、民族文化主导、人本主导和社会主义核心价值主导。大力推动社会发展特别是精神文化、意识形态建设的主导，同时促进对人的发展的主导，主要是对人的思想品德、精神境界提升进而促进人的全面发展。以下选取马克思主义理论教育和理想信念教育作进一步阐释。

马克思主义理论不仅是思想政治教育的理论基础和指导思想，在整个思想政治教育中，也居于核心地位，发挥主导作用。习近平总书记指

---

① 习近平：《习近平谈治国理政》（第三卷），北京：外文出版社 2020 年版，第 313 页。

② 石书臣：《现代思想政治教育主导性研究》，上海：学林出版社 2004 年版，第 16 页。

出："要坚持不懈传播马克思主义科学理论，抓好马克思主义理论教育，为学生一生成长奠定科学的思想基础。"① 进行马克思主义理论教育，要着力引导大学生掌握马克思主义的立场、观点、方法，为青年大学生正确认识世界、改造世界，打下坚实的思想理论基础。

理想信念是一个人的思想深度和精神高度。习近平曾指出，"理想信念是共产党人的精神之'钙'，必须加强思想政治建设，解决好世界观、人生观、价值观这个'总开关'问题。"② 青年学生是国家的未来和希望，加强大学生理想信念教育尤显重要。信仰是信念的高级形式，是精神领域的最高主宰者，中国共产党人是以马克思主义和共产主义为信仰，要加强大学生理想信念教育，使大学生成为共产主义远大理想和中国特色社会主义共同理想的坚定信仰者。

3. 高校思想政治教育的拓展性内容

拓展性内容包括健康教育、法治教育、创新精神教育、生命教育、诚实守信教育、生态道德教育、感恩教育、安全意识教育、国际意识教育等。思想政治教育内容十分丰富，其中政治教育是根本和核心。③ 随着时代变化和社会迅速发展，人对自身的发展有了新需求，社会对人的全面发展也有了新要求，思想政治教育的内容在保持、稳定基础内容和主导性内容的同时，还需根据社会经济、政治、文化的发展而不断拓展教育内容，不断添加时代性内容，始终保持与时俱进的品质。以下就健康教育和生命教育作进一步阐释。

健康教育包括身体健康教育和心理健康教育。随着社会快速发展，

---

① 习近平：《论党的宣传思想工作》，北京：中央文献出版社 2020 年版，第 276 页。

② 中共中央文献研究室，中央党的群众路线教育实践活动领导小组办公室：《习近平关于党的群众路线教育实践活动论述摘编》，北京：中央文献出版社 2014 年版，第 40 页。

③ 冯刚、郑永廷：《思想政治教育学科 30 年发展研究报告》，北京：光明日报出版社 2014 年版，第 210 页。

生活节奏加快，各种压力随之而至。大学生面临各种竞争和压力，如考取各种资格证书的压力、就业压力、评优压力、考博考研的压力等。在激烈竞争和多重压力以及社会、家庭等诸多因素影响下，大学生的身体健康与心理健康均面临威胁。近年来，高校大学生故意杀人、自杀、校园暴力等事件频发，还有部分大学生因缺乏身体锻炼和健康意识，患上重病而失去年轻的生命。身体健康是基础，没有全民健康，就没有全面小康。习近平多次强调，要把人民健康放在优先发展的战略地位，加快推进健康中国建设。党和国家对人民健康高度重视，2020 年 6 月 1 日《基本医疗卫生与健康促进法》将人民健康保障纳入法治化轨道，明确提出"推进健康中国建设"，"公民是自己健康的第一责任人，树立和践行对自己健康负责的健康管理理念"。就高校大学生而言，只有拥有身心健康，才能德智体美劳全面协调发展，才能肩负和完成中华民族伟大复兴的使命。

生命教育就是依据个体生命特征及其发展规律，使人们领悟生命的本质、价值和意义，树立尊重生命、珍惜生命的价值观念，从而捍卫生命的尊严，提升生命的品质，实现生命的价值。[1] 生命是人们生存、生活和发展的基础，是最宝贵和至高无上的。而大学生中，有自杀、谋杀、弑亲、暴力、吸毒等事件发生，表现出轻视自己生命、无视他人生命的行为，这些行为体现出他们对生命的冷血和残忍，生命意识淡漠的人是缺乏义务感和责任感的。高校应通过挫折教育、死亡教育、逆境教育等加强大学生的生命教育，引导大学生树立正确的生命观、生存观和生活观，提升他们的生命关怀意识，促进大学生的健康成长。

---

[1]　熊建生：《思想政治教育内容结构论》，北京：中国社会科学出版社 2012 年版，第 189 页。

（三）红色文化与高校思想政治教育内容相通

红色文化与高校思想政治教育属性相同、目标一致，决定了二者的内容具有高度相通性。

1. 红色文化丰富了高校思想政治理论教育内容

高校思想政治理论课蕴含、贯穿和体现着红色文化的内容，红色文化彰显了鲜明的无产阶级底色，为高校思想政治教育输送丰富营养。

一是着力红色文化与历史素养的培育。主要通过《纲要》等思政课程的学习，让大学生更深入了解历史、认识历史、尊重历史、以史为鉴，让大学生认识中华民族经历艰难曲折而自强不息的历史发展过程，了解中国人民争取民族独立自主和繁荣富强的辉煌成果。[1] 培育大学生的历史知识素养。通过思政课堂学习历史知识，学会用历史的视角看待问题，辩证看待历史问题，认识到历史的曲折性、多样性、必然性、阶段性和规律性，认识到社会主义代替资本主义的必然性，培育大学生的正确历史观。培育大学生对人民群众的深厚情感，认识到人民群众是创造历史的主体，始终是变革社会制度的决定力量，引导大学生树立以人民为中心的思想。

二是着力红色文化与民族精神教育。红色文化本身具有民族性特点，它是对中华民族文化的继承和发展，红色文化蕴涵着丰富的民族精神，是培育大学生民族精神的重要资源。红色精神作为红色文化的核心和灵魂，在不同历史时期具有不同的内涵和意义，如革命时期的革命精神、社会主义建设时期的雷锋精神、改革开放时期的改革创新精神等。在不同的历史阶段，红色精神得到了不断的丰富和发展，他

---

① 苏振芳：《当代国外思想政治教育比较》，北京：社会科学文献出版社2009年版，第197页。

们都是一脉相承的伟大的民族精神和国家的宝贵精神财富。高校思想政治教育融入红色文化，增强了大学生的民族精神，使新时代的大学生能够结合时代要求，继承与发扬、熔铸与发展出新的民族精神和时代精神。

2. 红色文化拓展了高校思想政治实践教育内容

实践教育包括社会实践、工作实践、文体实践、劳动实践等，是思想政治教育的重要组成部分，着重加强学生的主体性、参与性、互动性及体验性，是课堂教育教学的有益补充。大学生通过实践的锻炼，将理论与实践、知与行有机结合，加深对思想政治教育的感知和认同，不断提高思想觉悟和解决问题的能力。

第一，社会实践。通过参加社会实践活动，大学生有更深刻的体会和认识。可以组织大学生参观考察革命老区、革命遗址、爱国主义教育基地、载人航天发射基地等，让学生亲身了解老区人民为民族革命解放事业做出的贡献、亲耳聆听老区人民讲解生动而壮烈的革命故事、亲眼观看革命时期留下的遗址和遗物，感受革命时期老一辈无产阶级革命家们和劳动人民的不易和伟大，同时也让学生感受新时期中国经济社会各方面的飞跃发展，了解真实的中国，为不断繁荣强盛的国家感到自豪，从而更加增强"四个自信"。

第二，工作实践。学生在不同的岗位上体验工作过程中的各种艰辛和困难，能够磨炼意志力，开阔视野，积累丰富的经验，提高自身的组织能力、解决问题能力和人际交往能力。工作实践包括参加学校社团活动、志愿者活动、担任学生干部、顶岗实习等。一些学校设立了红歌社团、红色戏剧社团、红色诗歌社团等红色社团组织。学生们在社团工作中不仅锻炼和提高工作能力，而且思想和心灵受到红色文化的熏陶和感染而备受鼓舞，不断提高思想认识，坚定了理想信念。学生们还可以参加红色旅游景点的解说员志愿服务活动，更加深入学习和了解红色文化，感悟所蕴含的红色精神。

第三，文体活动。将红色文化融入演讲、文艺晚会、朗诵、军训、绘画比赛、摄影比赛等活动中，积极开展符合大学生特点的，融知识性、思想性、趣味性为一体的文体活动，使思想政治教育生动活泼，富有成效，让学生轻松愉快地接受、吸收和消化红色文化的精神实质。

第四，劳动实践。习近平总书记多次围绕劳动的价值、弘扬劳动精神等内容进行深刻阐述。2013 年 4 月 28 日，习近平在同全国劳动模范代表座谈时指出，"人民创造历史，劳动开创未来。"2016 年 4 月 26 日，习近平在知识分子、劳动模范、青年代表座谈会上指出，"实现中华民族伟大复兴的中国梦，要靠各行各业人们的辛勤劳动。"习近平高度重视劳动教育，强调要在学生中弘扬劳动精神。2020 年 3 月 20 日，中共中央、国务院出台《关于全面加强新时代大中小学劳动教育的意见》，把劳动教育纳入人才培养全过程，积极探索具有中国特色的劳动教育模式。学校开展的劳动实践主要有生产实习、勤工俭学、公益劳动等。通过劳动实践教育，增强学生的劳动意识，培养学生养成艰苦朴素、勤俭节约、珍惜劳动成果的良好品质，培养学生吃苦耐劳、奋斗拼搏的精神，促进大学生全面发展。

总之，高校思想政治教育的整个过程都能融会贯穿着红色文化，两者内容高度相通、有机相融，红色文化为增强高校思想政治教育实效提供了丰富的文化资源。

四、教育方式互补性

高校思想政治教育与红色文化教育，既是显性教育与隐性教育的各自结合体，又因兼具显性教育与隐形教育而紧密联系、有机融合、互为补充。红色文化是思想政治教育的重要内容，并通过思想政治教育发挥文化育人功能；思想政治教育是红色文化实现育人价值的主要手段，并以红色文化为重要依托，努力将青年大学生塑造为成熟的政治人。习近平总书记指出，思政课教学要贯彻"显性教育和隐性教育相统一"的思路，既要理直气壮地将思政课开成"惊涛拍岸"声势的思想政治教育显性课程，也要挖掘其他课程或教学方式中具有"润物无声"效果的隐性思想教育资源，打好"组合拳"。[①] 这既是思想政治理论课改革创新的重要方法，也是立德树人的基本路径和提升高校思想政治教育质量的重要举措。高校红色文化教育常采用显性教育和隐性教育相结合的方式来实现教育目的。显性教育主要将有关红色文化内容通过思想政治教育主课堂传播和弘扬，隐性教育主要是将红色文化融入思想政治教育各环节、潜移默化地渗透到实践活动、文体活动、校园文化及网络等多种活动和教育情境中。

（一）高校显性思想政治教育主导红色文化发挥育人功能

显性教育，是指教育者充分利用各种公开手段、公共场所，有领导、有组织、有系统的思想政治教育方法。[②] 显性教育是一种有组织、有目的、有计划的教育过程，采用传统的教学方式，在公开的场合和固定的时间内，直接给受教育者传递、灌输某种意识形态，运用一定的措施使其接受、形成符合一定社会、一定阶级所需要的思想政治道德观念。体现出外显性、计划性、公开性、直接性、固定性、强制性、目的性和组织性等特征。显性教育在高校思想政治教育中居于主导地位，是高校思想政治教育的主要教育方式，为发挥红色文化育人实效、提升我国大学生的思想道德素质发挥了重要作用。

---

① 习近平：《论党的宣传思想工作》，北京：中央文献出版社2020年版，第386页。

② 王瑞荪：《比较思想政治教育学》，北京：高等教育出版社2001年版，第157页。

1. 显性教育在高校思想政治教育中占主导地位

教育方式的选择和运用，深受历史文化、意识形态、社会制度、教育资源等因素的影响。中国传统教育的内容和方式是几千年来教育思想、教育内容、教育方法和教育实践的融合与积淀，给我们留下了丰富的借鉴和思维空间。中华优秀传统文化主要围绕道德教育展开，主要是通过书院和学堂进行公开直接传播，根本不需要受教育者有任何主动性的深入思考，完全是灌输式的被动教育。① 我国是一个多民族的国家，社会思想文化总体上是一致的，自古以来就有多元一体的传统，具有形成统一的显性教育的基础。相比而言，西方国家是以隐性教育为主，由于西方国家社会结构的复杂性、文化背景的多样性以及联邦制等政治体制的因素，很难形成以显性教育为主的教育方式。② 我国教育最鲜亮的底色是坚持社会主义办学方向，坚持马克思主义为指导，坚持教育的"四为服务"。③ 高校是大学生思想政治教育的主阵地、主课堂、主渠道，党是高校思想政治教育方向的引领者、教育体系的统领者、重大决策的决断者④，始终把坚持社会主义意识形态作为根本特征⑤，决定了高校思想政治教育必须坚持马克思主义这一立党立国的根本指导思想。因而我们的思想政治教育"不屑于隐瞒自己的观点和意图"⑥，通常采用课堂的

---

① 年仁德、戴淑贞、杨麦娇：《高校中华优秀传统文化教育的设计与规划》，北京：知识产权出版社 2019 年版，第 29 期。

② 曹金龙：《关于新时代思想政治教育显性教育和隐性教育相统一的思考》，载《思想理论教育》，2019 年第 12 期，第 58 页。

③ 《习近平总书记教育重要论述讲义》编写组编：《习近平总书记教育重要论述讲义》，北京：高等教育出版社 2020 年版，第 89 页。

④ 中共中央党校：《习近平新时代中国特色社会主义思想基本问题》，北京：人民出版社、中共中央党校出版社 2020 年版，第 86 页。

⑤ 教育部课题组：《深入学习习近平关于教育的重要论述》，北京：人民出版社 2019 年版，第 76 页。

⑥ 《马克思恩格斯选集》（第 1 卷），北京：人民出版社 2012 年版，第 435 页。

理论灌输、讲座宣讲、会议传达、媒体宣传等方式直接、公开地进行传播和教育。显性教育的自身特点与红色文化教育的内在需要高度契合，呈现为目标、任务和使命的一致性。在高校思想政治教育中创新发展显性教育，是马克思主义教育意识形态的必然要求，与我国社会制度相适应，与我国基本政体、社会制度高度契合，与高校教育资源现状相适应。显性教育通过把教育资源集中于课堂，传递给学生，以达到思想政治教育效果。

2. 持续发挥显性教育对高校红色文化育人的主导性作用

显性教育在高校思想政治教育中的主导地位，集中体现在实现思想政治教育价值上的主导性作用。国家通过对马克思主义学院的建设、马克思主义理论学科建设、马克思主义理论人才培养，着力提升思想政治理论课质量。截至 2019 年，先后分三批设立了共 37 所全国重点马克思主义学院，马克思主义理论一级学科博士点单位达到 85 家，实施马克思主义理论骨干人才计划，培养了大量的马克思主义理论骨干人才。2018 年 4 月，教育部印发《新时代高校思想政治理论课教学工作基本要求》，2019 年 8 月，中共中央办公厅、国务院办公厅印发了《关于深化新时代学校思想政治理论课改革创新的若干意见》，着力加强思想政治理论课的改革与创新。

马克思主义理论是红色文化的灵魂。伴随马克思主义不断与时俱进、创新发展，红色文化也同步孕育产生和发展，并成为高校思想政治教育的重要内容。要持续创新发展显性思想政治教育，加大课堂教学主渠道改革建设力度，充分发挥红色文化的育人功能。要坚持马克思主义理论、立场、观点和方法，传递马克思主义理论知识、传播马克思主义思想、传承红色文化精神，帮助大学生树立正确的理想信念，切实彰显显性思想政治教育之于红色文化育人主导作用。

要不断改革显性思想政治教育理念，凸显学生的主体性。思想政治教育以课堂教学为主渠道，教学形式直接影响教育教学效果。当代大学生具有较强的自我意识、独立意识以及怀疑精神，他们遇到困惑时往往难有机会去表达和得到答案，以至于容易造成误解，影响他们做出正确判断和选择。因此，应该给予学生更多思辨和讨论的机会，凸显其主体性和主动性，让他们的疑惑得到解除，让事实更加明白清晰，让理想信念更加坚定。要不断改革创新显性思想政治教育教学方式，提升教学实效。如开展"大班授课，小班讨论"、专题式讨论、学生展示汇报、辩论等多种形式的尝试，充分发挥学生的主体性，提高其学习兴趣，增强学习互动性、积极性和主动性，促进马克思主义理论与红色文化精神真正入脑入心。显性思想政治教育要在不变中求新，赋予其新的生命力，充分发挥和体现作为主导教育方式的主导作用。随着科技的日益发展，新媒体已成为大学生学习生活的重要工具。新时代的思想政治教育，要充分运用好新媒体新技术，充分发挥新媒体方便、快捷、灵活、高效、内容丰富、形式多样、信息量大等特点，结合学生的特点和需要，将红色资源请进校园、搬进课堂，将红色文化、红色精神通过新媒体新技术生动诠释和全景再现，增强思想政治教育的亲和力和吸引力，在显性思想政治教育中，不断增添红色文化的魅力，增强红色文化育人实效。

（二）红色文化隐性教育是高校思想政治教育的必要补充

隐性教育，是指在高校思想政治教育过程中，将教育内容隐含地渗透到各种教育情境中，引导受教育者去感受和体会，潜移默化地对受教育者的思想、观念、价值、道德、态度、情感等产生影响，使受教育者认同和接受某种思想或行为，并内化为自身的行为规范的教育方式。[①]隐性教育具有渗透性、隐蔽性、间接性、灵活性、体验性等特点。红色

---

① 任静：《浅谈对高校德育方法中显性与隐性教育整合的思考》，载《高教探索》，2016年第 S1 期，第 152 页。

文化资源丰富、形式多样，具有内容隐含性、教学过程体验性、教学方式情境性等教育特质，具有自己独特的优势，与隐性教育特征高度契合。创新发展红色文化隐性教育，已成为高校思想政治教育的重要方面。

1. 隐性教育是高校红色文化教育的重要方式

隐性教育是红色文化教育的重要教育方式，红色文化隐性教育是隐性思想政治教育的重要组成部分。红色文化隐性教育主要包括渗透式教育、陶冶式教育、实践体验式教育等。红色文化隐性教育通过隐性的、间接的、情感式的教育来实现教育目的。借助多种教育手段和方法，将红色文化渗透到丰富多样的教育情境中，大学生在不知不觉中，通过耳濡目染、潜移默化接受红色文化蕴涵的崇高精神和可贵品质，对大学生产生广泛、深刻、持久的影响，使大学生自愿、自觉、自发参与教育活动，达到红色文化隐性教育的理想效果。

渗透式教育，是指运用科学方法将红色文化内容渗透到大学生接触的事物和活动中，对大学生产生潜移默化的影响。可以开展红歌比赛、红色诗词朗诵大赛等活动；举办红色绘画比赛、红色经典传颂等校园文化活动；组织学生实地考察脱贫攻坚伟大成就；建设红色网站、红色微信公众号、红色抖音号等媒体传播矩阵。通过这些载体润物无声渗透到大学生的学习和生活中，帮助大学生在思想、观念、价值、情感等方面得到升华。

陶冶式教育，指营造健康、乐观、向上的文化氛围和环境，开展喜闻乐见的文艺活动，使大学生在红色文化耳濡目染中受到思想道德熏陶。陶冶式教育就是寓教于乐、寓教于境、寓教于情。① 高校开展的各

---

① 常佩艳：《文化视野下高校思想政治教育实践研究》，北京：九州出版社 2018 年版，第 35 页。

种有关红色文化文艺活动，如红色歌剧展演、红色诗词创作活动、红色文化进校园、英雄人物宣讲报告等，丰富多彩，具有极强的趣味性，恰好符合大学生具有强烈的好奇心和上进心的特点，往往容易被学生们接受和认同。陶冶式教育方法，增强了红色文化教育的吸引力和亲和力。

体验式教育，指学校组织学生们自愿参加各种社会实践活动、劳动实践活动及社会服务活动等。学校组织学生参观访问、考察革命老区、革命遗址、爱国主义教育基地、载人航天发射基地、组织重走长征路等，参加青年志愿者活动、"三下乡""帮贫助困"等实践活动，让大学生身体力行，亲身感受，深刻体会和感悟红色文化蕴含的精神和意义，自觉坚定文化自信。

2. 红色文化隐性教育具有独特优势

红色文化作为一种特殊的思想政治教育资源，具有自身特殊的教育特质。就红色文化教育资源而言，从存在方式上看，具有情境性、多样性、离散性等教育特质；从教育内容上看，具有隐含性、不完全知识性、综合性等教育特质；从教学过程上看，具有互动性、体验性、生成性等教育特质。[1] 总体来看，红色文化具有教育内容的隐含性、教育方式的情境性、教育过程的体验性、教育主体的自主性等教育特质，展现了红色文化隐性教育为高校思想政治教育提供优质教育资源的独特优势。下文简要对过程的隐蔽性和方式的情境性作阐释。

红色文化教育具有过程的隐蔽性特点，化人无声。与显性教育不同，受教育者通过参加某项活动或者置于某种环境，在不知不觉中或者无意识状态下，获得学习和接受教育。在整个过程中，没有强调和突出受教育者的角色，学生们在自然的状态下，愉快轻松地、悄无声息地接

---

① 张泰城：《论红色资源的教育特质》，载《井冈山大学学报（社会科学版）》，2015 年第 36 期，第 16 页。

受教育。我国红色文化资源非常丰富，红色文化资源的直观性和生动性特点，可以使青少年在潜移默化中受到熏陶。因此，红色文化资源在新时期对培养广大青少年的爱国主义、集体主义、社会主义观念具有先天优势。①

红色文化教育具有方式的情境性特点，化人无形。情境，即情况、环境，是由外界、景物、事件和人物关系等因素构成的某种具体的境地。红色文化资源就是最鲜活的情境教育场所，无论是走进革命遗迹，还是红色故居，厚重的历史感扑面而来，都是最天然最真实的现场教学场所。走进井冈山，看到巍峨的高山、蜿蜒的小路，听到《红军上了井冈山》等红歌，就会想到朱毛红军在小道上挑粮的情景，会想到当年战士和老百姓艰难困苦的生活情景，会想到战士们顽强拼搏、不怕牺牲的战斗情景。学生们亲身置于情境当中，刺激所有感官，激发满腔情感，激励精神和斗志。这是课堂显性教育或阅读红色文化文献资料等教育方式所不具有的优势。

3. 持续创新发展红色文化隐性教育的育人功能

古今中外，皆注重发挥隐性教育的重要价值。我国古代教育很早就重视"潜移默化"教育，如"孟母三迁"的历史故事，就是从环境熏陶的角度肯定了隐性教育合理价值的典型例子。20 世纪 90 年代，我国对隐性教育资源的探索逐步展开。国外较早提出隐性教育的是美国教育社会学家杰克逊（P. W. Jackson），在其专著《班级生活》（*Life in classrooms*）一书中提出关于学校"潜在课程"（Hidden curriculum）的研究，并得到重视。

习近平在论及思政课落实立德树人根本任务时，从全局和长远角度

---

① 谷松岭：《论红色文化资源的价值》，载《红色文化资源研究》，2017 年第 3 期，第 14 页。

提出"显性教育和隐性教育相统一"的重要论断，充分揭示了隐性教育的重要性。高校要不断深化红色文化隐性教育的理论研究和发展，进一步深入开展红色文化隐性教育理论的渊源追溯、不同类别的红色文化隐性教育、红色文化隐性教育体系的结构研究等，创新发展红色文化隐性教育功能和作用。

我国红色文化隐性教育的实践形式丰富多样，比如红色校园文化、暑期社会实践、参观革命旧址、博物馆、重走长征路等体验活动，为红色文化教育提供了优质的教育资源和丰富的教育渠道。但也存在实践教育的设计、规划、实施等需进一步规范化和系统化的问题。比如，重走长征路体验活动，体验的时间规划、路线设计、安全保障、体验过程开展的教育活动规划、教育目的、教育效果评价等需要有一个系统周密的设计和规划，尤其是教育效果的评价，走完长征后的收获是什么，对学生思想、观念、心理等方面的影响有什么，要制定有效的评价体系，要具有实时纠正补充的环节，不断解决存在的问题和提高体验效果，使体验活动真正达到教育目的。而不能仅仅走马观花、游山玩水，只是一场休闲的"旅游"。除了每一个具体的实践教育活动的系统设计以外，还要注重整个实践教育体系的设计、规划，使之制度化、规范化和专业化。

（三）高校显性思想政治教育与红色文化隐性教育有机统一

习近平总书记强调思想政治教育"坚持显性教育和隐性教育的统一"的指导思想，既为通过显性教育上好思想政治理论课提供强大的战略定力，又为隐性教育同向同行、潜移默化育人的新格局打开战术视野。推动高校显性思想政治教育和红色文化隐性教育实现优势互补、有机统一，是实现中国特色社会主义高等教育目标任务的重要途径。

1. 高校显性思想政治教育与红色文化隐性教育的辩证关系

显性思想政治教育与红色文化隐性教育既有区别，又有共同理念，两者有机统一于思想政治教育的根本任务中，相辅相成、协调发展。显性思想政治教育居于主导地位，红色文化隐性教育是有益的必要补充。西方国家思想政治教育方式比较隐蔽，并不意味着没有显性成分，如既公开宣扬其自由、平等、民主等价值观，又在公民教育中运用隐性教育手段来传输价值观。思想政治教育必须立足于国情，保持中国特色社会主义的本色，坚持显性思想政治教育为主导，大力发展和运用红色文化隐性教育，使二者形成教育合力，共同促进思想政治教育的创新发展。

"以人为本"既是显性思想政治教育的理念，又是红色文化隐性教育的理念，"立德树人"是显性思想政治教育与红色文化隐性教育的共同任务。思想政治教育就是"为了人"的实践活动，就是如何育人，教会学生如何做人的学问。人是思想政治教育的核心和根本，以人为本是思想政治教育的基本理念。邓小平多次强调"要腾出主要的时间和精力来做思想政治工作，做人的工作，做群众工作"。[①] 习近平强调，"高校思想政治工作关系高校培养什么样的人、如何培养人以及为谁培养人这个根本问题。要坚持把立德树人作为中心环节。"[②] 在高校思想政治教育中，无论是显性思想政治教育，还是红色文化隐性教育，都要遵循和服务于"以人为本"的理念，其根本目的是培育德智体美劳全面发展的社会主义建设者和接班人。思想政治教育的工具性和价值性（人本性）是辩证统一的，既要重视工具性，也要注重人本性。"以人为本"理念就是要求高校思想政治教育要"围绕学生、关照学生、服务学生"，要以

---

① 《邓小平文选》（第 2 卷），北京：人民出版社 1994 年版，第 365 页。

② 习近平：《习近平论治国理政》（第二卷），北京：外文出版社 2017 年版，第 377 页。

大学生的需要和发展为出发点，也是落脚点。① 在显性思想政治教育与红色文化隐性教育的实践中，充分体现以人为本和培养全面发展的人的理念。

2. 着力构建显性教育与隐性教育的协同育人长效机制

党的十九大以来，聚焦实现全员全程全方位育人，教育部启动了"三全育人"综合改革试点。在各方共同努力下，"三全育人"呈现出生机勃勃的崭新局面，并成为高校思想政治工作的重要任务。显性思想政治教育与红色文化隐性教育的有机统一、协同发展，成为高校"三全育人"工作建设的关键内容。要建立协同育人长效机制，实现协同效应，推动显性思想政治教育与红色文化隐性教育协同发展，增强思想政治教育的育人成效。

宏观上，要做好协同育人的系统化、规范化设计。建立显性思想政治教育与红色文化隐性教育的协同育人长效机制，需要做好顶层设计。思想政治教育是一个系统化的有机联系的整体，由不同的要素共同构成，包括教育主体、教育内容、教育方式、教育环境等，每个要素之间相互作用、相互影响、密不可分。显性与隐性思想政治教育的协同发展与其他构成要素之间息息相关，要从宏观上做好顶层设计和统筹规划，协调好各要素之间、要素内部之间的关系。在大局上把握好每个部分的协调发展，促进思想政治教育系统有序良性循环，促进显性与隐性红色文化教育的真正统一。比如，各个职能部门如何分工，如何实现优势互补，思政课教师、辅导员、班主任之间如何做好衔接，职能部门与思政课教师之间又如何有效衔接和融合。在红色文化资源的开发、分配和运用，教育环境氛围的营造，教育主体、教育资源、教育环境等之间的协调发展

---

① 白显良：《论隐性思想政治教育的理念定位》，载《学校党建与思想教育》，2009 年第 13 期，第 9 页。

等方面，均需要系统化设计、制度化规范，建立协同育人的长效机制。

微观上，要协调好主渠道与微循环的关系。思想政治理论课教学是主渠道，而校园文化、社团活动等构成微循环。主渠道起着直接的、主要的、导向性的作用，微循环对主渠道起着配合、辅助的重要作用。在思政课中，显性与隐性教育方式可以相互渗透和补充，以达到理想的教育效果。在传递思想政治教育知识和理论的同时，应科学规划，在合理的契合点、恰当的时机，以灵活多样的方式嵌入红色文化图片、视频、文献、艺术作品等红色文化素材，还可采用互动式教学，就某一红色事迹或革命英雄展开讨论，在条件允许的情况下还可将主课堂教学内容牵引到红色文化教育基地进行现场教学等，以实现显性教育与隐性教育方式的有机无缝衔接，相互联动、灵活运用。重视发挥思想政治理论课主渠道作用，无疑是十分正确的，同时，也要重视激活微循环，有机辅助和增强主渠道效率。要在社团活动、校园文化中，将红色基因有机融入，增强红色文化的熏陶和感染力。发挥微循环的作用，是对主渠道有益的补充，使主渠道高质高效地发挥好自己的主导作用。① 事实上，这里的主渠道就是显性思想政治教育的主要方面，微循环就是隐性思想政治教育。在思政课主渠道，要旗帜鲜明讲好马克思主义的基本立场观点方法，起到举旗定向的作用，要大张旗鼓讲述红色文化内容，传播和弘扬红色精神；要大力推进课程思政建设，将红色文化和红色精神与专业课程教学有机融合，做到"使各类课程与思想政治理论课同向同行，形成协同效应"②。据此，形成思政课主渠道与其他专业课、校园文化、社会实践活动等微循环的有机衔接和融合，显性思想政治教育与红色文化隐性教育有机统一的思想政治教育新格局。

---

① 刘建军：《思想政治教育的独特视角》，北京：中国人民大学出版社 2017 年版，第149—153 页。

② 习近平：《习近平论治国理政》（第二卷），北京：外文出版社 2017 年版，第 378 页。

第三章　红色文化融入高校
思想政治教育的价值

马克思指出，"'价值'这个普遍的概念是从人们对待满足他们需要的外在物的关系中产生的"。"价值"一词具有多义性，在不同学科领域含义随之变化：在哲学领域，价值乃"为我而存在的关系"；在社会学领域，价值是"社会关系的有用性"；在伦理学领域，价值指"选择取舍的指导原则"，等等。[①] 抽象而言，价值是在主体与客体之间，因客体满足主体的某种需要而产生的，呈现出多元性、多维性、多层次和动态性。红色文化作为先进文化，具有深厚的思想内涵和精神意蕴，对坚持"四个自信"，弘扬中国精神，促进人们的自由全面发展具有重大指导意义。红色文化融入高校思想政治教育，主要呈现为理想导航、道德示范、精神升华、心理激励、审美熏陶等功能和价值。

一、理想导航

共产主义理想，是共产党人保持政治定力的精神支柱，是中国人民

---

① 杨玉宇：《思想政治教育心理学新论》，成都：西南财经大学出版社 2017 年版，第 81 页。

的精神家园，也是中华民族奋斗前行的指明灯。习近平指出："对马克思主义的信仰，对社会主义和共产主义的信念，是共产党人的政治灵魂，是共产党人经受住任何考验的精神支柱。"① 在中国革命、建设、改革开放实践过程中，我们党熔铸共产主义理想信念，凝聚和团结广大人民群众，克服种种困难，取得一个个伟大的胜利。在高校思想政治教育中，通过科学、合理、有效传播和弘扬红色文化，有利于正确引导高校学生树立坚定的共产主义理想，落实思想政治教育的"四为服务"目标。

（一）共产主义理想信念是红色文化的灵魂

1. 共产主义是人类社会最高理想

共产主义是人类最崇高的社会理想。习近平总书记指出，作为一种实际运动，共产主义"包括从世界上共产党成立到全世界最后实现共产主义的整个历史过程"②。无产阶级和广大人民群众的历史使命和奋斗目标，就是建立共产主义社会，实现全人类的解放。共产主义是人类社会发展的高级阶段，是人类最崇高的社会制度和社会理想。共产主义社会也是人类从"必然王国"真正迈入"自由王国"的历史阶段，是实现人自由而全面发展的历史阶段。共产主义理想是建立在人类社会发展规律之上的科学的社会理想，实现共产主义是中国共产党的最高理想和最终奋斗目标。

理想信念主要体现了人们的世界观、人生观和价值观，关乎一个人的健康成长，影响人们的事业发展。习近平强调："理想指引人生方向，

---

① 中共中央宣传部：《习近平总书记系列重要讲话读本》，北京：学习出版社、人民出版社 2016 年版，第 107 页。

② 习近平：《知之深爱之切》，石家庄：河北人民出版社 2015 年版，第 13 页。

信念决定事业成败。"① 青年兴则国家兴，青年强则国家强，大学生是国家和民族的未来和希望。理想信念是大学生成长成才的引路人。习近平指出，"青年一代有理想、有本领、有担当，国家就有前途，民族就有希望。"② 红色文化的核心精神是追求共产主义理想的奋斗目标，充分展现了人们为了追求美好生活愿望而努力向上的精神面貌。红色文化所蕴含的丰富精神，有助于培养担当民族复兴大任的时代新人。

2. 共产主义理想信念是红色文化的精神内核

马克思主义是我们立党立国的根本指导思想③。在中国，最崇高的理想信念，就是对马克思主义和共产主义的坚定不移、矢志不渝，这是红色文化之核，也是核心价值之源。④ 共产主义理想信念是新时代中国特色社会主义事业取得成功的重要思想保证，是中华民族伟大复兴走向胜利的精神支柱。中国共产党人历来重视革命信念、共产主义理想信念的重要作用，强调理想信念在思想教育中的核心地位。毛泽东指出："主义譬如一面旗子，旗子立起了，大家才所有指望，才知所趋赴。"⑤ 邓小平同志讲到，在过去非常艰难的情况下，"就是因为我们有理想，有马克思主义信念，有共产主义信念。"⑥ 才能战胜千难万险，最终取得中国革命胜利。习近平强调："革命理想高于天"⑦，"理想信念就是共

---

① 习近平:《习近平谈治国理政》（第一卷），北京：外文出版社 2014 年版，第 50 页。

② 习近平:《习近平谈治国理政》（第三卷），北京：外文出版社 2020 年版，第 54 页。

③ 《习近平总书记教育重要论述讲义》编写组:《习近平总书记教育重要论述讲义》，北京：高等教育出版社 2020 年版，第 94 页。

④ 《红色文化与社会主义核心价值观教育读本》编写组:《红色文化与社会主义核心价值观教育读本》，南昌：江西高校出版社 2016 年版，第 165 页。

⑤ 中共中央文献研究室、中共湖南省委:《毛泽东早期文稿（1912.6—1920.11）》，长沙：湖南出版社 1990 年版，第 554 页。

⑥ 《邓小平文选》（第 3 卷），北京：人民出版社 1993 年版，第 110 页。

⑦ 习近平:《习近平谈治国理政》（第三卷），北京：外文出版社 202 年版，第 49 页。

产党人精神上的'钙'"①。在中国共产党领导下创造的红色文化，源远流长、丰富多样，体现了中国共产党的性质宗旨，构筑起一道永不褪色的巍峨丰碑，涵养了中国共产党人的宏大精神格局。

当共产主义理想信念成为中国人民大众共同追求的目标时，这一理想信念将成为共同的价值观念，凝聚全国人民为美好生活而努力的追求。在理想信念的指引下，中国共产党领导中国人民经历了革命、建设、改革的实践过程，而这些历史过程都蕴含了红色的灵魂，这一红色灵魂永葆活力、永展生命力和永放光芒，都是因为具有坚定的共产主义理想信念，才能保持永恒不变的红色精神。在新民主主义革命时期，中国共产党人不怕牺牲、英勇战斗的精神，就是共产主义理想信念铸造的高尚灵魂。共产党员刘胡兰在敌人威逼利诱下毫不畏惧、视死如归，以"怕死不当共产党"的大无畏精神，牺牲在敌人的铡刀下。共产主义者方志敏凛然道："敌人只能砍下我们的头颅，决不能动摇我们的信仰！因为我们信仰的主义，乃是宇宙的真理！"② 在社会主义建设时期，在为中华民族伟大复兴而顽强拼搏的伟大征程中，涌现了共产主义战士雷锋、"铁人"王进喜、好书记焦裕禄等坚定共产主义理想信念的代表人物。改革开放以来，展现了改革创新精神、载人航天精神、奥运精神、抗疫精神等新时代红色精神，正是凭借崇高而坚定的共产主义理想信念，使共产党人具有高尚的精神境界和精神追求，谱写了自强不息、顽强拼搏、奋勇前进、勇于胜利的壮丽史诗。

我们要大力继承和弘扬红色文化，在高校思想政治教育中高举共产主义精神旗帜，为大学生竖起理想信念的时代丰碑，擦亮社会主义教育的鲜亮底色。

---

① 习近平：《紧紧围绕坚持和发展中国特色社会主义 学习贯彻党的十八大精神》，载《人民日报》，2012年11月19日。

② 方志敏：《方志敏文集》，北京：人民出版社1985年版，第14页。

（二）红色文化教育有助于强化理想信念

每个人都对世界、社会和人生有一种看法和态度，在未来的奋斗目标上融入这些看法和态度，这便是理想信念。习近平在全国宣传思想工作会议上的讲话中要求广大宣传思想工作者"尤其要抓好理论学习，通过坚持不懈学习，学会运用马克思主义立场、观点、方法观察和解决问题，坚定理想信念"①。红色文化的继承发展，与马克思主义中国化、时代化和大众化是高度一致的。大学生的理想信念关乎着中华民族未来发展，发挥红色文化对大学生补"钙"壮"骨"、明目扩胸、把舵定航作用，是高校的艰巨使命和历史担当。

1. 红色文化教育有助于坚定大学生理想信念

红色文化是大学生理想信念教育的重要资源，红色文化教育是加强大学生理想信念教育的有效途径。马克思主义理论较为抽象、理论性强，缺乏生动化、通俗化和形象化，疏于贴近学生实际，学生不易接受，学习兴趣不浓，严重影响教育效果。红色文化内容丰富、形式多样，可以组织开展灵活多样的学生乐于接受的教育教学，如举办红歌大赛、红色诗歌朗诵、红色故事大赛、红色舞蹈比赛等活动，组织学生参观革命遗址、故居、博物馆、纪念馆等革命教育活动，体验重走长征路等社会实践；带领学生观看红色电影、话剧、纪录片等课外学习活动，组织师生共同参与拍摄微电影、微视频等红色文化活动等。在丰富多样的教育教学中，学生们亲自参与、聆听、观看、领悟、思考，对红色文化蕴含的顽强拼搏、自强不息、改革创新、无私奉献等红色精神耳濡目染，受到潜移默化的启发和教育，实现了从单一到丰富、从封闭到开放、从抽象枯燥到灵活生动、从显性到隐性的方式转变，有助于提升理

① 习近平：《习近平谈治国理政》（第一卷），北京：外文出版社2014年版，第154页。

想信念教育成效。

2. 红色文化教育有助于巩固马克思主义意识形态主导地位

文化是意识形态的重要基础①。文化的核心是意识形态，主流文化能够巩固意识形态领导权，是强化意识形态领导权的有效资源，而与意识形态领导权价值取向相反的文化则会阻碍意识形态领导权的巩固和强化。② 中国共产党从成立之初，就以马克思主义为根本指导思想，在《中国共产党宣言》中就明确其远大理想，"共产主义者的目的是要按共产主义者的理想，创造一个新社会。"③ 经过艰难曲折的革命斗争历程，从燎原的"星星之火"到全国性的执政党，创造性地实现了马克思主义的中国化，引领中国革命和社会主义建设取得辉煌成就，继续带领中国人民在改革开放和中华民族伟大复兴的征程中取得一个又一个的重大胜利。这其中最根本的一条，就是全面坚持马克思列宁主义、毛泽东思想、中国特色社会主义理论体系的全面指导和坚持中国共产党的全面领导。"党政军民学，东西南北中，党是领导一切的。"④

马克思主义成为了国家意识形态，标志着马克思主义在意识形态领域的指导地位的完全确立。这是人民的选择、历史的选择，经历了百年来的历史的印证和时间检验。但当前，中外思想文化交流、交融、交锋不断加剧，各种社会思潮不断涌现、相互碰撞，面临着各种"反马"和"非马"的挑战和威胁。这种威胁来源于三个方面：一是来自国际社会的挑战，既有全球化进程中多元文化矛盾的冲击，也有西方文化霸权和

---

① 叶启绩：《当代中国社会主义意识形态与文化和谐发展研究》，北京：人民出版社 2010 年版，第 22 页。

② 覃辉银：《革命历史文化与思想政治教育》，广州：华南理工大学出版社 2018 年版，第 115 页。

③ 叶永烈：《红色的起点——中国共产党诞生纪实》，成都：天地出版社 2019 年版，第 150 页。

④ 习近平：《习近平论治国理政》（第三卷），北京：外文出版社 2020 年版，第 16 页。

文化殖民主义强化资产阶级意识的影响，还有西方资本主义国家意识形态的渗透和侵蚀。二是来自国内经济社会发展的挑战，包括市场经济的趋利性特质滋生的观念冲击着高校学生的人生观、世界观和马克思主义的意识形态领导地位，而社会阶层不断分化和利益主体的多元化，也影响高校学生对马克思主义的价值认同。三是党内存在的问题对青年学生思想产生了一定的影响，如党内部分干部腐化堕落、理论素养低下、言行不一等现实问题，以及高校思想政治教育方式的呆板化等因素，都会对党在意识形态领域的领导权产生一定冲击。① 因此，高校思想政治教育如何应对意识形态领域的冲击和斗争，是思政教育研究必须正视的重大问题。

大学生还处于不完全成熟的阶段，面对复杂的社会状况，听到各种不同的声音，会混淆他们的正确判断，影响他们正确的政治立场和政治态度。红色文化是以马克思主义为指导的，中国共产党领导全国人民共同创造的先进文化、主流文化。可通过多种方式强化高校思想政治教育的实效性。一是通过丰富多彩、灵活多样的红色文化教育，强化对马克思主义思想领导地位的认同；二是依托多样化的红色资源，传播红色精神，占领文化领域阵地，保障马克思主义在文化领域的指导地位；三是创新红色文化教育方式，增强红色文化的教育有效性，抵御文化虚无主义、新自由主义、消费主义、民主社会主义等社会思潮对马克思主义的侵蚀，引导高校青年学生与各种错误思潮做坚决斗争。

（三）弘扬红色文化有助于坚定中国特色社会主义共同理想

中国特色社会主义集中体现了最广大人民的根本利益和共同愿望，其价值本质在于：在中国共产党的领导下，走中国特色社会主义道路，

---

① 覃辉银：《革命历史文化与思想政治教育》，广州：华南理工大学出版社 2018 年版，第 116—125 页。

努力走向富强民主文明和谐美丽，最终实现中华民族伟大复兴的中国梦。习近平指出，"中国特色社会主义是我们党带领人民历经千辛万苦找到的实现中国梦的正确道路，也是广大青年应该牢固确立的人生信念。"① 中国人民面临重重挑战，在中国共产党领导下，克服艰难困苦，不断探索，推进民族伟大复兴的中国梦。中国特色社会主义既立足于中国实际，又符合时代的发展需要。② 高校要教育和引导大学生自觉坚定中国特色社会主义共同理想。

1. 红色文化见证了只有中国特色社会主义才能发展中国的历史必然

从中国共产党的成立到新民主主义革命的胜利，到社会主义制度的建立，再到改革开放以来，中国共产党领导中国人民，不断推进马克思主义中国化，逐步走出了一条中国特色社会主义道路。中国特色社会主义既立足于中国具体国情，又适应时代发展的创新要求。这是历史的选择和人民的选择。红色文化见证了走中国特色社会主义道路的历史必然，见证了中国道路独具的"中国气派""中国速度""中国模式"。

2. 传承红色文化有助于引导大学生坚定中国特色社会主义共同理想

引导大学生树立和坚定中国特色社会主义共同理想的重要途径之一，是加强共同理想教育，是高校的历史使命和责任担当。加强青年学生中国特色社会主义共同理想教育，是推进中国特色社会主义事业持续健康发展的基础，是培养社会主义建设者和接班人的根本保证，是抵御

---

① 习近平：《习近平论治国理政》（第一卷），北京：外文出版社2014年版，第50页。

② 侯惠勤、辛向阳：《中国梦与中国特色社会主义共同理想》，载《红旗文稿》，2013年第12期，第11页。

各种错误思潮和模糊认识的需要；有助于大学生形成正确的世界观、价值观和人生观，有助于形成良好的思想道德品质以及正确的奋斗目标，有助于大学生个人理想的实现。红色文化见证了走中国特色社会主义道路的历史必然性，为中国特色社会主义理论体系的形成与丰富提供了思想文化支撑，红色政权实践及其制度探索，是中国特色社会主义制度确立和完善的源头。要积极开发利用红色文化资源，采取熏陶式、互动式、体验式等教育教学方式，创新发展红色文化教育，让大学生深刻领悟红色文化精神，引导学生高举中国特色社会主义伟大旗帜，不断坚定中国特色社会主义共同理想，培养能够担当民族复兴大任的时代新人，实现大学生共同理想与个人理想的辩证统一。

二、道德示范

道德品质是指一定社会的道德规范在个体思想和行动中的具体体现，是个体通过反复的道德实践形成的稳定的倾向和特征。古今中外，任何一个国家都注重青少年的道德品质教育。习近平指出，"道德之于个人、之于社会，都具有基础性意义，做人做事第一位的是崇德修身。"[1] 习近平总书记多次强调，"高校立身之本在于立德树人"。[2] 大学生是中国特色社会主义的建设者和接班人，须注重内在道德品质的培养。大学生道德品质教育，关系着高校立德树人根本任务的落实，事关中华民族伟大复兴事业的顺利完成。红色文化蕴含了丰富的道德内容，是中国共产党领导下创造红色文化过程中形成的优秀道德品质的综合反映，对培养大学生优秀道德品质具有教育示范作用。大学生道德品质的

---

① 习近平：《习近平论治国理政》（第一卷），北京：外文出版社 2014 年版，第 172 页。

② 教育部课题组：《深入学习习近平关于教育的重要论述》，北京：人民出版社 2019 年版，第 25 页。

形成与发展，是一个内化与外化辩证统一的动态过程，也是在一定条件下，"知、情、意、行"等心理要素相互作用、辩证运动形成和发展的结果。思想政治教育中充分融入红色文化教育，有利于提升大学生道德认知、陶冶道德情感、激励道德意志，最终转化为道德行为，提升大学生的价值品位，形成高尚的道德品质。

（一）红色文化教育有利于提升道德认知

道德认知是道德修养和道德行为的先导，是对道德准则与规范的认识和理解。道德认知包括对道德责任与义务的认识、道德善恶的辨别和道德准则与规范的理解等内容，它是形成道德品质的基础和前提。在当前复杂的国际国内环境下，只有科学理论的指导才能走上正确的道路，只有对道德准则、道德知识等有正确的认识，才能做出正确的道德选择。作为先进文化的红色文化，其内蕴的道德认知是以解放全人类和促进人的全面发展为参照形成的，是符合目的性和规律性的正确的、科学的道德认知。

1. 红色文化夯实道德知识的基础

道德具有继承性。道德属于文化的重要组成部分，是在长期的实践过程中形成的。红色文化具有丰富的道德知识，是奠定大学生道德修养的基础，有助于提升大学生的道德认知。红色文化的继承和发扬需要借助高校青年学生思想道德品质教育来完成，利用思想道德教育内容广泛、教育方式丰富性特点，使红色文化所呈现的自力更生、敢于拼搏、勇于牺牲等优秀红色精神深入学生群体，实现红色文化的传承和发展①；与此同时，可以充分利用丰富的革命史、斗争史、英雄史来教育高校学

---

① 张嘉友：《开发与利用：四川红色文化资源与青少年思想品德教育融合研究》，成都：四川大学出版社 2020 年版，第 67 页。

生，从价值导向、情感激励、人格养成等方面塑造高校学生的国民性格，将艰苦朴素、吃苦耐劳、百折不挠、自强不息等革命道德和优良品质厚植于学生心灵深处，促使其良好三观的形成与道德品质的提升。比如通过学习刘胡兰、董存瑞、邱少云等革命英雄事迹，让学生们懂得为国为民的奉献精神和牺牲精神；通过学习抗击疫情过程中逆行者们明知危险，还铤而走险，不顾自己安危的事迹让学生们明白什么是爱国主义，什么是责任担当。此外，红色诗词、红色歌曲、红色音乐等也蕴涵着丰富的道德知识。红色文化形成和发展过程所积累的宝贵的道德实践经验，沉淀的科学的道德知识，可以熏陶和感染他们，升华对道德知识的理解，最终内化于心，外化于道德行为。

2. 弘扬红色文化有助于坚持集体主义的价值原则

道德品质是道德准则和规范在个人的思想与行为中的体现，立足个人在处理与他人和社会之间利益关系时形成的比较稳定的心理特征。红色文化所展现的道德准则，在不同时期、不同地方、不同阶段有一定差异，但总体都是一脉相承、连续发展、相辅相成的，都在马克思主义这一核心指导思想下不断生成、发展、创新、升华，形成了一个开放、包容、动态发展的红色文化与精神体系。

根据不同的历史时段，红色文化精神所呈现的道德价值侧重点有一定差异：在新民主主义革命时期，历经的主要红色精神，其共性的品质都包含了艰苦奋斗、不怕牺牲、实事求是等革命精神和红色基因[1]，但最为突出的是坚定的共产主义理想信念和革命乐观主义精神；在社会主义建设时期，不仅传承了新民主主义革命时期的精神和良好品德，强化了自力更生、艰苦奋斗、勇于开拓、务实创新、无私奉献等良好道德品

---

[1] 柴奕、齐卫平：《革命精神与中国共产党人的红色基因》，载《红色文化资源研究》，2017年第3期，第60页。

质；在改革开放时期和新时代中国特色社会主义建设时期，红色文化得以创新和发展，形成了特区精神、抗洪精神、载人航天精神、抗震救灾精神、抗疫精神、脱贫攻坚精神等新时代的红色精神，充分展现了顾全大局、人民至上、勇于奉献、不怕牺牲等优秀道德品质。因观察视角不同，红色文化实现政治教育道德示范功能的着力点也有所差异：如有的认为主要体现在艰苦奋斗、忧国忧民、奉献牺牲、诚实守信等道德品质上；① 有的认为体现在爱国主义、团结发展、百折不挠、艰苦奋斗、勇于牺牲、追求真理上；② 有的认为红色文化包含了以集体主义为原则和为人民服务为核心的共产主义道德，以及团结互助、无私奉献、艰苦奋斗、开拓进取等道德示范。③ 为人民服务、集体主义、爱国主义是红色文化传承下来的十分重要的核心道德观。④ 红色文化所蕴含的社会主义道德规范极为丰富，涉及各个层面，但最为重要的是集体主义价值观。

集体主义价值观，是无产阶级文化的核心价值原则，是马克思主义经典作家始终坚持的一个根本价值理想，也是红色文化的核心元素。集体利益与个人利益是辩证统一的，集体利益高于个人利益，但是也要维护个人正当利益的实现，只有个人价值与社会价值的实现有机结合，才可能实现个人的全面发展。加强大学生的集体主义观教育，提升道德认知显得非常重要。井冈山精神、延安精神、长征精神、抗疫精神等都体现了中国共产党的集体主义精神，体现了红色文化集体主义精神的继承

① 李霞：《红色资源与思想政治教育》，北京：人民出版社 2015 年版，第 68 页。
② 肖灵：《当代大学生红色文化传播研究》，北京：中国社会科学出版社 2015 年版，第 47 页。
③ 叶丹：《红色文化与新时代高校理想信念教育》，南昌：江西人民出版社 2020 年版，第 101—103 页。
④ 叶丹：《红色文化与新时代高校理想信念教育》，南昌：江西人民出版社 2020 年版，第 101—103 页。

与创新，并不断赋予了新的时代内涵。要充分利用红色英雄事迹、红色经典故事等红色资源引导和教育大学生树立集体主义观，克服拜金主义和个人主义等思想，深化对道德责任与义务的认识、提高对道德善恶的鉴别力，让集体主义精神在大学生的全面发展中更好地发挥动力支撑作用。

（二）红色文化教育有助于陶冶道德情感

道德情感是人们按照一定的道德准则和规范去理解、评价现实的道德关系和道德现象的情绪体验。情感是一种重要的道德力量，道德情感推动道德认知向道德行为转变。如果没有道德情感，就不会产生真正的道德行为，也不可能成就高尚的道德人格。杜威曾说："单有知识，而没有感情以鼓舞之，还是不行，所以又要感情，引起他的欲望，使他爱做，不得不如此做，对社会有一种同情和忠心。"① 道德情感是加深道德认识、形成道德意志和信念的催化剂，是形成道德行为的推动力。红色文化可以陶冶大学生的道德情感，可以帮助大学生激发崇高感、激励使命感、强化责任感。

1. 红色文化教育有助于激发崇高感

崇高是一种精神追求，崇高感是高贵的道德情感。当沟通、交往对象体现出符合人类积极健康向上的理想信念时，人们就会产生满意、赞扬、愉快、崇敬、敬仰等积极肯定的道德情感。人们往往根据一定的道德标准来审视和评价崇高，只有那些能够体现积极性、肯定性道德情感的才有可能成为真正的崇高，只有崇高感情中的道德情感，才是博大的、激情的和令人振奋的。红色文化充满了对崇高的追求和渴望，红色文化蕴含伟大的民族主义、爱国主义、英雄主义和奉献精神、奋斗精

---

① ［美］杜威：《杜威五大演讲》，胡适译，合肥：安徽教育出版社 2005 年版，第 167 页。

神、创新精神等红色精神，正体现了一种积极向上的理想信念，都是非常崇高的境界。雷锋曾写道，一个共产党员应该把别人的困难当成自己的困难，把别人的愉快看成是自己的幸福，要全心全意为人民服务。正是雷锋处处为别人考虑，把别人的事当自己的事去做，去关心帮助他人的这种积极的道德情感，使他形成了助人为乐、乐于奉献的优秀道德品质。很多人对抗疫英雄致敬时说道，"自古忠孝不能两全，感谢你们舍小家保卫国家。""哪有岁月静好，只是你们在负重前行！""国家有难，义不容辞。致敬英雄，一个个最平凡的生命，每每国难当头，总是奋不顾身。"抗疫英雄们伟大的爱国主义、集体主义精神和牺牲精神，体现了他们伟大而又崇高的品质。利用丰富的红色文化熏陶和教育大学生，通过聆听一个个感人的惊心动魄的英雄故事、讲述一段段刻骨铭心的革命历史、高歌一首首激情高昂振奋人心的红色歌曲，学生们都会油然而产生对英雄的敬仰和崇拜，对国家、民族的热爱和忠诚。红色文化具有强大的魅力和精神力量，有助于引发大学生产生崇高感，崇高感是人类道德的基石，崇高感最容易引发道德情感，从而助推道德行为的践行。

2. 红色文化教育有助于激发使命感

使命感直接影响人们的行为，是人的精神动力之一。从心理学角度，使命感是指在一定社会和历史条件下，个体对社会、国家赋予自身使命的感知、理解和认同。红色文化内涵的强烈情感和召唤，可以激发大学生的使命感。毛泽东同志勉励青年：世界是你们的，也是我们的，但是归根结底还是你们的，你们青年人朝气蓬勃，好像早晨八九点钟的太阳光，希望寄托在你们身上。习近平在多种场合反复强调，要把实现中华民族伟大复兴作为历史使命。这是对全体中国共产党人、全国各族人民和青年大学生伟大历史使命的激励。我们国家从站起来到富起来再到强起来的历史进程中，经历了无数的艰难困苦和严峻挑战，无数英雄烈士的付出和奉献，无数道德模范高尚品德的榜样示范，将引导大学生们认清自己所肩负的使命，激励他们主动自觉担当起国家的道德重任和历史使命。

3. 红色文化教育有助于强化责任感

责任是人类生生不息的主旋律，责任包括对个人的责任、对社会的责任和对国家的责任。在这里主要指对社会和国家的责任。当人们有了崇高感、使命感后，还要具备责任感，才会实施健康的道德行为，才能形成高尚的道德品质。当人们认同责任，并将责任内化为责任意识，也就形成了责任感。由于受到各种环境的影响，部分大学生的责任意识和责任感不强，不仅有碍于大学生的全面发展，还影响了新时代社会主义事业顺利推进。习近平指出："每一代青年都有自己的际遇和机缘，都要在自己所处的时代条件下谋划人生、创造历史。青年是标志时代的最灵敏的晴雨表，时代的责任赋予青年，时代的光荣属于青年。"① 红色文化蕴含的责任和担当精神，可以通过形式多样的红色校园文化活动，如开展红歌比赛，举办红色故事演讲大赛，举行红色诗歌朗诵会，组织红色虚拟体验等，还可以加强红色校园文化设施建设，如塑像、标语、宣传栏等，营造良好的红色文化氛围，让学生在不知不觉中受到启迪和感染，潜移默化地培养和强化他们的责任感。

（三）红色文化教育有助于淬炼道德意志

道德意志是人们在实践道德准则和规范的过程中表现出的克服困难的毅力。"道德意志是道德人格形成的关键。"② 道德意志是道德认知、道德情感到道德行为的中间环节，是推动道德内在心理外化的关键环节。道德意志是道德发挥作用的强大精神动力和调控力量，如果没有道

---

① 习近平：《习近平论治国理政》（第一卷），北京：外文出版社 2014 年版，第 167 页。
② 罗国杰：《伦理学》，北京：人民出版社 1991 年版，第 450 页。

德意志，缺乏坚定的意志力、果断力、自制力和持久力，在道德实践中遇到的重重困难也就难以应对，也难以战胜人性的弱点，难以坚持正确的道德原则和做出正确的道德抉择。部分大学生道德意志相对薄弱，心理承受能力不强，自控力、坚持力、容忍力、抉择力和坚韧的毅力较缺乏。培养大学生的道德意志尤为重要。红色文化内蕴着丰富的坚强的道德意志内容，有利于激励大学生的道德意志。如社会主义建设时期共产党员具有"吃苦在前，享受在后"的道德品质，是依靠坚强的道德意志抵御各种诱惑、克服各种困难才得以形成的。通过红色文化的环境熏陶、亲身体验、榜样示范等方式，能有效淬炼大学生的道德意志。

1. 红色文化教育有助于磨砺顽强性

顽强性也称为坚韧性，是道德意志的核心品质，是一种以坚忍的毅力、顽强的精神克服一切困难和障碍，能够坚持不懈地达到既定目标的意志性品质。它要求人们能够长期持续地保持旺盛的精力，不被现实生活中所遇到的各种困难和挑战吓倒，百折不挠地向既定的目标奋进。我们可以发现，性格坚韧顽强的人，往往能够度过艰难和危机，之后会变得更加坚强、更加自信、更具影响力和更有作为。培养大学生顽强的意志品质，有助于他们健康成长成才。红色文化内蕴着坚韧不拔的顽强精神，这种顽强精神可以培养和磨砺大学生。无论哪个时代的红色文化都体现了它所蕴含的顽强意志，革命时期，方志敏、刘胡兰、夏明翰等革命烈士宁死不屈的精神；建设时期，雷锋坚持不懈地乐于助人的精神，焦裕禄不顾自己身体安危而坚守为人民服务的工作岗位；改革时期，中国共产党领导全国人民不畏艰难困苦而勇往直前的开拓创新精神；新时代，抗疫英雄们舍生忘死、奋不顾身坚守在一线的深厚的家国情怀和奉献精神。红色文化不屈不挠的精神品质，激励着人们不因外部环境的影响和困难挑战，而具有坚持到底的顽强拼搏精神。红色文化是培养大学生顽强意志的重要教育资源，红色文化内蕴的顽强品格可以熏陶和磨砺大学生的顽强意志，培育他们成为更自信更顽强的全面发展的社会主义建设者和接班人。

2. 红色文化教育有助于历练自制性

自制性是指能善于控制和支配自己情绪和行为，战胜自我、克服自身障碍的意志品质。一个人的自制性强，体现为能够不受外界因素的影响，克服自己的弱点，禁得住任何诱惑。具备自制性的意志品质，通过自我克制力和控制力，可以不受环境因素的干扰，坚定正确的道德原则和道德选择，始终对自己的道德信念不动摇，最终形成优秀的道德品质。当前，由于国际国内环境的复杂性，西方势力利用各种方式侵蚀人们尤其是大学生的思想，在很多诱惑和利益面前，一些学生自制性较弱，经不住考验。加强培养和历练大学生的自制力尤为重要，不仅关系着大学生的健康成长成才，还关系着社会主义事业的兴衰成败。红色文化本身蕴含了强大的自制性意志品质，如中央苏区时期苏维埃临时中央政府机关的工作人员以强大的自控力和克制力践行"节省每一个铜板为着战争和革命事业"的廉洁奉公道德品质；"三大纪律八项注意"是我军的优良传统和行动准则，体现了人民军队的本质和宗旨。"不拿群众一针一线"是我党的优良传统，永不过时，永不落伍。作为党的战士，正是因为他们具有自制性的意志品质，才能做到廉洁为公，严于律己，在砥砺前行时坚守初心。要加强红色文化的教育和熏陶，让他们不断加深认识、锻炼和升华，历练成为具有自制性意志品质的优秀人才。

3. 红色文化教育有助于锤炼果断性

果断性是指人能够迅速而合理地决断，及时采取决定并执行决定，主要是由判断力、决策力和抉择力构成。如果缺乏果断性，在坚持道德原则和道德选择面前，就会显得优柔寡断、犹豫不决、徘徊观望，难以成就道德人格。红色文化蕴涵的很多英雄事迹，就是最优质的教育资源。在长征过程中，面对蒋介石40万重兵围攻，毛泽东同志灵活机动，坚决果断，与敌周旋，四渡赤水，最后取得了军事主动权，为长征的胜利提供了重要保证。通过榜样示范、环境熏陶、亲身模拟体验，不断帮助大学生淬炼果断性的意志品质，塑造良好的道德人格。

通过红色文化教育，能提升大学生的道德认知、陶冶大学生的道德情感、激励大学生的道德意志，最终转化为道德行为。道德行为是人们在实践生活中遵守道德准则和规范的实际行动。只有通过道德行为的体现，才能形成道德品质。道德行为有利于对原有道德认知的反思，促进对原有道德情感和意志的巩固，形成稳定的道德品质，有助于高校落实立德树人的根本任务。

三、精神升华

习近平指出，"人无精神则不立，国无精神则不强。唯有精神上站得住、站得稳，一个民族才能在历史洪流中屹立不倒、挺立潮头。"① 大学生是民族伟大复兴的主力军，他们的精神状态、面貌和动力，直接影响着中国梦的实现。精神力量包括思想、文化、信念、志向、气魄等诸要素。人之精神力量来自他的精神在实际应用中产生出的功效，人之内心的情感因素是用来支撑自我意志与精神力量发挥功效的源头。当前，部分大学生精神追求物化、凸显个人利益、价值观迷茫、社会责任感不强、精神要素缺乏社会正能量、艰苦奋斗精神淡化等。高校激励大学生升华个人梦、服务中国梦，离不开精神动力的激励和支撑。通过对大学生进行红色文化教育，浸润红色精神的洗礼和熏陶，持续不断的培育、涵养正能量，发展和升华精神力量，调动积极性和激发创造力，激发大

---

① 习近平：《在全国抗击新冠肺炎疫情表彰大会上的讲话》，北京：人民出版社2020年版，第16页。

学生精神升华，并释放出投身民族复兴伟大事业的蓬勃精神力量。

（一）红色文化教育有助于传承民族精神和时代精神

民族精神为时代精神的发展提供根基，时代精神的发展也在不断丰富着民族精神内涵。时代精神是不断更新的动态价值观念，在传承已有民族精神的基础上，与时俱进，不断对民族精神进行发展和创新，时代精神是对民族精神的时代诠释和展现，是民族精神的时代载体。民族精神与时代精神是相互补充和有机统一的，民族精神在保留本民族的文化传统、历史观念的同时，随着时代精神的发展不断变化和丰富；时代精神扎根于民族精神当中，赋予时代精神崭新的内涵。民族精神与时代精神共同为中国特色社会主义事业提供了精神动力。红色文化蕴含的红色精神是其核心和灵魂，在不同历史时期形成的红色精神，教育和激励着全国人民，实现了中国从站起来到富起来再到强起来的不断发展壮大的历史变革。红色精神深深扎根于中华民族伟大精神的沃土之中，同时也融入了不同时代所赋予的新内涵，体现了各具特色的时代精神。

1. 民族精神和时代精神是社会主义核心价值体系的精髓

民族精神与时代精神统一于社会主义核心价值体系中，是社会主义核心价值体系的精髓。习近平指出，"在社会主义核心价值观中，最深层、最根本、最永恒的是爱国主义。"① 爱国主义是中华民族精神的核心，民族精神所蕴含的自强不息、艰苦奋斗等精神品质，也是社会主义核心价值观所追求的价值目标。习近平曾指出："我们提出的社会主义核心价值观，把涉及国家、社会、公民的价值要求融为一体，既体现了社会主义本质要求，继承了中华优秀传统文化，也吸收了世界文明有益

---

① 习近平：《在文艺工作座谈会上的讲话》，北京：人民出版社 2015 年版，第 24 页。

成果，体现了时代精神。"① 以改革创新为核心的时代精神与社会主义核心价值观中的国家层面的价值目标是一致的，并且社会层面和个人层面的价值目标也符合时代精神的价值取向和追求。

2. 红色文化是民族精神和时代精神的统一体

一种文化精神一旦形成，就会作为特殊价值的文化世界建构不同民族世世代代的人的文化心理和价值观念。文化所固有的价值及意义根深蒂固，难以改变。尽管随着时代的发展也有变化，但是总的精神气质还是民族的。中国人仍然还是中国人，还是中国人的气魄，还是中国人的精气神。文化价值精神随着时代的变迁赋予其更加丰富的精神内涵，时代精神是对民族精神的继承、延续、发展和开拓。② 红色文化继承了中华优秀传统文化，又发展和丰富了中国先进文化，是民族精神和时代精神的统一体。

作为红色文化内核的红色精神，秉承了"国家兴亡，匹夫有责"的爱国精神、"救亡图存、保家卫国"的牺牲精神、"鞠躬尽瘁，死而后已"的奉献精神等。中国共产党领导全国各族人民在不同历史时期先后创造和形成了伟大的红色精神，充分传承和弘扬了中华民族精神，也彰显了时代精神。党的十八大以来，习近平多次强调，实现中国梦，必须弘扬中国精神。中国精神，集中体现为一种文化精神，意蕴着文化自觉、文化自信和文化自强。红色文化是孕育中国精神的母体，红色精神是中国精神最为闪耀的星辰，是民族精神和时代精神的有机统一体。我们要高举红色文化的旗帜，创新红色文化教育，广泛传承和弘扬红色精神。

---

① 习近平：《习近平谈治国理政》（第一卷），北京：外文出版社 2014 年版，第 169 页。
② 司马云杰：《文化价值论——关于文化建构价值意识的学说》，合肥：安徽教育出版社 2011 年版，第 325—326 页。

（二）红色文化教育有助于弘扬爱国主义精神

列宁提出："爱国主义是由于千百年来各自的祖国彼此隔离而形成的一种极其深厚的感情。"① 习近平总书记指出："在社会主义核心价值观中，最深层、最根本、最永恒的是爱国主义。"② 爱国主义是中华民族精神的核心，始终激励着中华儿女勇往直前。在不同的历史时期，中国共产党都高度重视爱国主义精神力量，不断丰富着爱国主义的内涵。大学生是祖国的未来和希望，更是实现中华民族伟大复兴中国梦的主力军。在全球化背景下，一些大学生缺乏政治信仰，爱国主义情感较薄弱，应当进一步加强大学生的爱国主义教育。习近平总书记强调："要把加强青少年的爱国主义教育摆在更加突出的位置，把爱我中华的种子埋入每个孩子的心灵深处。"③ 习近平总书记还提出了"爱国主题论""爱国精神论""爱国教育论""爱国本质论""爱国视野论"，形成了比较科学的爱国主义理论体系。④ 为大学生开展爱国主义教育提供了理论指导。《新时代爱国主义教育实施纲要》为赓续爱国主义传统、开展新时代爱国主义教育提供了行动指南。

1. 爱国主义教育具有浓厚的文化内蕴及鲜明的意识形态性

爱国主义教育作为一个国家统治阶级普遍存在的教化方式，必然会受到本民族文化传统和文化实践活动的影响，要对本民族文化深入地领悟、理解和认同。习近平总书记指出，"对祖国悠久历史、深厚文化的

---

① 《列宁选集》（第 3 卷），北京：人民出版社 2012 年，第 579 页。
② 习近平：《在文艺工作座谈会上的讲话》，北京：人民出版社 2015 年版，第 24 页。
③ 习近平：《在全国民族团结进步表彰大会上的讲话》，北京：人民出版社 2019 年版，第 10 页。
④ 赵建波：《习近平关于新时代爱国主义重要论述研究》，载《北方民族大学学报（哲学社会科学版）》，2019 年第 5 期，第 5 页。

理解和接受，是人们爱国主义情感培育和发展的重要条件。"① 爱国主义教育是根据社会主流意识形态来培养人才的，而主流文化所蕴含的爱国主义教育特质，富有强大的吸引力和感染力，成为被公认的有效的教育资源。因此，要充分利用好宝贵的文化资源，推动爱国主义教育有效开展。同时，要注重爱国主义教育与文化实践活动的融合，充分利用好文化的各种实践活动所蕴含的教育因素，并将爱国主义教育内容、目标与文化的爱国主义素材相融合，通过各种形式的文化活动熏陶和感染大学生，激发大学生的爱国主义情感和精神。

2. 爱国主义是红色文化永不褪色的主题

红色文化是中国共产党领导全国各族人民在革命、建设、改革开放以来的过程中创造和形成的一种先进文化，爱国主义是红色文化永不褪色的主题，弘扬红色文化，有助于加强大学生的爱国主义教育，有助于增强大学生的民族自尊心、自信心和自豪感。爱国主义是红色文化的重要思想内容，红色文化在不同的历史时期不断激发人们的爱国情怀。在革命时期，红色文化激起全国人民奋勇向前的革命热情。在建设时期，红色文化唱响了建设祖国的主旋律。改革开放以来，红色文化激发人们的改革创新精神、团结一致的抗洪精神、顽强拼搏的奥运精神等。新时代，红色文化激发人们众志成城的抗疫精神等，谱写了伟大的民族精神和时代精神，抒发了人们的时代真情，而这些都是大学生爱国主义教育的宝贵资源。

3. 弘扬红色文化有助于加强大学生爱国主义教育

形成于特定历史时期的红色文化，既继承了优秀传统文化中的家国情怀，又为其注入了新的时代内涵。在红色文化中，家国情怀更多地体

---

① 习近平：《论党的宣传思想工作》，北京：中央文献出版社 2020 年版，第 179 页。

现为一种责任和担当，体现为爱国奉献的精神。常怀爱民之心、常思兴国之道、常念复兴之志，就是共产党人家国情怀的生动写照。红色文化生动体现了先辈们对家国情怀的传承，有助于大学生理解家国情怀的内涵和时代价值，使自身爱国主义思想得到升华，最终把榜样人物的优秀品质内化于心，外化于行，达到知行合一。

红色文化蕴含着丰富的爱国主义素材，可以开展不同的红色文化活动，"让爱国主义精神在学生心中牢牢扎根"，潜移默化地影响大学生的思想道德素质和价值观念。可以通过丰富多样的形式开展爱国主义教育，有助于激发大学生高昂的爱国主义精神，培育爱国主义精神，继承和弘扬红色文化精神，增强使命感和责任感，提升中华民族的凝聚力和生命力。

（三）红色文化教育有助于培育创新精神

创新精神，是一种主体精神、改革精神、自由精神、理想精神、探索精神、奋斗精神和求实精神，是马克思主义解放思想、实事求是、与时俱进的理论品质的实践诠释，是中华民族精神的时代升华，是革命精神的当代延续。所谓创新精神，"就是崇尚创新的价值取向，特别是人们在创新过程中所体现出来并服务于创新活动的品格、特质、风格和精神面貌。"[1] 党的十八大以来，党和国家高度重视各方面的创新发展，重视推进理论、制度、科技、文化等创新。人才是创新的根基，是创新的核心要素。大学生是社会主义现代化建设的生力军，正是成长成才的最佳时期，大学生创新精神的培育是社会创新发展的不竭源泉。习近平总书记强调，"青年是社会上最富活力、最具创造性的群体，理应走在创

---

[1] 刘建军：《论马克思主义的创新精神》，载《华南师范大学学报（社会科学版）》，2018 年第 3 期，第 74 页。

新创造前列。"① 我国正处于中华民族伟大复兴的关键时期，培育大学生的创新精神是国家发展的需要，是时代发展的需要，也是大学生自身全面发展的需要。红色文化充满了创新的活力，富有创新精神，具有创新型思维方式。继承和弘扬红色文化，有助于培养大学生的创新精神、思维和能力。

1. 红色文化有助于激发创新性思维

创新性思维是有创见性、创造性的思维，是在掌握事物本质的基础上产生新的成果，是对事物的开拓性发展。红色文化是以马克思主义为指导的先进文化，具有创新性思维，富有创新性精神。我们党结合具体实际，在经济、制度、军事等各方面，充分发挥创新性思维和创新能力，取得了丰富的创造性成果。大革命时期，创造性地提出无产阶级革命理论。土地革命时期，创造性地提出"工农武装割据"的思想——农村包围城市新道路。抗日战争时期，创造性地提出国际抗日统一战线。解放战争时期，创造性地提出符合中国战争特点的战略战术。新中国成立后，创造性地发展了马列主义的过渡理论。十一届三中全会以后，逐步探索和形成了中国特色社会主义理论体系。中国进入新时代，进一步丰富了中国特色社会主义理论，全国人民仍然以自强不息、顽强拼搏、锐意进取的创新精神，为建设社会主义现代化强国、实现中华民族伟大复兴而努力奋斗。在我国历史发展过程中，也经历过失误和曲折，如"大跃进"和"文化大革命"，也充分说明，只有实事求是、不墨守成规、勇于探索，才能向前发展。② 可见，创新性思维是红色文化的重要内容和宝贵财富，充满创新的活力。我们党成功运用创新性思维，解决了发展中出现的各种问题和困难，推动社会主义伟大事业的

---

① 习近平：《习近平谈治国理政》（第一卷），北京：外文出版社2014年版，第51页。
② 马静：《红色文化教育理论与实践研究》，天津：南开大学出版社2015年版，第106页。

健康发展。

2. 弘扬红色文化有助于增强大学生的创新精神

创新是民族进步的灵魂，是国家兴旺发达的源泉，是每个人应当具备的素质。弘扬红色文化，增强大学生的创新精神，要通过红色文化营造创新性环境和坚定创新意志，增强创新意识、思维和能力，培育大学生勇于创新创造的优秀品质。首先，弘扬红色文化有助于营造创新性环境。意识指导行为，环境影响行为，营造创新性环境、增强创新意识是培养创新精神的前提和基础。营造良好的创新性环境，提高创新意识，才能培养出创新型人才。组织学生重走长征路、参观爱国主义教育基地、听红色故事、看红色电影、读红色经典著作、参与红色体验活动等，大力弘扬以改革创新为核心的红色精神，营造浓厚的创新性文化环境，能激发学生的创新热情、兴趣和创造力。其次，有助于坚定大学生的创新意志。创新本身需要不断开拓和挖掘，这个过程是充满艰苦、曲折和荆棘丛生的，需要具有强大的精神力量支撑，需要具有顽强拼搏、勇于探索、吃苦耐劳的奋斗精神和劳动精神，而红色文化就蕴涵着这些崇高的精神和高贵的品质。通过加强大学生的红色文化教育，可以坚定大学生顽强的毅力和不断探索的勇气和意志，培养他们锲而不舍、勇于冒险、不断开拓进取的创新精神。

四、心理激励

文化是一种精神生产力①，能对大学生心理产生持久而积极的激励作用。随着社会的快速发展，生活节奏加快，各种竞争加剧，多重压力

---

① 孙利、刘存福：《红色基因、不竭动力——北京理工大学文化建设的传承与思考》，北京：北京理工大学出版社 2020 年版，第 81 页。

聚集，焦虑症、抑郁症等心理疾病频发，人们的心理健康成为日益严峻的问题。心理和谐关系着一个人的健康发展，也关系着社会和谐发展，只有每个人具有健康的心理素质，才能构建良好的社会心态。大学生是心理问题的高发群体，心理承受能力、抗挫能力、抗压能力等较弱，应当增强大学生的心理健康水平，降低和消除心理疾病的发生。心理健康教育是大学生思想政治教育的重要内容，大力弘扬红色文化，利用红色文化蕴含的乐观主义、无私奉献、团结奋进、百折不挠等红色精神，实施"浸润式教育"，加强心理疏导和人文关怀，引导他们提升生命的意义、培育乐观积极心态、培育自尊自爱自强自立心理，帮助大学生健康成长，充分体现了红色文化在心理激励上的重要价值。

（一）红色文化提升生命存在的高度

每个人都会追求生命的意义和人生的价值，人区别于其他动物之处正在于人需要有生命的意义。弗兰克认为，如果一个人缺乏生命意义时，就会感觉空虚、渺茫、厌烦和无聊。[1] 生命的意义可以预测和调节人们的心理健康。生命的意义感是维持人们心理健康的重要元素，是必不可少的心理需要。生命的意义感属于人文世界，需要精神的熏陶和滋养，具有了生命的意义感就会有强大的精神动力支撑人生信念，会鼓舞着人们为了实现人生价值而不断努力奋斗。说到底，生命的意义感是一种人生价值取向。红色文化蕴含着丰富的人生意义哲理，可以帮助青年学生寻找到生命的价值和意义，有效抵制消极、空虚、厌恶等不健康心理。部分大学生轻视生命，不懂生命的价值和可贵，做出自残、自杀等消极行为。在教育管理中，可以深入开展红色文化教育，帮助其打开心扉、净化心灵、启迪思想，激发他们积极向上的乐观心态，感悟和领会

---

① ［奥地利］维克多·弗兰克：《活出意义来》，赵可式等译，北京：生活·读书·新知三联书1998年版，第102页。

生命的价值，从而尊重生命，激发敬畏感、使命感和责任感，以积极健康的心理应对人生的挫折和困难。

1. 红色文化启发生命的价值感

有价值才会有意义，生命的意义感首先来源于生命的价值感。人们认识生命的内涵和意义是很重要的话题，我们不能仅仅把人的生命看成是单纯的自然过程，这样生命价值就显得简单和低级，也不利于心理的健康和人的全面发展。一些大学生采取非正常手段轻易草率结束自己的生命，是因为他们没有清楚地认识到生命的可贵，已经失去了人生的价值感。生命是鲜活的，不仅是我们器官、细胞、血液是鲜活的，更重要的是赋予生命一种力量和精神，而这正是生命的价值所在。这种价值感可以激发人们对生命的热爱，对生命价值的追求和实现，从而实现有意义的人生价值。无数革命英雄烈士为国家和人民，自强不息、勇于创新、顽强拼搏，在抗疫战斗中，为了保护人民生命健康安全，不顾个人安危，逆行而上的最美英雄们舍生忘死。这些可歌可泣的英雄壮举，体现了生命的可贵和意义，蕴含着宝贵而崇高的精神和价值。纵然是死，也要死得其所，重于泰山。可以通过一个个鲜活的革命英雄故事浸润学生们的思想和心灵，可以更加深刻地领悟到生命的内涵，启发生命的价值感，提升他们的生命意义感，从而激励学生为实现人生价值而勇敢面对所有的挫折和困难，永远保持积极向上的健康心理，拥有富有活力的美好人生。

2. 红色文化激发人生的使命感

使命感是神圣而有意义的，人生的使命感是一种很重要的生命意义，具有使命感可以赋予人生深厚的意义。生命的意义不仅来源于生命的价值感，而且还来源于人生的使命感。不同的文化可以赋予不同的人生使命，尽管使命不同，但是文化都具有对人们使命的灌输和影响，都具有提升生命意义感的重要作用。我国是社会主义国家，要传承的是"国家利益、社会利益、集体利益至上，为人民服务"的人生使命。中国人民从站起来到富起来到强起来的发展史和奋斗史，也是红色文化的发展创新史，为了人民的解放和幸福所体现的英勇抗战、自强不息、艰苦奋斗、甘于奉献、勇于创新的精神和高贵品质，充分展现了"天下为公""为人民服务"的价值理念。对大学生加强红色文化教育，有助于帮助他们树立为人民服务的使命感。红色文化蕴含的革命先烈、时代楷模崇高的使命感，熏陶和感染大学生，激发他们的人生使命感，肩负使命，砥砺前行，传播正能量，提升生命的意义感。

（二）红色文化形塑乐观积极的情怀

"笑一笑十年少，愁一愁白了头。"乐观积极心态有利于身心健康，也有利于促进人的全面发展。当代大学生学习任务重、就业形势严峻、竞争激烈等现状，导致存在各种焦虑和沉重的心理压力，严重影响他们的健康成长。培育乐观积极的心态，可以抵制消极悲观的心理，可以释放他们的心理压力，可以战胜心理疾病。红色文化是优质教育资源，其蕴含的革命乐观主义精神是红色文化的闪光点，红色文化蕴含的乐观向上、积极进取、百折不挠等精神具有持续性的永恒价值和魅力，并不断被赋予其新的时代意义。

1. 乐观主义是红色文化的主基调

革命乐观主义是中国共产党及其军队不断强大的积极心理品质和情感力量，成为红色文化不变的主基调。乐观主义就是在革命战争时期、建设时期、改革开放以来的发展历程中，为了国家的发展和人民美好生活的实现，对所面临的艰难困苦、危机挑战，不动摇、不放弃，始终保持必胜的信心。我们党历经了曲折与坎坷、挫折与失败、危机与挑战、抉择与探索，最终取得了胜利的艰难过程，对我们党和人民都是一种严峻的考验，也是一笔宝贵财富。党的前途命运、国家命运和每个人的命运都紧密相连，共产党党史也是红色文化的发展史。无论是从城市转入农村、惊心动魄的万里长征，还是改革开放面临的重重困难、西方势力采取各种手段的颠覆活动、惊心动魄的抗疫斗争等，正是革命的乐观主义精神，激励党和人民经受住了各种考验。我们党和人民正是依靠乐观主义精神，在困难与挫折面前抱着必胜的信心，奋勇拼搏、砥砺前行，在一次次历史转折和战斗中取得胜利。

2. 乐观主义精神是培育大学生积极心态的宝贵资源

红色文化中的乐观主义精神是我们党和国家各项事业取得辉煌成果的力量源泉，是人民群众实现美好生活愿望的精神支柱，是青年大学生健康成长的精神营养。如井冈山革命时期，流传的"红米饭，南瓜汤，秋茄子，味好香，餐餐吃的精打光"红色歌谣，展现了红军战士克服困难的革命乐观主义精神。在长征过程中，红军战士们过草地、爬雪山、吃树根、穿破衣、宿露天、战强敌，尽管如此，始终保持着高昂斗志、以苦为乐的革命乐观主义精神。"看着这些生龙活虎的战士，谁能想到他们是在肚皮紧贴着脊梁骨的情况下与敌人厮杀的呢?"① 正因为红军战士们具有乐观主义精神，并将其转化为强大的心理支撑力量，战胜饥饿、严寒等艰苦环境，始终保持旺盛的斗志、积极向上的心理品质，最终战胜了国民党反动派的疯狂追剿。《到吴起镇》的"腊子口上降神兵，百丈悬崖当云梯"，《祝捷》中的"大雪飞，洗征尘，敌进犯，送礼品"等洋溢着对红军战士的乐观主义精神的高度赞美。在我国社会主义建设、改革开放时期和为中华民族伟大复兴而奋斗的过程中，正是依靠乐观主义精神，不断地战胜困难、砥砺前行，取得并将继续取得辉煌成

① 徐占权:《中国工农红军长征全史（三）》，北京:军事科学出版社2006年版，第100页。

绩。这些精神滋养，引导大学生在面对压力、困难、挑战的时候，用乐观积极心态去调整自己，成长为健康向上的有为青年。

（三）红色文化培育自尊自强的心理

自尊就是自我尊重和自我爱护，既不对别人卑躬屈膝，也不允许别人歧视和侮辱。自尊是一种健康良好的心理，是人们健康生活不可缺少的精神品质。自尊才知荣辱，懂得自我尊重、懂得自爱，才能尊重别人，同时也懂得只有依靠自己的积极进取、努力拼搏才能提高自己，最终才能赢得别人的尊重。天行健，君子以自强不息，自强是中华民族的传统美德，也是流淌在炎黄子孙血液中永远传承的一种信念，更是强者所具有的百折不挠、自力更生、奋发图强的精神品质和优秀心理素质。自强首先要求自立，要具有依靠自己不靠别人的观念，不要有依赖别人的侥幸心理，凡事要自力更生，通过自己的努力去成就价值。自强要求自信，就是要充分认识自己，要对自己有坚定的信心，相信通过努力，一定能做好。自强要求自勉，就是不断地勉励、鼓舞、激励自己，激发积极性、主动性。自强要求自责，就是要学会自我责备和自我反思，勇于担当责任。无论是自立、自信、自勉、自责，都要落脚到要充满希望和激情，保持乐观心态，积极开拓，具有奋发向上的精神，去创造美好的生活和人生。红色文化融入思想政治教育，具有心理强化和激励的功能。中华儿女面对外来侵略展现出来的自信自强，共产党人在敌人威逼利诱面前表现出的自尊自爱等，都体现了红色文化所蕴含的崇高精神和高尚品质。

1. 红色文化蕴含了自尊自强的心理品质

红色文化中蕴含着自尊、自信、自强、自立的思想意识，有助于培育青年学生健康心态，有助于促进社会和谐发展。革命时期，中华民族在内忧外患的危机面前，展现了自信自强的民族气节，共产党人在敌人的残酷镇压下，展现了自尊自爱的无所畏惧和奋不顾身的坚强意志。革命先辈在艰苦恶劣的环境里，始终保持自尊、自强的良好品质，依靠自强不息、顽强拼搏的精神克服了一个个困难，创造了一个个奇迹，形成了一个个精神，铸就了一座座丰碑。① 建设时期，中国人民在国家一穷二白的状况下，不甘落后、自力更生、勇于拼搏，展现了自信自立的心理品格。如两弹一星精神，就是面临恶劣的国际环境，在设备和技术十分落后、缺乏关键材料和图纸、苏联专家撤走遗留下各种难题的情况下，凭借自力更生、艰苦奋斗、无私奉献等精神支撑，实现了伟大的突破、取得骄人成绩。改革开放以来，为了国家富起来和强起来，中国共产党和人民不惧西方势力的颠覆和挤压，饱含高昂斗志、奋发向上、开拓创新，展现了自信自强的高尚品质。在新冠疫情肆虐全球之际，以美国为首的部分西方国家抹黑中国，从经济、政治、技术等方面全方位打压中国，我们正是凭借新时代的伟大抗疫精神等优秀文化精神支撑，不仅抵抗住了西方国家的无耻攻击，而且在这场百年未有的大变局中，立稳脚跟，成为世界主要经济体中唯一实现正增长的国家，充分体现了自尊自强民族精神的伟大实践力量。红色文化所具有的这些优秀特质，是中华民族宝贵的精神财富，是思想政治教育的重要资源。

2. 弘扬红色文化有助于培育大学生的自尊自强心理品质

红色文化是培育大学生自尊自强心理品质的宝贵素材，要进一步深入挖掘和开发红色文化蕴含的这些思想精神和心理品格，有机融入大学生思想政治教育中，融汇于思想政治理论课教学、专业课堂、社会实践活动、校园文化活动、日常生活等各个方面，全程全方位加以灌输和熏陶。自尊自强自立的榜样人物的故事，可以感染学生，要运用英雄故

---

① 覃辉银：《红色文化资源的思想教育功能》，载《红色文化资源研究》，2017 年 3 月第 1 期，第 27 页。

事、烈士事迹等榜样的力量示范引导，让学生感悟其蕴含的思想内涵和
精神实质，自觉地向榜样学习，激励自己积极向上、努力拼搏，潜移默
化地建构健康的心理品质。要利用红色故事、红色电影、红色歌曲等开
展挫折教育，让学生们学习英雄烈士乐观向上、勇于拼搏、百折不挠的
自信自强的品质，引导青年在困难面前不害怕、不褪色、勇往直前，增
强他们的抗挫能力。弘扬红色文化，有助于培育大学生开拓创新、顽强
拼搏、奋发图强的精神，树立强烈的使命感、责任感和正义感，增强自
尊自信自强自爱的心理品格，塑造健康的心理，成为全面发展的时代
新人。

五、审美熏陶

"美"是人的全面发展的重要内容，它既是思想政治教育实践活动
的目的，又是一种手段。思想政治教育整个过程是对真善美不懈追求的
过程。习近平强调："坚持以美育人、以文化人，提高学生审美和人文
素养"①。加强大学生审美教育，引导他们形成正确的审美观，提升他们
的审美素养和审美情趣，已成为高校思想政治教育研究的重要内容。审
美教育，也称为情操教育、美感教育和心灵教育，可以提升人的审美能
力，还可以润物细无声地影响人们的人格、心理、情感、气质、趣味、
道德、胸襟等，还可以激励人们的精神和滋养人们的心灵。红色文化是
审美教育的宝贵资源，其蕴含的具有审美价值的情感是思想性、科学性
与艺术性的高度统一。红色物质文化、精神文化、制度文化及行为文化
蕴含的崇高精神、高尚道德情操和优雅气质给大学生带来感官上的刺激
和享受，而且受到心灵上的震撼、精神上的愉悦，从而优化健康心理，

---

① 习近平：《论党的宣传思想工作》，北京：中央文献出版社 2020 年版，第 350 页。

提升大学生的审美情趣。

（一）红色文化具有深厚的美感意蕴

红色文化是一种"求真""向善"的文化，也是一种"尚美"的文化，是真善美的统一。红色文化具有强烈的美感冲击力，有着深厚的美感意蕴。红色物质文化蕴含着形式美、内容美，红色精神文化蕴含着内涵美、品质美，红色文化之美是红色物质文化之美与精神文化之美的统一。红色文化之美具有强大的生命力，是具有继承性和创新性的动态美，不同历史时期赋予红色文化新的内涵，新的时代美。而这种"美"是继承与创新的不断延续，所体现的本质不变，将永远散发光芒，代代相传，用美的力量推动社会发展，将美的种子埋在人们心中，不断生根发芽，让中国大地散发着红色美的气息，激励大学生接续奋斗。

1. 红色文化是真善美的统一

追求真善美是思想政治教育的永恒主题。习近平强调："思政课教师，要给学生心灵埋下真善美的种子"①。文化本身具有真善美，文化真善美的统一，是其得以长久生存和发展的根基所在。"真"表现的是主客体在观念形态上的统一，其本质在于合规律性。"善"的本质在于合目的性，是主客体在实在形态上的统一。"美"表现的是文化的目的性与人的要求的高级统一。红色文化本身也体现了真善美的统一。红色文化的"真"，主要体现了中国共产党人坚持马克思主义科学理论，坚持共产主义理想和中国特色社会主义理想信念，坚持探索社会主义道路发展规律、中国共产党的执政规律等，始终运用真理的标准去认识和改造世界，具有高度的合规律性。红色文化的"善"，集中体现了中国共产

---

① 教育部课题组：《深入学习习近平关于教育的重要论述》，北京：人民出版社 2019 年版，第 8 页。

党人以民族利益和国家利益为首位，把实现人民的幸福和中华民族伟大复兴作为神圣使命，把以人民为中心作为一切行动指南，具有高度的合目的性。红色文化是"真"与"善"的统一，是合规律性与合目的性的高度统一。在此基础上，红色文化又蕴含了"美"的意蕴，无论是红色物质文化，还是红色精神文化、制度文化、行为文化，都展露出形式美、内容美、自然美和人文美。比如红色遗址、红色故居、纪念馆、博物馆，红色音乐、红色歌曲、红色诗歌，以及各种红色精神等，都彰显了美感的意蕴，注入了浓厚的情感，拥有强大的生命力，使人们获得崇高的、和谐的、广阔的、愉悦的美感体验，润物细无声地熏陶人们的思想、陶冶人们的情操、净化人们的心灵，产生巨大的精神力量，使人们得到灵魂的升华。

2. 红色文化之美是物质文化和精神文化之美的统一

红色文化之美蕴含在其各种形态之中，既体现了红色物质形态之美，又体现了红色精神形态之美。红色物质文化是精神文化的载体，红色精神文化是物质文化的内核和精髓，二者辩证统一，共同彰显了红色文化之美。革命遗址遗迹、故居、博物馆和纪念馆陈列的文物等红色物质文化是红色文化的重要载体，是红色文化之美具体的、形象的呈现。文物的艺术美、建筑的历史厚重美、自然环境的生态美等相融合，在如此美的意境和美的魅力陶醉下，具有很强的代入感，有助于激发人们浓厚的感受力、丰富的想象力和巨大的创造力。红色精神是红色文化的核心和灵魂，是中华民族精神的赓续和发展，是英雄烈士、共产党人及人民群众高尚品格和崇高精神的凝结和集中反映，体现了他们的心灵美、人格美和行为美，是红色文化美感意蕴的最高体现。以敢为人先、坚定理想信念、立党为公为主要内容的红船精神，体现了崇高之美、实干之美；以艰苦奋斗、敢闯敢拼、实事求是为主要内容的井冈山精神，体现了探索之美、开创之美；以艰苦奋斗、独立自主、顾全大局为主要内容的长征精神，彰显了团结之美、生命之美；以实事求是、自力更生、顽强拼搏为主要内容的延安精神，彰显了自强自立之美、勤俭之美；以助人为乐、甘于奉献、忠诚于党为主要内容的雷锋精神，彰显了奉献之美、忠诚之美；以解放思想、改革创新、开拓进取为主要内容的改革创新精神，彰显了创新之美、自信之美；以众志成城、生命至上、舍生忘死、顾全大局、敢于胜利为主要内容的抗疫精神，彰显了团结之美、乐观之美、生命之美。当我们登上南湖红船、欣赏井冈山风景、重走长征路、观看红色电影和纪录片、聆听红色故事等，各种美的画面展现在眼前，被红色美的魅力吸引住，感受到了浓厚的情感，体验到了美的意蕴。

3. 红色文化之美是永恒之美

红色文化之美具有强大的生命力，从中国共产党建立，红色文化随之形成开始，经历了革命时期、建设时期、改革时期到进入新时代，红色文化得到了继承和弘扬，是中国特色社会主义的先进文化，是主流文化，对中国人民产生巨大的影响。就如习近平所强调的，要把红色基因永远传承下去。红色文化蕴涵的美永具活力，生机勃勃、永放光彩、代代相传，具有永恒性，彰显了契合人们审美观的赋予时代内涵的红色文化之美。红色文化之美包含生命之美、人格之美、艺术之美等，深刻地影响着人们的思想和心灵。王光祈在他的《欧洲音乐进化论》中谈道："音乐之功用，不是拿来悦耳娱心，而在引导民众思想向上，因此迎合堕落社会心理的音乐，都不能成为音乐。"[1]《义勇军进行曲》《黄河大合唱》《没有共产党就没有新中国》《走进新时代》《走向复兴》等红色歌曲体现了中国人民在不同历史时期的豪情壮志和美好愿景。优美、豪

---

[1] 王爱华：《多维视野下的红色文化》，成都：西南交通大学出版社 2011 年版，第 179 页。

迈、激情、奋进的音乐旋律影响着世世代代的中国人民，成为了永恒之美。《红岩》《青春之歌》《山乡巨变》等红色小说，家喻户晓的《白毛女》《沙家浜》等红色戏剧，《建国大业》《亮剑》等红色影视剧，具有强大的美育魅力和崇高的精神力量，是永恒的红色经典。它们以跌宕的情节、惊心动魄的内容感染和熏陶人们的思想和心灵，产生情感的共鸣、内心的震撼和唯美的视觉体验。红色精神的崇高之美成为中国几代人以至于世世代代永恒镌刻的精神记忆，已经在人们灵魂深处烙下深深的印记，已经形成强大的力量指引和推动着我们国家和人民，为实现中华民族伟大复兴而坚持不懈、努力奋斗。

（二）红色文化有助于提升健康的审美情趣

根据《辞海》的定义："审美教育亦称美育或美感教育，是关于审美与创造美的教育。通过对艺术美、自然美、社会美的审美活动和理性的美学教育，使人树立正确的审美观念，培养健康的审美趣味，提高对于美的欣赏力与创造力"。① 可见，审美情趣是美育的重要内容。当前现代信息技术迅速发展，各种流行音乐、流行服饰等影响着大学生的生活和思想，并不是流行的就是最好的，有些流行元素侵蚀着大学生健康的审美观，对他们产生负面的影响，不利于大学生的健康成长。培养大学生高尚的艺术趣味、积极向上的思想情感、完美的人格、和谐的心灵、正确的审美观等，使学生具有健康的审美情趣，是加强大学生审美教育的重要任务，也是引导学生培养和践行社会主义核心价值观，实现立德树人根本任务的要求。红色文化具有深厚的美感意蕴，是开展大学生审美教育的宝贵资源，可以培育大学生的审美意识，提高健康的审美感知能力，进而提升大学生健康的审美情趣。

---

① 夏征农、陈至立：《辞海》，上海：上海辞书出版社 2010 年版，第 1284 页。

1. 培育大学生健康的审美心境

心境指的是人的相对稳定的心绪状态，是形成审美意识的重要前提和基础。审美心境是产生审美情趣的前提，如果不具有审美心境，无心赏美，哪怕再美的景色也难以引起审美心绪，更谈不上对美产生情感和兴趣了。因此，提升大学生的审美情趣，首先要培育健康的审美心境。有了健康的审美心境，就会形成健康的审美观，提升审美情趣。红色文化蕴含了丰富的艺术美，大学生会被红色艺术美深深吸引，受到美的熏陶和感染，心灵上产生强大的震撼，思想上受到启迪，斗志上得到激发，引导自己在无限的美中不断回味和思索。如当学生们唱到《长征组歌》《遵义会议放光芒》《飞越大渡河》《四渡赤水出奇兵》《过雪山草地》等红色歌曲时，在感受红歌的曲调美、旋律节奏美、音韵美、伴奏美的同时，还沉浸在长征过程中红军们四渡赤水河、过草地、遵义会议等场景和画面中，不断地探寻和理解红色歌曲的形式美、内容美和立意美，令人回味深思和对革命英雄们肃然起敬，油然而生地心潮澎湃、激动万分、斗志昂扬，潜移默化地受到爱国主义教育，打开审美的心境。一个人具有健康的审美心境，就会形成积极向上的心理状态，也会主动增强审美意识，容易沉醉于自然和艺术的审美情感体验之中，对事物产生兴趣，以积极的心态去审视一切，让自己生活在灿烂而美好的环境中。

2. 提高大学生审美感知能力

健康的审美感知是产生美感的基础，不仅要具有审美心境，而且还要提高审美感知能力，才能形成和提升大学生的审美情趣。当欣赏一幅画的时候，如果看不出画中内容所表达的内涵和意义、分辨不出千姿百态的光和色；当看电影时，不能感受到同一电影不同版本的优点、不能体会不同角色的作用；当听音乐会时，听不出音乐的节奏、旋律的起伏；当看一场舞蹈表演，欣赏不到舞姿的优美和和谐；当朗诵诗歌时，感受不到朗诵的节奏和要表达的情感，那么，说明你不具有美感，或者是审美感知能力欠缺。要想具有健康的美感，必须具有敏锐的体验感和感受力。健康的审美感知能力是可以培育的，可以通过红色文化的熏陶和感染，提高大学生健康的审美感知能力。现在部分大学生喜欢追星，模仿明星的歌、模仿明星的穿着打扮等，在这些行为中，他们只停留在肤浅的表面认识，难以感受其精神实质，甚至有时候会感到彷徨，甚至迷失了方向。因此，要加强红色文化教育，运用红色文化蕴含的美感意蕴来熏陶和感染大学生，引导学生们主动思考、探讨和分辨各种现象，提升判断艺术价值真伪的能力，培育大学生健康的审美感知能力。在思想政治理论课、专业课、校园文化活动、社会实践活动、志愿服务活动中融入红色美感意蕴，全方位全过程地培育熏陶，使大学生沉浸在红色之美的氛围中，润物细无声地对他们心灵和思想产生深刻的影响，逐渐地喜欢上红色音乐、红色歌曲、红色诗歌、红色绘画等红色艺术，从喜欢走向兴趣，有了兴趣就会用心去探索、感受和体验。这个过程，是对大学生审美感知能力培育和提高的过程，红色文化审美教育，成为了提高大学生审美感知能力的重要渠道。

3. 提升大学生健康的审美情趣

审美情趣，顾名思义，包括审美情感和审美兴趣，是审美教育的重要内容。[1] 具有健康的审美情趣，将会获得良好的审美效果。健康审美心境和审美感知能力为产生健康审美情感和兴趣打下基础。健康的情感本身就是一种先进的文化精神，健康的情感需要先进文化的熏陶和感染。红色文化是先进文化，红色文化凝聚了以爱国主义为核心的民族精

---

[1] 冯婷：《艺术化教学视域下审美教育的实践途径》，载《陕西教育（高教）》，2018年第2期，第24页。

神和以改革创新为核心的时代精神，承载着顽强拼搏、甘于奉献、不怕牺牲、自强不息、团结互助、开拓创新等优良品质和高尚人格。红色文化能够增强人们的情感、陶冶情操、激励精神和净化心灵。革命英雄们留下的《红色家书》《红色家训》《红色情书》等，字里行间洋溢着对亲人和爱人们的挚爱，流露出浓浓的亲情和爱情，而更让人感受到的是他们为了国家利益而勇于牺牲的爱国主义情怀。红色人物、红色事迹、红色革命遗址等，以及学校开展的各种红色校园活动，如红歌比赛、红色故事演讲比赛、红色诗歌朗诵比赛等，所蕴含的高尚品质、崇高精神、革命意志、光荣传统和优良作风等，不断地教育滋养大学生，并使其红色之美带给大学生美的享受，从而产生求真向善的美好情感，促进人的全面发展。同时，加强大学生的红色文化教育，对实现中华民族伟大复兴具有重要意义。要运用红色文化的浓厚情感感染大学生，培育审美意识，提高审美能力，提升审美情趣，学会运用美的视角观察社会，反思自己，创造美好的人生。

第四章　红色文化融入高校思想政治教育的现状考察

经济全球化、政治多极化和文化多元化的浪潮，对大学生思想产生了广泛而深刻的影响。红色文化融入高校思想政治教育，深化红色文化育人，可以增强大学生的文化自信、坚定理想信念、增强责任意识和树立正确的价值观。为全面把握红色文化融入高校思想政治教育的现状、大学生红色文化教育的基本情况，探寻其存在的问题及其原因，进一步发挥红色文化的当代教育价值，特对北京市、上海市、重庆市、江西省、陕西省、贵州省等省市部分全日制普通高等学校的在读本科大学生开展了问卷调查，同时对部分高校教师进行访谈。

一、红色文化融入高校思想政治教育的现状调查设计

本调查问卷采用 SPSS21 社会科学统计软件进行数据采集和处理。通过频率分析和描述分析方法对问卷的基本情况进行具体分析，通过回归方法对红色文化融入效果的影响因素的分析等，根据以上分析方法对

大学生的红色文化认知、红色文化情感态度、红色文化融入高校思想政治教育存在的问题等方面进行数量化的描述、分析和评价。以便掌握红色文化融入高校思想政治教育的基本状况，为增强红色文化育人效果提供客观依据，为政府和教育及相关部门做出决策提供理论依据和现实参考。

（一）问卷设计

本研究主要围绕红色文化融入高校思想政治教育的现状进行实证调研，根据综合考察和维度设想，将从大学生的基本资料、大学生对红色文化的认知现状、大学生对红色文化的情感态度、红色文化融入高校思想政治教育存在的问题等模块进行问卷设计。

本问卷设计的维度和问题是基于本书的研究目的、研究对象等，结合相关资料、观察和访谈，进行综合分析和考虑的结果。并就相关问题向统计学、社会学、教育学、心理学等学科的专家进行咨询，并得到他们的帮助和指导。基本覆盖了红色文化融入高校思想政治教育的各个方面。

（二）问卷发放和统计

因疫情等原因，不便开展实地问卷调查，通过问卷星平台发布问卷，采取局部性、针对性地进行线上问卷调研。2020 年 12 月，对北京市、上海市、重庆市、山东省、湖北省、福建省、江西省、江苏省、陕西省、贵州省等十个省市部分全日制普通本科高等学校的在读本科大学生线上发布问卷，截至 2020 年 12 月 31 日，共有答卷 2059 份。为保障调查覆盖的全面性、样本的准确性，对调查地区分布上涉及东西南北中区域，问卷涵盖大一至大四的本科学生，按人文、理工、艺术、医学、农科等学科分散覆盖，以保证问卷的分布均衡，能够从整体上较客观地了解和把握不同区域的高校融入红色文化的状况。问卷统计中考察了大学生的性别、年级、政治面貌、专业学科、就读学校所在省份等基本情况，为红色文化融入高校思想政治教育的现状分析提供基本依据。

表1 大学生基本情况分析结果

名称	选项	频数	百分比（%）	累积百分比（%）
性别	男	803	39	39
	女	1256	61	100
年级	大一	858	41.671	41.671
	大二	685	33.269	74.939
	大三	353	17.144	92.084
	大四	163	7.916	100
政治面貌	中共党员	46	2.234	2.234
	中共预备党员	67	3.254	5.488
	入党积极分子	304	14.764	20.253
	共青团员	1451	70.471	90.724
	群众	191	9.276	100
是否为学生干部	是	663	32.2	32.2
	否	1396	67.8	100
专业学科类别	人文类	629	30.549	30.549
	理工类	707	34.337	64.886
	农科类	152	7.382	72.268
	医学类	156	7.576	79.845
	艺术类	200	9.713	89.558
	体育类	68	3.303	92.861
	其他	147	7.139	100

（续表）

名称	选项	频数	百分比（%）	累积百分比（%）
就读学校 所在省份	山东省	174	8.451	8.451
	江苏省	132	6.411	14.862
	贵州省	399	19.378	34.24
	陕西省	134	6.508	40.748
	重庆市	322	15.639	56.387
	北京市	84	4.08	60.466
	上海市	118	5.731	66.197
	江西省	93	4.517	70.714
	湖北省	486	23.604	94.318
	福建省	85	4.128	98.446
	其他	32	1.554	100
合计		2059	100	100

从性别分布看，男生占 39.00%，女生占 61.00%，女生人数偏多。从年级分布看，大一占 41.67%、大二占 33.27%、大三占 17.14%、大四占 7.92%。

从政治面貌上看，中共党员占 2.23%、中共预备党员占 3.25%、入党积极分子 14.76%、共青团员占 70.47%、群众 9.28%。从是否学生干部看，是学生干部占 32.20%、不是学生干部的占 67.80%。

从专业学科分布看，人文类和理工类相对其他学科比例大些，分别是 30.55%、34.34%，农科类占 7.38%、医学类占 7.58%、艺术类占 9.71%、体育类占 3.30%、其他占 7.14%。从就读学校所在省份分布看，湖北省占 23.60%、贵州省占 19.38%、重庆市占 15.64%、山东省占 8.45%、陕西省占 6.51%、江苏省占 6.41%、上海市占 5.73%、江西省占 4.52%、福建省占 4.13%、北京市占 4.08%。

二、红色文化融入高校思想政治教育现状的实证调研分析

（一）大学生的红色文化认知现状分析

在调查问卷中，本研究设计了七道题目，用来掌握大学生对红色文化内容认知情况：这七道题目分别是：（1）您了解红色文化吗？（2）您认为红色文化包括哪些类型？（3）您知道以下哪些是革命烈士？（4）您认为以下哪些是红色革命历史事件？（5）您知道以下哪些属于红色文化教育基地？（6）您认为以下哪些属于红色文化精神？（7）您认为红色文化的精神实质有哪些？通过对回收的问卷进行分析，可发现如下问题：

1. 对红色文化了解明显不足

认知是红色文化教育的基本前提。只有在认知的基础上，才会有进一步的认可、认同和思想共振。这也是思想政治教育"知、情、意、行"基本规律的第一步。但调查发现，当代大学生对红色文化的了解认知度明显不足。在"您了解红色文化吗？"这一问题的回答中，"了解"的占 50.46%、"不了解"的占 9.76%、"偶尔了解"的39.78%。这说明：①大多数调查对象对红色文化是了解的，这是好现象。②占比较大的调查对象对红色文化只是偶尔了解，认知程度明显不足；③虽然只有 9.76% 的调查对象对红色文化"不了解"，但足以引起警醒。若将了解程度不深、不了解的人数综合观察，可见有近半数的当代大学生对红色文化的认知是明显不足，说明当前红色文化教育亟待改善。

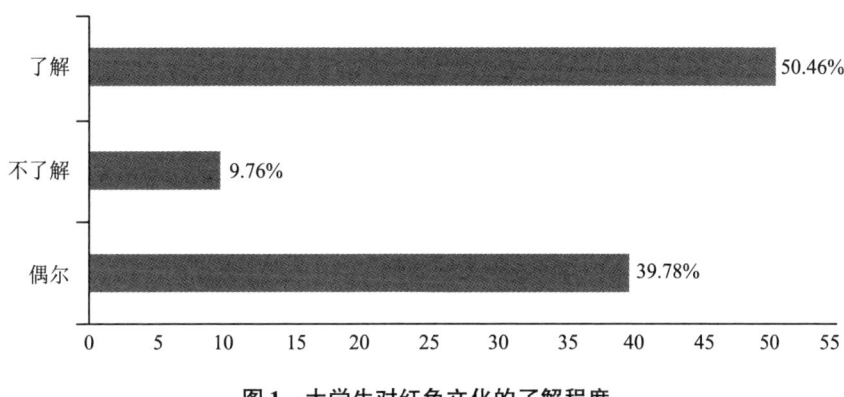

图1　大学生对红色文化的了解程度

2. 对红色文化的认识较浅显

为观察调查对象对红色文化认知程度的差异，尤其是对红色文化实质内容是否有了解，本研究设计了对红色文化类型及其具体呈现的红色物质文化、红色精神、红色人物、红色事件等进行调查。结果显示：当代大学生对红色文化的认知程度较为浅显。表现为：

（1）对红色文化形态认知较为全面

在"您认为红色文化包括哪些类型？（多选题）"的回答中，多数调查对象能全面回答红色文化包含物质文化、精神文化、制度文化和行为文化，但更突显的是精神文化（选择率98.45%），对物质、制度和行为文化的认知相对稍低（选择率在80%左右）。

表2　"您认为红色文化包括哪些类型？"选择率汇总表（调查人数2059）

选项	n	选择率
物质文化	1710	83.05%
精神文化	2027	98.45%
制度文化	1706	82.86%
行为文化	1649	80.09%
其他	352	17.10%

（2）对红色人物的认知较为模糊，甚至出现错误

在"您知道以下哪些是革命烈士？（多选题）"问题设计中，为体现调查精准度，列举了杨靖宇、赵一曼、张作霖、邓恩铭、江竹筠、刘铭传、孙铭武等历史人物供调查对象辨识，结果显示：大学生对红色人物的认知存在明显不足。表现为：一是对革命英雄人物了解度明显欠缺。如对邓恩铭、江竹筠、刘铭传、孙铭武等英雄人物的选择率不高（不到50%），对"刘铭传"的选择率低至32.15%。而对"江姐"江竹筠这位广为熟知的革命人物的选择率为47.94%。二是对革命人物产生错误认知。部分受调查对象错误认为"张作霖"是革命烈士，选择率为39.39%，说明学生对历史和革命文化的认知存在缺陷。

表3　"您知道以下哪些是革命烈士？"选择率汇总表（调查人数2059）

选项	n	选择率
杨靖宇	1628	79.07%
赵一曼	1735	84.26%
张作霖	811	39.39%
邓恩铭	1014	49.25%
江竹筠	987	47.94%
刘铭传	662	32.15%
孙铭武	758	36.81%

（3）对红色事件的认知模糊

红色事件是基本的历史事实，也是红色文化的重要载体。对"您认为以下哪些是红色革命历史事件？（多选题）"的问答中，调查对象对遵义会议、秋收起义等革命事件能基本准确作答，但部分学生对"开国大典""改革开放"则不能准确理解，选择率分别是56.63%、44.68%。

表4　"您认为以下哪些是红色革命历史事件?"
选择率汇总表（调查人数 2059）

选项	n	选择率
平型关大捷	1598	77.61%
淮海战役	1637	79.50%
秋收起义	1869	90.77%
遵义会议	1918	93.15%
开国大典	1166	56.63%
改革开放	920	44.68%

（4）对红色物质文化的动态认知不足

在"您知道以下哪些属于红色文化教育基地?（多选题）"这一问题的回答中，对著名的红军长征纪念碑碑园、延安革命纪念馆、毛泽东旧居、遵义会议会址、华东革命烈士陵园、黎平会议会址的选择率较高，对"抗震救灾纪念馆""中国航空博物馆"选择率分别是 33.41%、30.40%，相对其他选项选择率偏低。说明同学们对革命时期的红色文化了解得多些，对建设时期、改革开放以来的红色文化了解较少。

表5　"您知道以下哪些属于红色文化教育基地?"
选择率汇总表（调查人数 2059）

选项	n	选择率
红军长征纪念碑碑园	1935	93.98%
华东革命烈士陵园	1695	82.32%
延安革命纪念馆	1852	89.95%
黎平会议会址	1332	64.69%
毛泽东旧居	1536	74.60%
遵义会议会址	1812	88.00%
湖南雷锋纪念馆	1199	58.23%
抗震救灾纪念馆	688	33.41%
中国航空博物馆	626	30.40%
其他	142	6.90%

3. 对红色精神的理解不深透

红色精神是红色文化的内核，亦是运用红色文化教育开展思想政治教育的关键要素。但从调查情况看，大学生对红色精神的理解存在缺乏了解或认知模糊等问题。为此，设计了两个问题对此进行调查：(1) 对红色精神的内涵理解不足。从"您认为以下哪些属于红色文化精神？(多选题)"的回答看，调研对象对井冈山精神、长征精神、延安精神等革命时期的红色精神有较为准确的把握，但对建设时期的大庆精神、红旗渠精神以及改革至今的抗洪精神、奥运精神、航天精神、抗疫精神作为红色文化的认知存在不足。(2) 对红色文化精神实质的理解不足。在"您认为红色文化的精神实质有哪些？(多选题)"的回答中，部分学生对"开拓创新"的红色精神理解不足，选择率为79.16%。

表6 "您认为以下哪些属于红色文化精神？"
选择率汇总表（调查人数 2059）

选项	n	选择率
井冈山精神	2014	97.81%
长征精神	2008	97.52%
延安精神	1976	95.97%
大庆精神	1540	74.79%
红旗渠精神	1443	70.08%
抗洪精神	1328	64.50%
奥运精神	1073	52.11%
航天精神	1162	56.44%
抗疫精神	1249	60.66%
其他	211	10.25%

表7　"您认为红色文化的精神实质有哪些?"
选择率汇总表（调查人数 2059）

选项	n	选择率
艰苦奋斗	2016	97.91%
顽强拼搏	1999	97.09%
自强不息	2001	97.18%
吃苦耐劳	1944	94.41%
团结奉献	1947	94.56%
众志成城	1881	91.36%
开拓创新	1630	79.16%
其他	298	14.47%

（二）大学生的红色文化情感态度分析

为科学掌握大学生对红色文化的情感态度，本部分问卷设计了十道问题：（1）您是否会主动去学习红色文化？（2）您参加过多少次红色文化活动？（3）您是否做过红色文化讲解员、宣传者、志愿者等宣传活动？（4）您喜欢收看和阅读与红色文化有关的影视节目、红色网站及报纸杂志吗？（5）您对革命英雄人物、事件的歪曲理解等持何种态度？（6）您对红色文化重要性持何种态度？（7）您认为社会思潮对红色文化的影响情况？（8）当前的大众文化对红色文化的影响情况？（9）您认为红色文化对您有影响吗？（10）您认为是否有必要对当代大学生加强红色文化教育？通过调研分析，呈现如下特点：

1. 大学生对学习红色文化具有一定主动性

主动性是确保红色文化教育取得实效的重要动力。通过问卷分析发现，大学生对学习红色文化具有一定的主动性，但仍需加强。（1）积极主动学习红色文化是主流。对"您是否会主动去学习红色文化?"问题,回答"比较积极"占50.80%、"积极"占23.85%,说明多数同学学习红色文化态度是较积极的。但被动学习、消极学习和无所谓态度累计所占比例达26.15%,仍应引起重视。(2)积极参与红色文化活动的比例较高,但频次仍偏少。在"您参加过多少次红色文化活动?"的回答中,"1—2次"占36.67%、"3—5次"占35.21%,说明多数同学们较积极参与学校组织的红色文化活动。同时,仍有8.74%的学生从未参与过红色文化活动,以及总体参与频率较低,凸显了强化红色文化活动的必要性。(3)大多数学生认为红色文化很重要。"您对红色文化重要性持何种态度?"的调查结论显示,有69.99%的学生认为很重要,有25.60的学生认为重要。(4)大多数学生对加强红色文化教育的必要性持肯定态度。对"您认为是否有必要对当代大学生加强红色文化教育?"问题,很有必要的占60.27%、有一定必要的37.35%。

表8　红色文化情感态度的分析结果

名称	选项	频数	百分比（%）	累积百分比（%）
您参加过多少次红色文化活动?	0 次	180	8.742	8.742
	1—2 次	755	36.668	45.41
	3—5 次	725	35.211	80.622
	6—8 次	188	9.131	89.752
	10 次以上	211	10.248	100
您是否会主动去学习红色文化?	积极	491	23.847	23.847
	比较积极	1046	50.801	74.648
	被动	390	18.941	93.589
	拒绝	15	0.729	94.318
	无所谓	117	5.682	100

（续表）

名称	选项	频数	百分比（%）	累积百分比（%）
您对革命英雄人物、事件的歪曲理解等持何种态度？	严厉批判	1424	69.16	69.16
	批判	529	25.692	94.852
	肯定	78	3.788	98.64
	无所谓	28	1.36	100
您认为是否有必要对当代大学生加强红色文化教育？	很有必要	1241	60.272	60.272
	有一定必要	769	37.348	97.62
	没必要	49	2.38	100
您对红色文化重要性持何种态度？	很重要	1441	69.985	69.985
	重要	527	25.595	95.58
	一般	73	3.545	99.126
	不重要	5	0.243	99.369
	无所谓	13	0.631	100
合计		2059	100	100

2. 大学生对红色文化持正面、积极态度

对红色文化的态度很大程度上反映了当前学生的人生观、世界观和价值观。从调研情况看，多数学生对红色文化持正面、积极态度，但也有不少学生持消极态度，值得重视。（1）多数学生感受到红色文化对自身具有很大的影响。在"您认为红色文化对您有影响吗？"的回答中，认为"影响很大"和"有一定影响"的占比分别为30.40%、54.98%。也显示当前红色文化对大学生的影响程度尚不深，有待加强教育。（2）多数学生能正确对待红色文化，能批判错误观点。从上述表8可知，"您对革命英雄人物、事件的歪曲理解等持何种态度？"选择"严厉批判"的占69.16%，选择"批判"的占25.69%。说明同学们对红色文化的态度是鲜明的、肯定的。（3）多数学生能正确认知大众文化、多元化社会思潮对红色文化的冲击，价值导向总体正面。在"您认为社会思潮对

红色文化的影响情况?"的回答中，认为"影响很大""影响较大"的分别占49.49%、42.30%；在"当前的大众文化对红色文化的影响情况?"的回答中，认为"影响很大""影响较大"的分别占38.27%、46.82%。

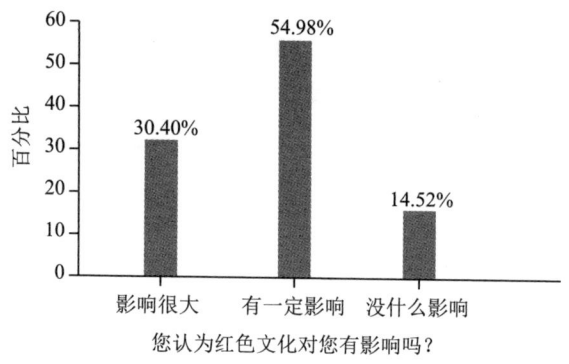

您认为红色文化对您有影响吗？

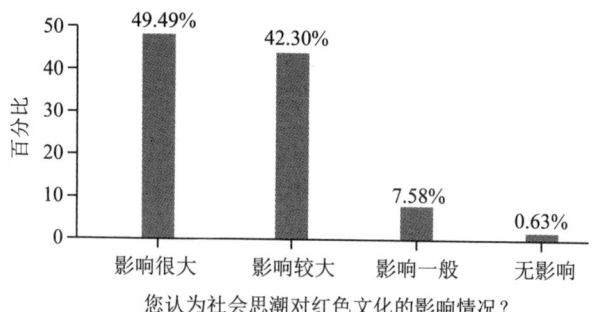

您认为社会思潮对红色文化的影响情况？

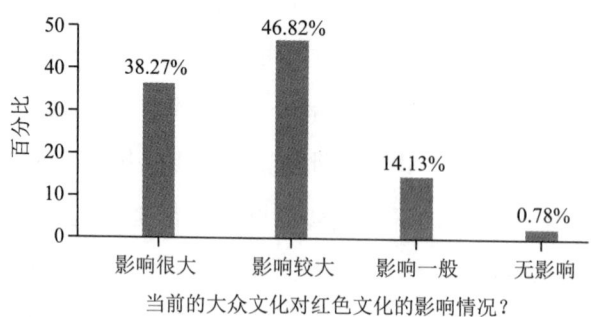

当前的大众文化对红色文化的影响情况？

图2　大学生对红色文化的态度

3. 大学生能正确认知红色文化的重要性

通过调研分析，大学生已认识到红色文化的重要价值，总体认为红色文化教育比较重要，说明加强红色文化教育契合学生的心理认知。（1）大学生对红色文化的重要性有正确的认知。在"您对红色文化重要性持何种态度？"回答中，"很重要"与"重要"的占比分别为69.99%、25.59%。（2）大学生已认识到当前进行红色文化教育的重要性。在"您认为是否有必要对当代大学生加强红色文化教育？"的回答

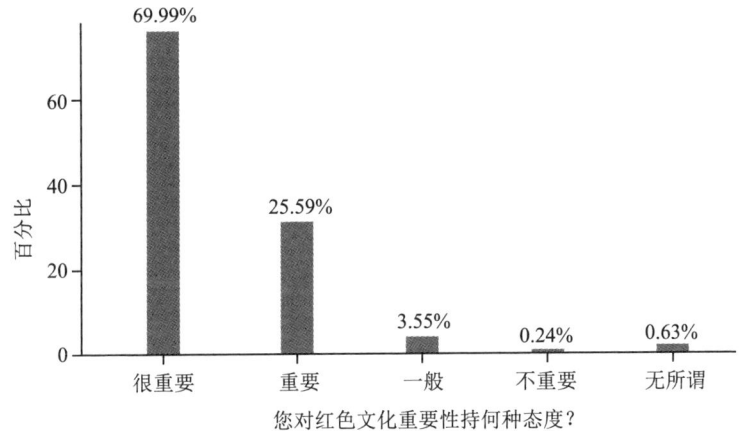

您对红色文化重要性持何种态度？

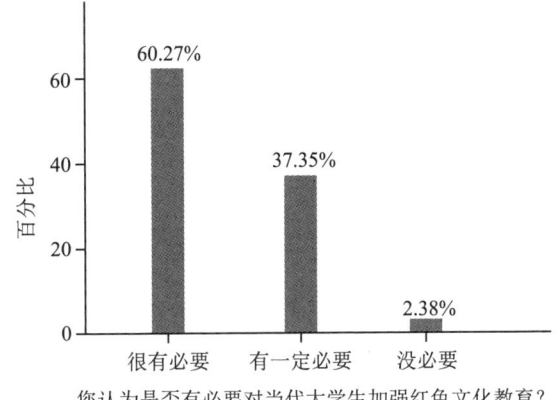

您认为是否有必要对当代大学生加强红色文化教育？

图3 大学生对红色文化重要性的认识

中，"很有必要"占 60.27% ，"有一定必要"占 37.35% 。这表明，多数同学对红色文化的情感态度是积极的，肯定了红色文化教育的重要性。

（三）红色文化融入高校思想政治教育存在的问题分析

当前，我国红色文化在高校思想政治教育中发挥着重要作用、取得了积极效果，但仍存在一些亟待解决的问题。为此，本研究设计了三十八个问题，以期全面展示红色文化融入高校思想政治教育的现状及存在的问题。通过表 9 分析可知，各维度的样本量为 2059，最大值为 5，最小值为 1，各维度的均值范围在 2.6737—2.7306 之间，表明高校在红色课程建设、红色文化育人资源、红色文化课堂建设、现代信息技术的运用、师资队伍综合素养、红色文化育人联动机制等方面存在一定不足，有待进一步增强红色文化的教育效果。

表 9　描述统计量

	N	极小值	极大值	均值	标准差
红色课程建设	2059	1.00	5.00	2.6823	1.03096
红色文化育人资源	2059	1.00	5.00	2.7115	0.97104
红色文化课堂建设	2059	1.00	5.00	2.6737	1.02956
现代信息技术的运用	2059	1.00	5.00	2.6866	1.01549
师资队伍综合素养	2059	1.00	5.00	2.7306	0.93782
红色文化育人联动机制	2059	1.00	5.00	2.6738	1.01621
红色文化教育效果	2059	1.00	5.00	2.6914	0.80139
有效的 N（列表状态）	2059				

1. 高校红色文化课程的开设率普遍不高

调研显示，红色文化课堂教育是将其运用到思想政治教育中的主渠道，但普遍存在红色文化课程开设率不高的问题。一方面，红色文化课堂教育是红色文化教育的主渠道，也是其融入思想政治教育的主渠道。

在对"您是通过什么渠道了解红色文化的?"的回答中,89.80%的学生认为对红色文化的了解主要渠道是"思政课课堂"。专业课课堂、参观革命遗址等社会实践活动、学校报刊、红歌比赛等校园文化活动、电视电影、微信微博、微视频、红色文化教材、红色旅游等亦是重要来源。这表明红色文化课程开设的重要性。另一方面,高校红色文化课程开设率普遍不高。如图4所示,"您所在学校是否专门开设了有关红色文化的课程?""有开设"占25.69%、"没有开设"占48.23%、"不清楚"占26.08%,说明开设专门的红色文化课程的高校不多,开设率不高,亟待加强。

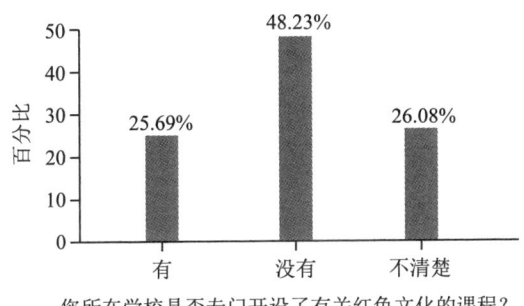

您所在学校是否专门开设了有关红色文化的课程?

图4 高校红色文化课程开设情况

2. 红色文化育人资源供给不足

（1）思政课教材融入红色文化内容不足

一是普遍认识到思政课教材中融入红色文化内容欠缺。从三个方面反映出来:一方面是通过对思政课教师的访谈,普遍认为当前四门思政主干课程中涉及红色文化内容欠缺。另一方面,基于《马克思主义基本原理》《毛泽东思想和中国特色社会主义理论体系概论》《中国近代史纲要》《思想道德修养与法律基础》等主干课教材内容,除《毛泽东思想和中国特色社会主义理论体系概论》《中国近代史纲要》不同程度地涉及红色文化内容，《马克思主义基本原理》与《思想道德修养与法律基础》很少涉及。再者，基于学生感知，也有不少大学生认为思想政治理论课中红色文化内容不多。

（2）红色文化主题教育教材缺乏

教材是课程和课堂教学的重要依托，有无规范、系统、科学的红色文化教材，关系到红色文化教育质效。在"您所在学校是否有专门的有关红色文化的教材?"的回答中，认为"有"占28.31%、"没有"占45.60%、"不清楚"占26.08%，说明编订专门的红色文化主题教材的高校不多，较多高校没有编订专门的红色文化主题教材。

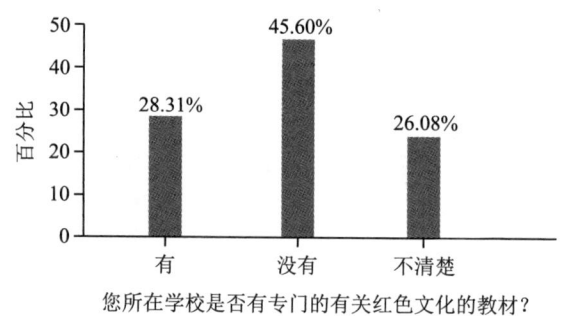

图5 高校红色文化教材编定情况

（3）学校的红色文化实践教育资源不足

红色文化资源是红色文化教育的鲜活教材，目前国内高校红色文化教育开展比较有特色的学校，大多依托本土已有丰富的红色文化资源，并不断挖掘、发展本土红色文化，就地取材。为全面了解本土红色资源与非本土红色资源运用的状况，本研究设计了两个相关问题：在如图6所示，在"您的学校是否运用本土红色资源开展教育教学?"回答中，认为"经常"占25.50%、"一般"占33.22%、"较少"占23.02%、"没有"占18.26%，说明占半数以上的学校利用本土红色资源开展教育教学，但是多数学校运用的不多，甚至少部分学校没有运用过；在"您的学校是否运用非本土红色资源开展教育教学?"回答中，认为"经常"占 3.40%、"一般"占 8.11%、"较少"占 48.28%、"没有"占 40.21%，说明运用非本土红色文化资源开展教育教学的学校较少，没有运用过的学校接近一半。

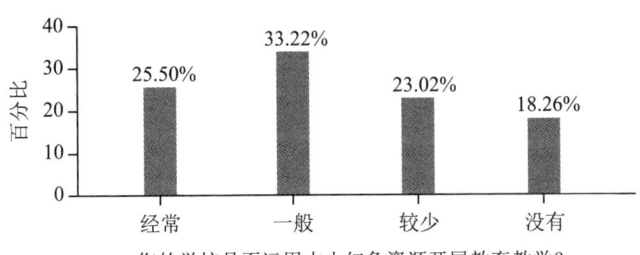

您的学校是否运用本土红色资源开展教育教学?

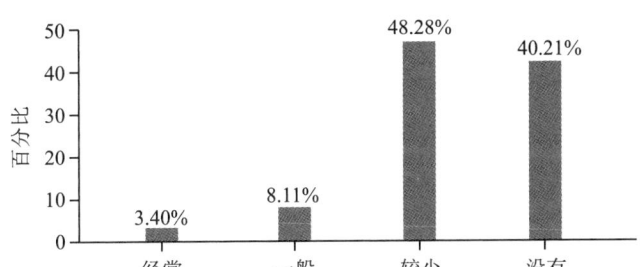

您的学校是否运用非本土红色资源开展教育教学?
（如运用本省地域外的革命遗址或红色文化教材）

图6 高校利用红色资源开展教育教学情况

3. 红色文化课堂中存在的不足

(1) 思政课堂教学仍存不足

一是教学方式传统，灌输式、讲授式的教学方法仍占主导。在对"您的教师采用的思政课的教学方式有哪些?"的回答中，"讲授式"选择率占 98.59%、"案例式"占 67.12%、"音像式"占 58.91%、"讨论式"占 52.50%。说明讲授式的教学方式运用的最多，较多采用的是传统式的教学方式。

表10 "您的教师采用的思政课的教学方式有哪些？"

选择率汇总表（调查人数2059）

选项	n	选择率
讲授式	2030	98.59%
案例式	1382	67.12%
讨论式	1081	52.50%
音像式	1213	58.91%
专题式	861	41.82%
其他	164	7.97%

二是思政课实践教学方式仍较单一，对体验式、访谈式等教学方式使用率不高。如表11所示，在"您们采用的思政课的实践教学方式？"的回答中，"调研式"选择率占96.50%、"体验式"占22.29%。调研式是采取最多的实践教学方式，体验式是采用最少的一种方式。结合访谈所知，调研式实际上是一些学校采用的社会调查的实践教学方式，但是社会调查往往并没有真正去调研，而是提交一份社会调查报告就可以完成任务，获得学分。

表11 "您们采用的思政课的实践教学方式？"

选择率汇总表（调查人数2059）

选项	n	选择率
调研式	1987	96.50%
体验式	459	22.29%
访谈式	635	30.84%
现场式	592	28.75%
影像式	903	43.86%
其他	289	14.04%

　　三是教学内容生动性不足，且主要集中于革命文化教育。为掌握各地区高校红色文化教育内容配置情况，本研究从两个方面展开调研：一方面，学生对教学内容接受的感知，学生普遍反映红色文化教育枯燥、抽象、政治化，生动性不强。如表 12 所示，在"您对红色文化教学内容的看法是什么？（多选题）"回答中，选择率排在前三位的分别是："枯燥"占 65.03%、"政治化"占 58.96%、"抽象"占 53.81%，而认为生动的选择率仅占 24.04%。说明教学内容较抽象、枯燥和政治性理论性较强，与红色文化资源本身丰富性、形象性和灵活性不匹配，也与红色文化教育隐性教育的特质不相符。另一方面，从内容布局看，红色文化教育的内容主要集中于革命文化教育，对建设时期、改革开放及当今红色文化的传播相对较少。如表 13 所示，"您所在的学校传播了以下哪些不同历史时期的精神？（多选题）"回答中，"革命时期的井冈山、延安、长征精神等"占 99.27%、"建设时期的雷锋、大庆精神等"占 61.05%、"改革开放时期的抗洪、航天等精神"占 56.97%、"新时代的抗疫精神等"占 58.14%。说明传播革命时期的红色精神最多，传播建设时期、改革时期、新时代的红色精神相对少些，这几个时期传播的选择率差不多。

表 12　"您对红色文化教学内容的看法是什么？"

选择率汇总表（调查人数 2059）

选项	n	选择率
生动	495	24.04%
枯燥	1339	65.03%
抽象	1108	53.81%
政治化	1214	58.96%
其他	210	10.20%

表 13 "您所在的学校传播了以下哪些不同历史时期的精神？"
选择率汇总表（调查人数 2059）

选项	n	选择率
革命时期的井冈山、延安、长征精神等	2044	99.27%
建设时期的雷锋、大庆精神等	1257	61.05%
改革开放时期的抗洪、航天等精神	1173	56.97%
新时代的抗疫精神等	1197	58.14%
其他	335	16.27%

（2）第二课堂的不足

第二课堂是主课堂的延伸和有效补充，对有效发挥红色文化的教育意义，提升红色文化在思想政治教育中的实效具有重要意义。从调研的情况看，第二课堂尚有诸多需要改进之处。

一是高校开展的红色校园文化活动方式仍较传统、陈旧和单一，新型方式运用较少。如表 14 所示，在"学校开展的校园红色文化活动形式有哪些？（多选题）"的回答中，开展校园红色文化活动较多的是"红歌比赛""红色经典朗诵赛""红色历史知识竞赛""学习雷锋精神活动"，选择率分别为 61.19%、59.93%、54.64%、51.24%。相对开展最少的是"红色产品创意大赛""红色微电影制作赛"选择率分别为 23.12%、21.22%。可见，学校开展的校园红色文化活动仍较传统，未完全跟上时代步伐，未能完全贴近大学生实际和生活，影响红色文化教育的效果。

表 14 "学校开展的校园红色文化活动形式有哪些？"
选择率汇总表（调查人数 2059）

选项	n	选择率
红歌比赛	1260	61.19%
红色经典朗诵赛	1234	59.93%
红色历史知识竞赛	1125	54.64%

（续表）

选项	n	选择率
学习雷锋精神活动	1055	51.24%
红色故事会	711	34.53%
红色绘画赛	555	26.95%
红色歌剧表演	612	29.72%
红色文艺晚会	710	34.48%
红色产品创意大赛	476	23.12%
红色微电影制作赛	437	21.22%
其他	288	13.99%

　　二是高校开展的社会实践活动方式依然很传统，对契合红色文化特色的体验式等创新型社会实践方式较少。如表15所示，"学校组织开展的社会实践活动有哪些？（多选题）"的回答中，认为"寒暑假'三下乡'社会实践"的最多，占68.67%，相对较少的是"重走长征路等体验活动"占28.31%、"红色文化教育基地实践"占32.69%、"红色采风活动"占25.79%。说明学校仍旧更多的是传统的社会实践活动方式，对红色文化的特殊性关注不够，未有效运用红色文化宣讲、体验式等创新型社会实践方式。

表15　"学校组织开展的社会实践活动有哪些？"
选择率汇总表（调查人数2059）

选项	n	选择率
参观红色革命根据地、纪念馆等	1107	53.76%
寒暑假"三下乡"社会实践	1414	68.67%
红色文化宣讲活动	1208	58.67%
红色文化志愿服务活动	1135	55.12%
重走长征路等体验活动	583	28.31%
红色文化教育基地实践	673	32.69%
红色文化社会实践调查	1172	56.92%
红色采风活动	531	25.79%
其他	287	13.94%

（3）专业课堂中融入红色文化内容明显欠缺

习近平总书记强调，应"使各类课程与思想政治理论课同向同行，形成协同效应"①，教育部也强调贯彻"三全育人"，强化课程思政建设。但调研结果显示，专业课融入红色文化等思想政治教育元素较少，仍有待加强。在"您专业课教学中是否涉及红色文化的内容？"的回答中，认为涉及红色文化内容多的占15.01%、较多的占20.59%、不多的占50.41%、偶尔的占8.21%、没有的占5.78%。说明在专业课教学中涉及红色文化内容不多的有半数以上，有部分是偶尔会涉及，甚至一部分没有涉及红色文化内容。加强课程思政建设，任重道远。

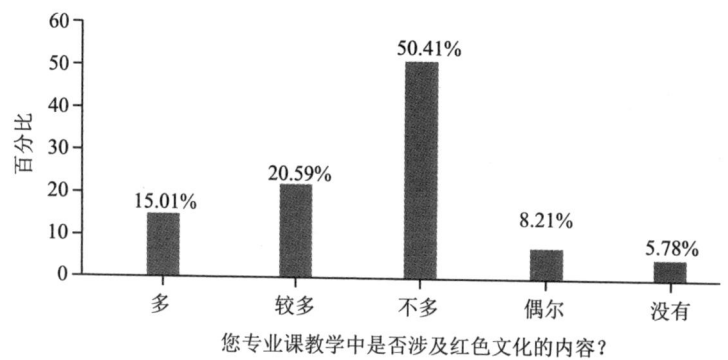

图7 专业课教学中涉及红色文化内容的情况

4. 红色文化教育中现代信息技术的运用有待加强

现代信息技术对包括红色文化教育在内的教育方式产生了极大影响，网络、VR、微信、视频技术等都会对红色文化教育产生不同程度的作用。从调研情况看，红色文化教育对现代技术运用有待加强，体现在：

---

① 习近平：《论党的宣传思想工作》，北京：中央文献出版社2020年版，第277页。

（1）通过现代信息技术手段获取红色文化信息是重要渠道，但运用相对较少

在"您是通过什么渠道了解红色文化的？"的回答中，说明学生了解红色文化的渠道比较丰富，运用最多的思政课课堂、电影电视、社会实践活动，选择率分别占 89.80%、68.48%、62.12%。相对运用较少的是微信微博占 35.70%、微视频占 39.53%。从学生了解红色文化的渠道这个角度分析得出，传播红色文化的途径利用现代信息技术如网络、微信、微博等新手段较少，更多采用了传统的传播方式。这与学生对信息技术的敏感性和时代的快速发展不相符。

表 16　"您是通过什么渠道了解红色文化的？"
选择率汇总表（调查人数 2059）

选项	n	选择率
思政课课堂	1849	89.80%
专业课课堂	912	44.29%
参观革命遗址等社会实践活动	1279	62.12%
学校报刊	1021	49.59%
红歌比赛等校园文化活动	948	46.04%
网络广播	1091	52.99%
电视电影	1410	68.48%
微信微博	735	35.70%
微视频	814	39.53%
红色文化教材	1002	48.66%
红色旅游	826	40.12%
其他	200	9.71%

（2）社会实践活动中运用现代信息技术相对较少

如表 14 所示，在"学校开展的校园红色文化活动形式有哪些？（多选题）"的回答中，"红色产品创意大赛""红色微电影制作赛"相对其

他选项的选择率最低，分别是23.12%和21.22%。说明学校开展的红色校园文化活动方式采用较多的是传统的活动方式，利用现代信息技术而开展的活动方式较少。

（3）红色文化课堂教学中不同程度运用了现代技术，但程度仍有不足

如表10所示，在思政课的课堂教学方式的选择中，"音像式"占58.91%，仅次于"讲授式"和"案例式"；如表11所示，"影像式"的选择率是43.86%，仅次于"调研式"。这说明现代信息技术在红色文化教育中已得到重视，但仍有进一步挖掘和发展的空间，尤其是现代仿真体验技术、远程教育技术等发展，都为红色文化教育提供了新的增长点。

5."三全育人"协同性不够

全员全程全方位的三全育人理念，是思想政治教育的重要指导思想，在实践中还存在一定的不足，体现在几个方面。一是高校领导层、管理者对红色文化育人的重视程度有待提升。如表17所示，在"请您评价一下学校领导关于红色文化教育方面做得怎么样？（多选题）"的回答中，反映出多数高校领导"重视和加强红色文化教育的开展和各方面的保障"（选择率为68.77%），而"很少强调和开展有关红色文化教育相关工作""学校开展的红色文化活动多半流于形式""不太重视红色文化教育，着重于专业知识的教育"的选择率分别是30.50%、34.39%、17.63%。这说明部分高校对红色文化教育重视程度不高，或流于形式，亟待提升。二是高校内部各部门、各教育主体在红色文化育人方面的协同性不足。如表18所示，在"通常情况下你们学校组织红色文化实践活动的组织者是谁？（多选题）"的回答中，组织红色文化实践活动主要是由主管领导、辅导员、学生会或班集体组织，班主任、授课教师参与组织红色文化实践活动较少，这会使红色文化课堂教育与实践活动之间

存在衔接问题，表明三全育人共同体之间在协同育人方面亟待加强。

表 17　"请您评价一下学校领导关于红色文化教育方面做得怎么样?"
选择率汇总表格（调查人数 2059）

选项	n	选择率
重视和加强红色文化教育的开展和各方面的保障	1416	68.77%
很少强调和开展有关红色文化教育相关工作	628	30.50%
学校开展的红色文化活动多半流于形式	708	34.39%
不太重视红色文化教育，着重于专业知识的教育	363	17.63%
其他	221	10.73%

表 18　"通常情况下你们学校组织红色文化实践活动的组织者是谁?"
选择率汇总表格（调查人数 2059）

选项	n	选择率
主管领导	1062	51.58%
学生辅导员	1184	57.50%
班主任	713	34.63%
授课教师	783	38.03%
学生会	942	45.75%
班集体	838	40.70%
自发组织	482	23.41%

三、红色文化融入高校思想政治教育现状的实证调研结论分析

根据调研的数据分析，以及访谈的情况，可以得出以下结论：

（一）高校红色文化教育取得积极效果

通过实证调研及访谈分析显示，当前高校日趋重视红色文化在思想政治教育中的融入问题，并强化大学生的理想信念，帮助树立科学的人

生观、世界观和价值观发挥着积极的作用，取得了积极的效果。

1. 当代大学生对红色文化有所认知，仍需通过强化红色文化教育提升认知程度

具体体现为：（1）大学生对红色文化认知程度有待提升。对红色文化"了解"受调查对象占 50.46%，而"不了解"和"偶尔了解"占 9.76%、39.78%。这说明有近半数学生不了解红色文化或仅偶尔了解，对强调通过红色文化进行品德教育、价值观教育和思想政治教育来讲，基础尚不牢固。（2）大学生对红色文化缺乏深入、准确的认知。调研显示，大学生对红色文化形态有所把握，但若深入调查则暴露出学生对红色文化的认知较为浅显，对红色人物、红色事件、红色遗址、红色精神缺乏准确的认知。如，对"江姐"等革命烈士认知度明显偏低，还有不少受调查对象错将"张作霖"作为革命烈士，其选择率为 39.39%，足以引起警醒；对开国大典、改革开放等红色事件认知度不高，对诸多红色遗址没有了解，对新时期的红色精神关注不够等。

2. 当代大学生对红色文化有良好的情感，是强化红色文化融入高校思想政治教育的重要基础

尽管大学生群体对红色文化的认知度尚有欠缺，但调查显示，当代大学生对红色文化总体持积极正面的态度：（1）大学生具有学习红色文化的主观能动性。有分别占 50.80%、23.85% 的大学生选择"比较积极""积极"地学习红色文化；有参加过"1—2 次""3—5 次"红色文化活动的比例占 36.67%、35.21%，还有部分多次参加，显示出积极参与红色文化实践活动的兴趣；还有部分学生积极参与到红色文化的宣传、推广活动，积极通过阅读报刊、书籍，观看电视电影等学习红色文化。（2）大学生对红色文化价值持正面、肯定态度。受调查对象认为"影响很大"和"有一定影响"的占比分别为 37.88%、58.18%，对社

会上歪曲理解革命英雄人物、事件持"严厉批判""批判"分别占69.16%和25.69%，绝大部分大学生能正确认知大众文化、社会思潮对红色文化的冲击和影响。(3) 大学生认同红色文化重要的教育价值。调研显示，有74.65%的大学生会主动学习红色文化，有95.59%的大学生肯定了红色文化的重要性，有97.62%的大学生赞同学校必须不断加强红色文化教育。这表明在高校持续不断的红色文化教育下，大学生对红色文化有一定的认识，增强了他们学习红色文化的意识，对大学生的思想和行为产生了积极的影响，高校红色文化教育取得一定的效果，是进一步强化红色教育的良好契机。

(二) 红色文化融入高校思想政治教育仍存不足

通过调研，我们看到红色文化融入高校思想政治教育取得积极成效，这是主流。但也须辩证地意识到，当前高校红色文化教育无论在课程建设、教材建设、课堂建设、协同机制等方面，都存在一定不足，需不断健全和发展，以增强高校思想政治教育的实效性。

1. 红色课程建设欠缺

调查中发现有25.69%的高校开设了有关红色文化的课程，48.23%没有开设，说明开设专门的红色文化课程的高校不多，开设率不高。据访谈了解到，除了井冈山大学、延安大学等少数学校开设了较为全面系统的红色课程外，多数学校没有开设。即使一部分学校开设了红色课程，但是比较单一，缺乏全面化和体系化。

2. 红色文化资源利用和开发不足

有28.31%的学校有专门的有关红色文化的教材，45.60%没有红色文化教材，说明编订专门的红色文化主题教材的高校不多，红色文化教材资源不足。有半数以上的学校利用本土红色资源开展教育教学，比如组织学生参观本省区域内的革命遗址、旧居、博物馆等，但是只有25.50%经常利用红色资源开展教育教学，还有少部分学校从来没有利用过。有40.21%的学校没有运用非本土红色资源开展教育教学，非本土指的是本省以外的地域，偶尔运用的占48.28%，说明运用非本土红色文化资源开展教育教学的学校较少，没有运用过的学校接近一半。据访谈可知，很多高校校园红色文化资源也缺乏。如红色文化图书资料欠缺，部分高校图书馆关于红色文化的图书资料欠缺、没有专门的红色文化图书专区、不成体系、更新速度慢。校园红色文化景观资源不足，校园内的雕塑、建筑、校园博物馆、名人纪念馆、展览馆等景观资源不完善。部分高校没有专门的红色网站、红色期刊和红色专栏等。

3. 课堂中存在的不足

首先，思政课堂中的不足。在思政课教学中，有98.59%的高校采用讲授式教学方式，说明更多采用的是传统式的教学方式。在思政课的实践教学中，96.50%采用了调研式教学方式，体验式仅占22.29%。体验式是运用最少的一种方式，调研式是最多的一种方式。结合访谈所知，调研式实际上是一些学校采用的社会调查的实践教学方式，但是往往社会调查没有真正去调研，而是提交一份社会调查报告就可以完成任务及获得学分。说明实践教学往往流于形式。从数据分析看，红色文化教学内容较抽象、枯燥和政治性理论性较强。而传播革命时期的红色精神最多，选择率占99.27%，传播建设时期、改革时期、新时代的红色精神相对少些。其次，第二课堂的不足。学校开展的红色校园文化活动形式较多的是"红歌比赛""红色经典朗诵赛""红色历史知识竞赛"等，相对开展最少的是"红色产品创意大赛""红色微电影制作赛"分别为23.12%、21.22%。说明学校开展的红色校园文化活动更多的是传统的常见活动方式，新型的方式运用较少，方式较陈旧、传统和单一。学校组织开展的社会实践活动运用较少的方式是"重走长征路等体验活动"选择率占28.31%、"红色文化教育基地实践"占32.69%、"红色采风活动"占25.79%。说明学校采用更多的是传统的社会实践活动方式，体验式等创新型社会实践方式较少。最后，专业课堂中表现的不足。认为专业课教学中涉及红色文化内容不多的占50.41%，甚至有些专业没有涉及红色文化内容。据访谈所知，相对来说，人文学科包括文学、历史、政治等专业涉及红色文化内容多些，艺术学科、医学学科、体育学科等也涉及了有关红色文化内容，理工学科、农林学科相对很少涉及。

4. 现代信息技术运用的不足

学校开展校园红色文化活动形式采用较多的是"红歌比赛"占61.19%、"红色经典朗诵赛"占59.93%、"红色历史知识竞赛"占54.64%，相对开展最少的是"红色微电影制作赛"占21.22%。说明学校开展的校园红色文化活动方式采用较多的是传统的活动方式，利用现代信息技术而开展的活动方式较少。从大学生了解红色文化的渠道可知，运用最多的渠道是思政课课堂、电影电视、社会实践活动。相对采用较少的是微信微博占35.70%、微视频占39.53%。说明传播红色文化的途径上，利用现代信息技术如网络、微信、微博等新手段较少。访谈所知，一部分学校在红色文化教育教学中，教师运用现代信息技术的能力和水平有限，观念和意识有待增强。

四、影响红色文化有效融入高校思想政治教育的主要因素

红色文化融入高校思想政治教育存在的问题，可从教育环境、红色文化资源本身、学校、教师、学生自身等方面进行全面的原因分析。文化虚无主义思潮的冲击、多元文化影响、红色文化资源利用开发的限

制、学校教育管理不完善、教师综合素质和能力水平的影响、新时代大学生的思想观念及需求的变化等因素，对红色文化融入高校思想政治教育的效果产生不同程度的影响。

（一）文化虚无主义思潮的冲击

文化虚无主义是虚无主义在文化领域的现实表现。文化虚无主义是一种以彻底否定民族文化传统、主张全盘西化的文化思潮。进一步说，文化虚无主义"是一种以虚无中华优秀传统文化、革命文化和社会主义先进文化为手段，其根本目的是否定马克思主义指导地位，否定社会主义文化建设，否定中国共产党执政文化根基的一种错误思潮。"① 在信息化和移动化的自媒体时代，一些西方国家利用现代信息技术，采用多样的、隐蔽的方式对我国进行文化虚无主义的渗透与传播。从表面上是中西方文化的碰撞与激荡，实质上是中西意识形态的冲突与交锋。文化虚无主义思潮的广泛渗透严重威胁着我国主流文化及主流意识形态的主导地位，红色文化作为中国特色社会主义文化的重要组成部分，同样受到严峻的挑战，对红色文化历史的正确认识、对红色文化认同、红色文化自信，以及有效发挥红色文化育人作用等都产生消极的影响。

1. 冲击红色文化发展的指导思想

习近平指出："中国共产党人是马克思主义者……但中国共产党人不是历史虚无主义者，也不是文化虚无主义者。"② 马克思主义是我们党和国家的指导思想，也是红色文化产生发展的指导思想。马克思主义作为我国的主流意识形态，一旦被冲击和动摇，将会引起思想观念错位、社会主义理想信念动摇，以至于社会不稳定。文化虚无主义思潮就是否

---

① 王勇、许静波：《新时代反对文化虚无主义的"理"和"路"》，载《思想教育研究》，2019 年第 12 期，第 66 页。

② 习近平：《论党的宣传思想工作》，北京：中央文献出版社 2017 年版，第 90 页。

定马克思主义的指导地位，企图从理论基础和思想根源上对人们进行摧毁。其主张在经济上实行私有制的资本主义市场经济，废除我国的社会主义经济制度。政治上主张多党轮流执政的三权分立的政治制度，走资本主义道路，取消中国共产党的领导地位和人民民主专政，放弃走中国特色社会主义道路。大肆宣扬"公民社会"，强调"个人利益至上"等，其主要目标是动摇中国共产党的执政地位。

2. 影响对红色文化及其历史的正确认识

中国共产党的发展史也是红色文化的发展史，红色文化的创造与发展，见证了中国共产党领导的必然性和中国社会主义道路的正确性。文化虚无主义矮化中华优秀传统文化，质疑革命文化，消解社会主义先进文化，妄图达到动摇中华文化立场、销蚀社会主义核心价值观、兜售西方价值观的目的，企图毁掉中国优秀文化。在一定程度上，影响了大学生对红色文化及其历史的客观正确认识，严重影响了他们对红色文化自信的决心和信念。党的十八大以来，习近平多次强调，历史是最好的教科书、最好的老师、最好的清醒剂。苏联的惨痛教训要时刻牢记。在信息技术快速发展的今天，新媒体已是大学生学习和生活的重要工具，大学正是"三观"形成的关键时期，而大学生具有好奇心强、思想不成熟、辨别力不强等特点，往往会受到文化虚无主义思潮的迷惑和误导。因此，要加强引导学生认真学习红色历史，继承和弘扬红色文化。正如习近平指出，"学习'四史'是一场精神上的长征，能帮助广大青年坚定理想信念……凝聚起实现中华民族伟大复兴中国梦的磅礴之力。"①

3. 影响红色文化育人效果

随着网络信息技术的快速发展，西方一些发达国家利用网络技术进

---

① 习近平：《学习"四史"：心有所信，方能行远》，载《光明日报》，2020年7月2日，第2版。

行文化虚无主义的传播，采用聊天平台、电子邮件、网络论坛等多样化的传播方式，宣传和散布具有虚假性、诋毁性的不良负面言论，恶意损毁中国国家形象、故意对文化价值进行歪曲，企图诱导人们对我国民族文化认同的淡化甚至丢弃。其传播具有极强的隐匿性、含蓄性、欺骗性和迷惑性，往往借学术、文艺、舆论之名义掩人耳目、迷惑大众，实现虚无之目的。他们在学术著作、学术期刊、学术研讨交流会上发表看法和观点，以"反思历史、学术争鸣"为宣言，想方设法企图挖掘与历史史实不相符的"史料和证据"，企图证实他们的行为是一种对理论的创新。还利用电影、电视、网络等媒体传播文艺作品，通过改编一些红色经典作品，随意篡改历史，对革命英雄和英雄行为进行丑化、虚化和污名化，从而达到攻击诋毁英雄人物的目的。他们颠倒黑白、歪曲历史、消解英雄，企图以"文艺创作、再现经典"之名在不知不觉中影响和误导大学生，其本质是攻击和诋毁我们的国家和民族，否定民族文化传统、否定马克思主义指导地位和中国共产党的领导地位。这种错误思潮的渗透严重影响了红色文化的育人效果，扰乱了大学生对英雄的正确认识，冲击了对红色文化的认同，削弱了大学生的红色文化自信。因此，要坚决批判文化虚无主义错误思潮，重视和加强学习"四史"。我们要始终坚持马克思主义在红色文化中的指导地位，增强红色文化育人效果。

（二）多元文化的影响

伴随着世界经济全球化、政治多极化，出现了文化多元化的发展。在现代信息技术迅猛发展下，在中西方文化不断融合和激荡的背景下，文化的更新和发展日益加快，同时也要满足不同的文化服务需要，由此，我国出现了多元文化并存的发展局面。不同形态的文化相互交融和冲击，采取各种手段激烈争夺广泛的受众群体，拓展自己的发展空间，严重威胁和冲击我国的主流文化。如今，大众文化、消费文化和不良网络文化影响了大学生对红色文化的正确认识，影响了红色文化教育的效果。

1. 大众文化冲击红色文化的价值引领作用

随着我国市场经济的建立，大众文化开始兴起，它是以现代信息技术为载体，向都市大众进行传播的、模式化的、通俗性的、容易复制的进行大批量生产的一种文化形态。大众文化具有商业性、娱乐性、渗透性、流行性、通俗性等特点，包括大众日常生活中的流行音乐、服饰文化、影视文化等。大众文化对大学生产生了极大的影响，虽然大众文化在一定程度上可以帮助大学生缓解压力和焦虑，使其得到暂时的释放和愉悦，但是其娱乐性、通俗性、消遣性，使大众文化容易流于低俗化，人们在烦闷的生活中宣泄情绪，感受到更多的是无内涵和无深度的感性层面，随着时间的推移，让自己越来越颓废，消解了对问题的深入思考，淡漠了对人生目标和意义的反思，丧失了对崇高理想的追求。在此环境下，为了追求愉悦和满足欲望，而助长了享乐主义、拜金主义等不良风气，冲击了红色文化作为主流文化、先进文化的引领作用，消解了红色文化对大学生人生价值的导向作用，动摇了大学生坚定的理想信念。另外，西方国家通过各种手段大量输出大众文化，将其生活方式、价值观念等渗透到中国，严重侵蚀了红色文化的价值观念。因此，要加强红色文化对大学生的价值引领作用。可以充分发挥大众文化的特点，将红色文化与大众文化有机融合，利用大众文化传播先进的红色文化，巩固红色文化的引领作用，增强红色文化育人效果。

2. 消费文化影响大学生对红色文化精神的追求

随经济全球化的发展，西方的消费主义传入我国，对中国的消费观念、消费意识和消费方式产生很大影响。消费文化倡导消费是有意义的生产，是以鼓励消费为目的文化，大力鼓励大家去消费，以此刺激经济增长，确保资本积累的现实利益。其主要特征就是把对商品的消费看成是高质量生活的标准，是生活幸福的标准，是自我认同和社会认同的实现。西方国家向很多国家输入消费品，其实质是灌输其价值观念，企图改变人们的意识、思想和行为。消费文化的发展严重影响了红色文化的育人效果，影响了大学生对红色文化精神的追求。在消费文化的影响下，大学生往往看重对"物"的追求，以实现物质利益为目标，表现为崇洋媚外、享乐主义、崇尚消费等思想和行为，严重削弱了对道德、理想、信念等的追求，误导了大学生正确的价值导向。西方国家传入许多消费产品对大学生产生极大的吸引力和影响力，逐渐倾向于平庸化的文化，失去了对客观事实的辨别和理性思考，对红色文化蕴含的价值观和理想信念等产生了排斥心理，难以正确认识红色文化内涵，削减了大学生对红色文化精神的追求。因此，要运用多种形式传播红色文化，赋予红色文化更大的魅力和吸引力，让大学生自觉进行红色文化教育，提高红色育人质量。

3. 不良网络文化影响红色文化育人效果

随着互联网的快速发展，网络作为一种技术的代名词逐步演变成一种文化，网络文化有好与不良之分，积极健康的网络文化可以丰富人们的精神生活，不良的网络文化会消解红色文化的价值观念。网络已成为新时代意识形态工作的主战场，西方国家利用网络对高校进行意识形态的渗透。网络文化具有开放性和自由平等性特点，西方一些不良思想便趁机而入，对大学生的思想道德素质产生极大的负面影响，削弱了红色文化的价值观念。网络文化的虚拟性、交互性和快捷性特点，给大学生学习和生活带来方便，但同时也为敌对势力提供文化渗透的机会。网络文化信息良莠不齐，有敌对势力诋毁和攻击我们国家和民族的；有误导大学生思想观念和扭曲心理的；有冲击我国社会主义核心价值观的，对大学生的思想道德和理想信念带来冲击，严重影响他们的健康成长。这些不良信息严重挤压红色文化的生存和发展空间，极大影响了红色文化的教育质量。由此，应当大力加强网络监管，使其规范化，充分发挥红色文化在网络传播中的主导地位，引领其他文化健康发展，增强红色文化育人效果。

（三）红色文化资源开发利用的限制

红色文化资源是红色文化的载体，它是中国共产党领导全国人民在革命战争、建设、改革开放以来所形成的具有资政育人功能的历史遗存，它集精神资源、政治资源、文化资源、历史资源于一体，承载着伟大的红色精神，是党和国家的宝贵财富，是高校红色文化教育的优质资源。红色文化资源发展状况与红色文化教育效果息息相关，由于红色文化资源自身特质和外在因素的影响，导致红色文化资源发展不平衡、资源不足以及开发利用不够等现状，难以充分和有效运用红色文化资源，严重影响了红色文化的育人效果。

1. 红色文化资源特质因素的影响

红色文化资源自身具有分散性、地域性、不可移动性、时空场域等特点，致使红色文化育人效果受到一定程度的削弱。红色文化资源分散在全国各地，有的地方资源丰富，比较集中；有的地方资源匮乏，资源分散。由于红色文化资源是我国不同历史时期所形成的历史遗存，与不同时期所经历的人物、事件、地方等紧密相关，所以红色文化资源分散在不同的地方，具有分散性和地域性特点，从而也呈现出红色文化资源发展的不平衡性。从红色文化资源的物质形态层面看，包括革命遗址、故居、旧址、博物馆等，都是分散在所经历的固定的特殊的地方，具有不可移动性，比如遵义会议会址，这是长征时期中国共产党召开的一次具有转折意义的会议，其蕴含着特殊的意义，独一无二、不可复制、不可移动。红色文化资源的自身特质会导致红色文化资源发展不平衡，有些地方资源匮乏，而资源不足地方的高校因资金和安全等问题，严重影响红色文化实践教学活动的顺利开展。除了建设、改革开放时期的红色文化资源年代近些，革命时期的红色文化资源距离大学生比较久远，具有时空场域限制，大学生们对很多革命事件、革命故事比较陌生，难以产生情感共鸣，不容易接受和认同。革命时期的红色文化资源尤为丰富，因时空场域限制影响了对红色文化的认识。红色文化资源具有的特质限制了高校对红色资源的有效利用，阻碍了红色文化教育质量的提升。

2. 红色文化资源外在因素的影响

红色文化资源因人为或者自然的原因遭到破坏，有些红色文化资源尚未开发或者深入挖掘，导致红色文化资源供给不足，阻碍了红色文化融入高校思想政治教育的效果。首先，红色文化资源因人为原因遭到破坏。很多红色文化资源不仅是教育资源，也是旅游资源，很多的地方红色文化资源被开发为红色旅游，不仅对传承和弘扬红色文化起到推动作用，而且促进地方经济的发展。但是，由于多种原因，红色文化资源遭到损坏。比如有些革命遗址、旧居、故居等红色文化资源，由于想通过红色旅游提高经济效益而安排了一系列的活动，这些活动娱乐性强，与红色文化资源所蕴含的红色精神格格不入，损坏了红色革命、红色人物、红色事迹的伟大形象，对传承红色文化的宗旨产生了负面影响。其次，红色文化资源因自然原因受到损坏。很多革命时期的革命遗址、旧居，因年代久远、风吹雨淋等自然原因不同程度受到破损，需要加强保护和修缮。最后，很多红色文化资源尚未开发。红色文化资源分布在各地，有些地方还没有挖掘和开发，使得本地的红色文化资源不足，高校红色文化教育利用的红色文化资源有限，影响了红色文化育人效果。

（四）学校教育管理不完善的影响

习近平总书记多次指出，要传承红色基因，培育时代新人。这为青少年人才培养指明了方向。很多高校越来越注重将红色文化融入大学生思想政治教育中，大力传承和弘扬红色文化，取得了积极效果。增强了大学生的红色文化自信，推动了对中国特色社会主义的情感认同和政治认同。但是，部分高校对大学生的红色文化教育，还存在不完善之处，影响了红色文化融入高校思想政治教育的效果。

1. 部分高校对红色文化教育重视不够

多数高校比较重视对大学生的红色文化教育，做得比较好的是井冈山大学、延安大学、赣南师范大学等学校，为其他高校做出榜样和示范。但部分高校依然重视度不够。一方面，红色文化的传播不力。很多学校主要是通过思政课对大学生加强红色文化教育，除了《中国近现代史纲要》涉及的红色文化内容较多些，其他的课程涉及较少，没有设置专门的红色文化课程，专门的红色文化教材更是缺乏，更谈不上建立红色文化教育的评价体系。此外，学校也会通过红色文化讲座或者红色活动加强弘扬红色文化，但是缺乏系统性，只是蜻蜓点水，浮于表面。总之，缺乏多渠道多样化的传播方式，没有系统深入地传递红色文化的精神实质。另一方面，保障机制不健全。资金和师资是最基本的保障。多数高校缺乏足够资金用于红色文化教育，导致红色实践教学难以顺利开展，据调研，部分高校大学生四年中没有组织参观过一次革命遗址等实践教学，也没参加过一次学校举办的校园红色文化活动，资金缺乏是重要原因之一。很多高校的思政课教师人数没有达到规定要求，更谈不上匹配专门的红色文化教育师资。由于学校的重视程度不够，影响了红色文化教育的有效传播和运用，阻碍了红色文化教育质量的提升。

2. 红色文化教育缺乏系统化

高校红色文化教育是思想政治教育的重要组成部分，红色文化教育并不是人们传统意义上所指的仅仅是思政课教师的工作，应当把它置于高校整个大思政系统中，它是一项复杂的、连续的系统工程，具有系统性、整体性、协同性。红色文化教育系统内部由不同的子系统组成，包括思政课堂主渠道、校园文化主阵地、课程思政、管理和服务部门等，他们之间相互作用、相互影响，共同组成红色文化教育系统，协同促进高校红色文化教育的发展。一旦其中一个系统脱节，就会影响整个红色文化教育的和谐发展。当然，高校红色文化教育系统本身也不是孤立的，它与其他系统之间具有密切关系，只有与政府、社会、企业、其他高校等有效衔接和协同发展，才能共同推动高校红色文化教育的高质量发展。红色文化教育只有系统化地良性循环发展，才能推动红色文化在高校思想政治教育中有效融入。然而，部分高校红色文化教育缺乏系统化的协同发展，还停留在传统思政课堂的单一的教育渠道，红色校园文化活动不够丰富、专业课堂缺乏红色文化的融入、管理与服务部门无红色教育意识等，有的系统完全没有运转，难以形成良性循环和合力发展，影响了红色文化教育效果。

3. 红色文化教育缺乏制度化

红色文化教育制度化，就是把红色文化教育运行程序纳入具有稳定性的制度中，在教育目标、内容、模式、方式、评估、管理等方面都以固定化、规范化、有序化的方式进行，保证大学生红色文化教育科学化、系统化和程序化。无制度就无规矩、无程序可言，通过制度规范化，使红色文化教育的各个环节有章可循，红色文化教育制度化是取得红色文化教育实效性的重要保证，是社会不断发展的产物，是社会发展对红色文化教育提出的新要求，这是教育发展的必然趋势，也是高校教育内涵式发展的客观要求。加强高校红色文化教育制度化建设，包括要建立和完善高校红色文化教育的政策制度、教学制度、课程制度、教材制度、实践活动制度、管理制度等制度化体系。目前，部分高校红色文化教育缺乏制度化，缺乏规范化的组织制度、责任制度、管理制度、评估制度等，导致红色文化教育无序化，直接影响了红色文化育人质量。

（五）教师综合素质和能力水平的影响

习近平总书记指出，"教师是人类灵魂的工程师，是人类文明的传承者，承载着传播知识、传播思想、传播真理，塑造灵魂、塑造生命、塑造新人的时代重任。"① 教师是对大学生进行红色文化教育的组织者和实施者，在红色文化教育过程中占有主导地位，发挥着主导作用。因此，教师的综合能力直接关系着红色文化的育人效果。然而，高校教师的综合能力参差不齐，存在一定差异，部分教师存在政治立场不坚定、能力不强、人格魅力不足等问题。

1. 教师政治素养影响红色文化育人方向

红色文化教育具有鲜明的意识形态性和政治性特点，无论采取何种形式开展的教育活动，都具有浓厚的政治色彩，它始终是为了特定的政治利益而展开和服务的。大学生红色文化教育的具体贯彻和落实，要依靠具体的实施者即高校教师，高校教师是在红色文化育人中贯彻好思想政治方向的关键。因此，这就要求教师必须具备坚定的政治立场，要坚定马克思主义信仰不动摇。具备坚定的政治立场最基本的是具有正确的政治方向和政治观点、高度的政治鉴别力和政治责任感等。教师具有正确的政治方向和政治观点，才能有正确的政治态度，才能更加坚定政治

---

① 教育部课题组：《深入学习习近平关于教育的重要论述》，北京：人民出版社 2019 年版，第 8 页。

信仰，才能引导学生形成正确的价值观和思想观念。这是红色文化教育贯彻实施中至关重要的问题。老师具有政治鉴别力可以判断不同政治道路正确与否，从而更加坚定自己的政治信仰，并且可以分析、辨别大学生的思想意识发展动态和发展趋势，可以及时发现学生思想问题，并予以纠正和防范。这也是红色文化教育正确方向的保证。政治责任感是教师自觉实施红色文化育人的驱动力量，如果缺乏政治责任感，教师会失去积极性和主动性，难以最大化发挥其教育者的功能，会影响红色文化育人效果。总之，如果教师缺乏坚定的政治立场，政治态度摇摆不定，必将影响学生的思想观念和政治立场。因此，基于目前高校部分教师政治立场不坚定的现状，必须提升高校教师的政治素养，为确保正确的红色文化教育方向提供保障。

2. 教师综合能力水平影响红色文化育人实效

较强的综合能力是教师能够顺利开展红色文化教育活动的前提和基础。包括具有马克思主义理论运用能力、信息技术能力、科研教学能力、实践能力、团队协作能力等很多方面。马克思主义理论运用能力是教师应当具有的重要能力，这是教师与学生相连接的纽带，如果教师缺乏理论运用能力，难以将马克思主义理论知识有效地传授给学生，对学生开展的教育活动将无所依、无所指，也就成了表面肤浅的空谈。信息技术快速发展的今天，新媒体已是大学生学习生活的重要部分，为了适应社会的发展，为了贴近学生的生活和需要，为了有效传播红色文化，教师必须要掌握现代信息技术，运用现代信息技术传播红色文化，增强红色文化育人效果。教师所具有的专业知识、理论基础、现代信息技术、教育教学能力、科研能力等，都需要通过实践活动向现实、效用形态转化。因此，教师还要具备实践能力，在教育实践中，才能让学生真正领悟红色文化内涵和精神实质，才能对红色文化不断接受和认同，这样才能切实实现红色文化教育目标。由于目前高校部分教师的某些能力不强，影响了红色文化育人的顺利推进。应当全面提高高校教师的综合能力，确保红色文化育人质量不断提升。

3. 教师人格魅力影响红色文化育人成效

人格魅力是教师应当具备的基本素养，教师的人格魅力直接关系着是否有效地开展红色文化教育。人格魅力除了应当具有道德和心理素养以外，还包含教师应该渗透着的情感、审美等多方面。教师的思想品质和心理素质直接影响到学生的思想行为，教师的人格魅力影响着红色文化教育的亲和力和吸引力。高校老师除了具备基本的道德和心理素养以外，还要提高自身的审美和增强情感。具有审美能力善于结合社会和学生的需要，将艺术元素融入红色文化教育中，使红色文化教育形式丰富多样，增强对学生的吸引力，提高学生学习红色文化的兴趣，从而增强学习的主动性、积极性和自觉性。若教师具有对教师职业的热爱和对学生浓厚的情感，可以最大化地激发他们对工作的热情，对教师职业强烈的使命感、责任感和敬畏感，以及对学生的关心和爱护。这样才能使教师全身心地投入到教育事业中，将有力促进红色文化教育的实效性。反之，将会影响红色文化育人效果。当前，高校教师的人格魅力还需不断提升，应当培养教师成为有高尚人格魅力之人，为红色文化教育事业奉献更大力量。

（六）新时代大学生思想观念及需求变化的影响

红色文化融入高校思想政治教育的效果如何，红色文化对大学生产生的影响程度如何，红色文化育人的价值是否得以实现，取决于大学生对红色文化的接受程度。关键要把握新时代大学生的思想观念、思想特点及其需求的变化，才能结合学生情况有针对性地加强红色文化教育，取得红色文化育人的实效性。在全球化发展进程中，纷繁复杂的环境影响大学生思想观念的变化，既改变了大学生对红色文化的接受方式，也对红色文化的育人方式提出了更高的要求。

1. 大学生思想特点变化对红色文化的接受方式有更高要求

大学生正处于成长的重要时期，是不断探索、思考、选择，走向成熟的阶段，也是思想特点表现为冲突与交融的时期。在全球化背景下，西方国家的文化渗透，其利己主义、享乐主义和拜金主义等对大学生的三观产生负面影响，使得大学生的思想特点表现得更加复杂和矛盾。大学生的思想特点主要表现为：首先，追求公平正义与彰显个人价值并存。在追求公平正义的同时，也存在价值观上具有一定的功利化、自我化倾向。其次，思想敏锐与辨别是非能力不足并存。新时代大学生勇于求新立异，思想敏锐，具有创新思维，很容易接受新思想、新观念、新思潮。但是生活阅历不丰富，社会经验不足，往往带有理想主义，看待问题具有片面性、表面性和盲目性，难以辨别是非曲直。再次，主观能动性与客观制约性并存。大学生的积极性、主动性不断提高，主体性意识不断增强。但是由于受社会不良风气的影响，自制力不强等因素，大学生在诚信等思想观念上出现客观制约性。最后，思想不断成熟与思想波动性并存。大学阶段是思想从不成熟到不断成熟的过程，由于受到社会环境的影响，也会在追求成熟过程中具有波动性，表现出不够稳定，这也证实了马克思主义"否定之否定""螺旋式上升规律"的哲学原理。① 新时代大学生思想特点的变化对红色文化的接受方式有了更高的要求。红色文化在高校思想政治教育中的运用方式，仅仅靠传统式的单方的传授式、灌输式、填鸭式的方式，对于当代大学生显然是行不通的。必须要结合大学生的思想特点，要满足大学生的思想需求，采用双向互动式、理论与实践结合式、体验式等方式进行教育教学，充分体现

---

① 卢黎歌、薛华：《当代大学生思想特点、成长规律与马克思主义大众化研究》，西安：西安交通大学出版社 2012 年版，第 29 页。

和发挥大学生的主体性，红色文化才能更好地被大学生接受和认同，才能更好地发挥红色文化的育人功能，才能取得很好的红色教育效果。

2. 大学生思想观念多样化阻碍红色文化的有效传播

在世界经济全球化、政治多极化、文化多元化的背景下，我国经济成分、分配方式、组织形式等日益多元化，人们也呈现出思想观念的多样化和价值观的多元化。此现状对人们形成共同的理想信念和价值观造成极大的阻力，尤其是对大学生。在计划经济时代，由于人们的思想观念比较统一和单一，红色文化传播比较容易，传播效果较好。比如，在20世纪60年代，大型音乐舞蹈史诗《东方红》等演出时，人们产生强烈的共鸣，反响极高，获得较好的红色文化教育效果。如今，采取同样的红色文化传播手段，还是不如那个年代影响深刻。因此，在思想多样化的今天，要让大学生对红色文化接受和认同，必须要结合学生的思想特点和实际需要，采取多样化的具有吸引力、亲和力的红色文化传播方式，充分发挥学生的主体性，培养他们对红色文化学习的主动性、自发性和自觉性，深刻认识和理解红色文化内涵和精神实质，才能达到红色文化育人的最佳效果。

第五章　红色文化融入高校
思想政治教育的基本要求

　　红色文化是马克思主义指导下的中国先进文化代表，包括红色文化在内的中华优秀文化，是中华民族的"根"和"魂"①。将其融入高校思想政治教育，在青年学生心和脑中扎根，对大学生坚定共产主义理想信念，引领社会主义核心价值观，塑造良好的人格，激励奋斗精神、激发创新精神等，具有重要价值。基于实证调查分析，高校红色文化的融入教育取得明显成绩，但也存在诸多亟待完善和面对的问题。为推进红色文化有机融入高校思想政治教育，增强育人实效，下面从宏观和微观相结合的角度来探讨红色文化融入高校思想政治教育的基本策略，其中本章主要是从宏观角度探讨红色文化融入高校思想政治教育，必须坚持科学的基本原则指引、遵循融入的协同方向，以及建构合理的保障机制等基本要求。第六章主要从微观角度探讨红色文化有效融入高校思想政治教育的具体对策。

---

　　① 教育部课题组：《深入学习习近平关于教育的重要论述》，北京：人民出版社2019年版，第22页。

一、红色文化融入高校思想政治教育的基本原则

"原则，说话或行事所依据的法则或标准。"① 原则是人们在社会实践活动中对客观事物及其发展规律的概括和总结，用以指导人们认识和实践的准则。恩格斯指出："原则不是研究的出发点，而是研究的最终结果"② 红色文化融入高校思想政治教育，应遵循其基本原则，这些基本原则对红色文化有机融入高校思想政治教育发挥着导向与规范的作用。

（一）政治导向原则

1. 坚持红色文化教育的政治导向功能

坚持马克思主义指导的方向性原则是思想政治教育的灵魂。③ 政治导向原则是红色文化融入高校思想政治教育要遵循的基础性原则，高校教育教学必须始终坚持正确的政治方向，与中国特色社会主义建设内涵、目标和价值追求相一致。

首先，思想政治教育具有政治导向功能。一是思想政治教育是在我们党领导民主革命的实践过程中形成的，它是斗争的有力武器和制胜敌人的法宝。在革命斗争过程中，将党的革命路线、方针、政策及革命理论向广大劳动人民群众进行宣传和教育，使他们感悟和接受，唤醒了他们的阶级觉悟，从认同变为自觉的革命行为，从而保证了革命的最后胜

---

① 中国社会科学院语言研究所词典编辑室编：《现代汉语词典》，北京：商务印书馆2000年版，第1549页。

② 《马克思恩格斯选集》（第3卷），北京：人民出版社2012年版，第7页。

③ 刘书林：《思想政治教育学原理专题研究纲要》，北京：人民出版社2018年版，第115页。

利。二是思想政治教育具有阶级性和政治性，善于从政治角度发动和教育人民群众，激发他们的政治觉悟，帮助他们树立正确的政治观。要积极运用马克思主义思想和无产阶级政党的纲领路线方针政策，进行全面广泛的渗透和传播，改造人们思想和认识，内化于心，外化于自觉行为。思想政治教育具有鲜明的阶级性和政治性，其核心是政治，从政治立场、政治观念、政治态度等政治角度看问题，这是思想政治教育的特点和优势，也是其政治导向功能的体现。三是思想政治教育把人的思想政治行为放在教育的首位。毛泽东同志多次反复强调政治的重要性，强调政治对其他方面的统帅作用。思想政治教育始终引导人们的政治方向，起着思想引领、政治导向的作用。

其次，红色文化教育对大学生的政治导向作用。习近平指出："我们是中国共产党领导的社会主义国家，这就决定了我们必须把培养社会主义建设者和接班人作为根本任务，培养一代又一代拥护中国共产党和我国社会主义制度、立志为中国特色社会主义终生奋斗的有用人才。"①红色文化是高校宝贵、优质的资源，在通过红色文化育人的思想政治教育过程中，坚持马克思主义的根本指导思想，将红色文化融入高校思想政治教育。如可通过红色革命历史、红色故事、红色事迹等红色文化熏陶和感染大学生，帮助其正确认识中国社会主义道路的历史必然性和优越性。用红色精神激发学生实事求是、艰苦奋斗、自力更生、锐意创新的优秀传统精神，厚植爱国主义情怀，帮助大学生深刻理解马克思主义为什么"行"、中国共产党为什么"能"、中国特色社会主义为什么"好"。②

最后，红色文化教育推动"立德树人"根本任务落实。一是通过红色文化教育，坚定大学生共产主义理想信念。大学阶段正处于价值观、

---

① 习近平：《论党的宣传思想工作》，北京：中央文献出版社 2020 年版，第 343 页。

② 王延光：《校思政课要善用红色文化资源》，载《红旗文稿》，2020 年第 20 期，第 42 页。

人生观、世界观形成的关键时期，可能会呈现思想迷雾、理想迷茫、目标渺茫、精神匮乏的状态，帮助他们"扣好人生的第一粒扣子"① 尤为重要。通过加强红色文化教育，发扬红色文化的红色基因和社会主义先进文化的指导作用，"重中之重是要以坚定的理想信念筑牢精神之基，坚定对马克思主义的信仰，对社会主义和共产主义的信念，对中国特色社会主义道路、理论、制度、文化的自信。"② 二是通过丰富多样的红色文化教育，引导大学生认真学习马克思主义经典作家的著述和红色经典，悟透红色文化所蕴含的精神要义。要引导学生原原本本、有规划地认真阅读和学习马克思、恩格斯、列宁、毛泽东、邓小平等的经典著作，尤其是习近平新时代中国特色社会主义思想，深刻领会其内涵意义和准确把握其精神实质。三是批判错误思潮，科学引导信仰。在红色文化教育教学中，要敢于"亮剑"，旗帜鲜明坚持真理，立场坚定批驳谬误，对历史虚无主义、新自由主义等错误思潮，通过红色革命、社会主义建设及改革开放以来的真实发展历程和取得的伟大成就，进行有理有据的批驳，让学生们深刻认识和领悟，清醒认识和辨别，从而更加坚定理想信念。

2. 政治导向的科学性要素

思想政治教育作为一门学科，尤其是作为马克思主义理论一级学科下的二级学科的特殊身份，具有马克思主义理论一级学科所共有的学科内涵和特点，也具有不同于其他二级学科的独特性，充分体现在其围绕"教育"来开展的学科。③ 显然，思想政治教育是一门科学，广泛涉及心

---

① 教育部课题组：《深入学习习近平关于教育的重要论述》，北京：人民出版社 2019 年版，第 158 页。

② 习近平：《党的宣传思想工作》，北京：中央文献出版社 2020 年版，第 343 页。

③ 冯刚、郑永廷：《思想政治教育学科 30 年发展研究报告》，北京：光明日报出版社 2014 版，第 47 页。

理学、社会学、政治学、经济学、法学等学科。在推进思想政治教育过程中，在保证政治方向的前提下，必须符合思想政治教育规律性，遵从科学性。没有科学性，就谈不上正确的方向性；没有正确的方向性，也就失去了任何科学性。[①] 在红色文化融入思想政治教育过程中，应凸显政治导向的科学性，强化方向性与科学性的辩证统一，提升思想政治教育实效，实现"以文化人、以史育人、以理服人、以情动人"的目的。

第一，以红色文化正面教育为主。思想政治教育是"人"的"思想"的教育工作，所面对的客体或对象是人。必须以辩证唯物主义和历史唯物主义基本原理、方法论为指导，促进红色文化与思想政治教育有机融合，实现红色资源育人、红色精神鼓舞人的教育目标。根据思想政治教育有效性原理，须保证教育者、教育对象、教育目的、教育内容、教育方法、教育情境等各要素的科学有效。具体而言，应当综合运用思想政治教育的科学方法，将红色文化作为思想教育的重要素材，充分挖掘其中所蕴含的科学的世界观、人生观、价值观和方法论，向受教育者传播其所承载的红色精神与红色基因，以正面的、科学的、渐进的、持续的教育为主，主要在于引导与说服，内容上突出社会主义主旋律的爱国主义、集体主义和社会主义教育，激发人们的积极性，增加红色文化学习动力。

第二，科学把握红色文化与高校思想政治教育融合点。红色文化育人不是简单的文化的传播，必须充分彰显红色文化的特点和优势。红色文化具有先进性、时代性、革命性、包容性、价值性[②]，以及表现形式丰富多样性、功能价值的持久性[③]等特点，还因红色资源具有历史久远

---

① 刘书林：《思想政治教育学原理专题研究纲要》，北京：人民出版社 2018 年版，第 115 页。

② 张文等：《媒介融合背景下的红色文化大众化研究》，北京：中国社会出版社 2019 年版，第 61 页。

③ 肖灵：《当代大学生红色文化传播研究》，北京：中国社会科学出版社 2015 年版，第 29 页。

性、分布零散性、意识形态等特点，使得红色文化与大学生群体之间存在一个时间差、空间差、理论差①和语言差，若仍沿袭思想政治教育传统的"灌输式"理论教学，则难以确保教育成效。因此，科学把握红色文化与高校思想政治教育的融合点至关重要。

科学把握融合"时"。红色文化丰富多彩，思想政治教育内容又涉及广泛，要充分利用好时间线，在合适时机，适时在思想政治教育中融入红色文化。这种时间是需要提前规划的，如七月就有"红船精神"，九月就有"抗战精神"等，红色文化融入时机因时制宜、因势而化。

科学把握融合"点"。红色文化与思想政治教育有诸多契合点，如指导思想、信念教育、道德教育、核心价值观、爱国主义、集体主义、法治教育等都可以找到合适的契合点。这种契合点的科学准确把握，使得红色文化与思想政治教育"无缝"对接成为可能。以社会主义核心价值观为例，红色文化与社会主义核心价值观具有基因同源、文化同向、思想同核等共性因素②，任何一个价值观都可以从底蕴丰厚的红色资源中找到对应原型，这样既传播了红色文化，又丰富了社会主义核心价值观的内涵和历史沉淀。

科学把握融合"度"。凡事皆有度，过犹不及。红色文化融入思想政治教育中的主要途径是作为主体资源、教育内容资源、教育方法资源、教育载体资源、教育环境资源和教育条件资源③，但并不能以红色文化代替全部思想政治教育，对红色文化的融入需要"适度"。否定、戏说、淡化、丑化红色文化的做法固不可取，但过分夸大红色文化价值的现象，认为红色文化涉及方方面面，无所不能，以不切实际的思维方

---

① 李霞：《红色资源与思想政治教育》，北京：人民出版社 2015 年版，第 123—124 页。

② 《红色文化与社会主义核心价值观教育读本》编写组：《红色文化与社会主义核心价值观教育读本》，南昌：江西高校出版社 2016 年版，第 22—29 页。

③ 李霞：《红色资源与思想政治教育》，北京：人民出版社 2015 年版，第 95—99 页。

式开展红色文化教育未必妥当。

科学把握融合"面"。思想政治教育是传播红色文化的主渠道，应当在面上做到科学对接、有机融合、协调一致。思想政治教育课是一个完整的体系，科学融入红色文化需要精心调适。应做到：《马克思主义基本原理》侧重于"理"，结合思政课实质讲透红色文化中的"原理"；《中国近代史纲要》侧重于"史"，深度发掘党史、新中国史、改革开放史、社会主义发展史的红色精神以育人；《毛泽东思想和中国特色社会主义理论体系概论》侧重于"论"，阐释马克思主义在中国传播、接受、创造、创新、发展、深化、升华等，讲透新时代中国特色社会主义理论的实质；《思想道德修养与法律基础》侧重于"德"，红色文化与社会主义核心价值观就是最好的契合点，以丰富的史料夯实社会主义核心价值的坚实根基。[1] 要根据红色文化的突出特点，科学设计红色文化教学体系。红色文化教育日渐广泛，在部分高校已形成独立课程，或有一套特色化的教育模式。但无论是独立化的课程教育、融入其他课程的融入式教学，还是以丰富多样的社会实践方式教学，精心、科学的规划必不可少，其中就涉及红色文化教育目的、教学目标、教学方式、教学内容等的合理设计。要注重红色文化教学的整体性、层次性、综合性、灵活性等特殊情况，防止过高目标，不切实际，脱离基础史实的形式主义教学。

（二）以人为本原则

"以人为本"的人文精神是中国文化最根本的精神，也是一个最重要的特征，中国传统文化强调人的主体性、独立性、能动性。[2] 2020 年

---

① 覃银辉：《革命历史文化与思想政治教育》，广州：华南理工大学出版社 2018 年版，第 89 页。

② 楼宇烈：《中国文化的根本精神》，北京：中华书局 2016 年版，第 46 页。

肆虐全球的新型冠状病毒，中国能迅速走出困境并成为全球抗疫典范，经济、社会持续向好，其最核心原因是"生命至上、举国同心、舍生忘死、尊重科学、命运与共"①的伟大抗疫精神提供动力支持，而"生命至上"正是"以人为本"的科学诠释。"以人为本"是马克思主义的重要思想。马克思在《关于费尔巴哈的提纲》中提出了以人为本的理念，是马克思主义价值观的重要内容，是中国共产党全心全意为人民服务根本宗旨的具体体现。

1. 以人为本是红色文化教育的客观要求

所谓以人为本，具体就是"以学生为本"，在对大学生的教育、教学、管理和服务中，充分尊重大学生的主体地位，从大学生的合理需求、个性发展需要，激发大学生的学习积极性与创造性，实现大学生德智体美劳全面发展。坚持以人为本原则，是实现红色文化教育有效性的重要前提。在红色文化教育中坚持以人为本，就是要以服务大学生成长成才为中心，把满足大学生成长成才的合理需要作为红色文化教育的价值取向，把立德树人作为红色文化教育的根本任务，把促进大学生全面发展作为红色文化教育的出发点和归宿。红色文化教育实践中，要充分体现大学生的主体能动性、自主性和创造性。

红色文化融入思想政治教育活动，理想的状态是达致作为受教育者的大学生实现主体与客体的有机统一，促进"教育"与"自我教育"在受教育者身上的和谐互动。②"他自觉能动地以主体的视角体察教育者的教育活动及其所传达的意义，以自己的认知图式诠释、选择、内化教育者所传达的思想政治教育内容，并通过自己的实际活动来实践思想政治

---

① 习近平：《在全国抗击新冠肺炎疫情表彰大会上的讲话》，北京：人民出版社 2020 年版，第 12 页。

② 刘书林：《思想政治教育学原理专题研究纲要》，北京：人民出版社 2018 年版，第 127 页。

教育内容所具有的行为指令意义。"① 尤其是要防止传统思想政治教育中的"一言堂"式的空洞、抽象理论灌输模式，充分发挥大学生在红色教育中的主体地位，保障其主动性、参与性、积极性和实践性，由传统的单向性信息传递范式向教育者与受教育者的互动范式演进，使大学生保持对红色文化的广泛兴趣，并主动将之作为理想信念、道德观念、行为意识等的重要指引，真正把"要我学"转变成"我要学"②，实现红色文化融入思想政治教育的初衷。

2. 以人为本是落实立德树人根本任务的前提

教育的本质在于培养全面发展的人，教育是立德树人的事业。有效运用红色文化资源育人，是立德树人的重要环节。党的十七大报告首次提出了"育人为本，德育为先"的要求，十八大报告强调把立德树人作为教育的根本任务，十九大报告继续强调要"落实立德树人根本任务"，将"立德树人"置于"全面发展"之上。③ 这是党的教育思想的重大发展，深刻揭示了"德育"在各类学校教育中的突出地位，诠释了德性的成长是人的全面发展的根本保证。习近平强调"人无德不立，育人的根本在于立德"④。将红色文化融入高校思想政治教育，就是要通过红色文化所蕴含的丰厚的精神文化培育人、熏陶人、鼓舞人、激励人、引导人，以当代大学生作为主体进行"德性"教育。应把教育者与受教育者作为共同客体、共同主体来认知，将对方视为与自身平等交往的主体，不是简单"主体—客体"的对象化关系，而是"主体—主体"的主体际

① 沈壮海：《思想政治教育有效性研究（第三版）》，武汉：武汉大学出版社 2016 年版，第 71 页。

② 施丽红、苏洁：《高校思想政治课有效教学》，北京：光明日报出版社 2012 年版，第 13 页。

③ 教育部课题组：《深入学习习近平关于教育的重要论述》，北京：人民出版社 2019 年版，第 47 页。

④ 习近平：《在北京大学师生座谈会上的讲话》，北京：人民出版社 2018 年版，第 7 页。

关系，或者"主体—共同客体—主体"的关系①，缓和思想政治教育中的学生逆反或对立关系，尊重学生的主体需求和人格尊严，提升红色文化在立德树人过程中的伟岸动力和感召力。

红色文化融入高校思想政治教育的"立德"，应着重开展四个方面工作。第一，帮助高校大学生"扣好人生的第一粒扣子"。通过红色文化教育，帮助其树立正确的人生观、世界观、价值观。第二，帮助学生树立远大志向和高尚的理想信念。红色文化中蕴含丰富的价值，如坚定的共产主义理想信念、革命乐观主义精神、艰苦朴素的优良传统、谦虚谨慎的优良作风、批评和自我批评的良好品德等，都是思想政治教育的优质资源。第三，加强学生的社会主义核心价值观教育。红色文化是社会主义核心价值观的重要根基和渊源，以学生品德提升为中心和着眼点，通过丰富的红色文化资源将社会主义核心价值观转化为学生的情感认同和行为习惯，产生价值共鸣、共振。第四，帮助大学生抵御各种错误思潮带来的思想冲击。新时代面临着严峻复杂的国际国内形势，经济全球化、政治多极化、文化多元化的社会发展，既给大学生带来发展的机遇，也在意识形态等方面带来严峻挑战。在这样的大环境下，部分大学生的思想观念、价值取向等受到严重影响，高校思想政治教育受到冲击和削弱。高校必须创新教育理念，有效融入红色元素，充分尊重大学生的主体地位，切实有效解决大学生成长过程中面临的思想道德、价值取向等重要问题。因而，要遵循教育发展规律和学生成长规律，充分发挥学生的主体性，既要加强大学生思想道德素质的培养，也要注重满足学生内在需求，才能促进大学生成长成才，才能真正实现育人目标。

---

① 施丽红、苏洁：《高校思想政治课有效教学》，北京：光明日报出版社 2012 年版，第 104 页。

3. 坚持以大学生为中心的"三贴近"要求

"以人民为中心""坚持党的群众路线"是我党的根本立场。[①] 具体到思想政治教育中，"以人为本"原则应贯穿于红色文化融入思想政治教育的全过程。为更好地实现以人为本的理念，必须始终坚持理论联系实际这条思想政治教育的根本原则。2008 年胡锦涛视察《人民日报》时提出理论宣传工作要"坚持贴近实际、贴近生活、贴近群众"的"三贴近"原则；2011 年十七届六中全会强调文化发展必须遵循"三贴近"原则，十八大报告中再次提出要坚持"三贴近"原则。"三贴近"原则是理论联系实际原则的新发展，不仅适用于宣传工作、文化发展工作，同样适用于思想政治教育工作。尤其在蕴含丰富思想政治教育优质资源的红色文化教育中，坚持"以学生为中心"，贯彻"贴近学生、贴近生活、贴近实际"的"三贴近"原则，能增加红色文化教育的有效性。

第一，要充分体现以学生为中心，贴近学生。课堂教育是对大学生开展思想政治教育的主渠道，要充分发挥课堂育人作用。教学方式方法是影响课堂教育效果的重要因素，要采取符合学生特点、贴近大学生实际的教学方法。比如讨论式、启发式、参与式等，展开讨论、互动，关注学生的疑惑，引导他们进一步深入思考，结合社会问题启发、思考，组织同学们积极参与讨论，主动思考问题和分析问题，将所学的理论知识层层嵌入，更加深刻理解红色文化内涵。通过浸润式的教育让红色精神真正入脑入心，达到红色文化传承、发展，并提升思想政治教育实效。采取灵活性、参与性、互动性强的教学方式，更易激发学生的学习兴趣，有利于提升课堂教育教学效果。

第二，要贯穿于高校日常管理过程，贴近生活。高校日常管理服务

① 中共中央党校：《习近平新时代中国特色社会主义思想基本问题》，北京：人民出版社 2020 年版，第 104—109 页。

工作要突出以人为本的思想，管理工作人员应转变思想观念，切实体现管理育人、服务育人要求，在管理过程中融入思想政治教育的内容。要着力情感教育，关心学生学习和生活，及时解决学生困难，充分体现学生的主体地位，使大学生高度认可高校的管理、服务与培养。在日常生活中，教师、辅导员、班团干部等，充分运用红色文化精神涵养培育学生，用典型案例剖析学生生活中遇到的难题，达到潜移默化的红色文化育人效果。

第三，要发挥实践活动育人成效，贴近实际。实践性是思想政治教育的重要特性，实践教育是思想政治教育的第二课堂。学校要多开展趣味性、参与性、体验性、目的性强的校园红色文化活动，比如红歌比赛、红色诗歌朗诵赛、红色画展、红色知识赛等，在形式丰富多样的活动过程中，把红色文化教育内容生动形象地体现出来。要促进理性与感性相结合、理论与实际相结合，帮助青年更深刻理解红色文化蕴含的思想和内涵，潜移默化地接受和认可，最终达到"无教之教"的效果。

（三）系统性原则

系统是由相互作用相互依赖的若干组成部分结合而成的具有特定功能的有机整体。系统是处于一定相互联系中的与环境发生关系的各组成成分的总体。马克思是科学系统理论的创立者，虽然他没有关于系统性问题的专门著作，但是在有关社会系统理论和对社会问题进行系统研究方面做出了示范。系统性原则，就是把研究对象视为一个系统，协调系统中各子系统的相互关系，使系统完整和平衡，以此实现系统整体目标的优化。

1. 发展红色文化融入高校思想政治教育的系统育人观

系统科学承认事物的联系以及联系的系统。[①] 马克思恩格斯认为，

---

① 中共中央宣传部理论局：《马克思主义哲学十讲》，北京：党建读物出版社、学习出版社 2013 年版，第 61 页。

宇宙是由无数相互联系、相互依赖、相互制约、相互作用并相互转化的事物和过程所构成的一个统一整体。恩格斯指出："我们所接触到的整个自然界构成一个体系，即各种物体相联系的总体，而我们在这里所理解的物体，是指所有的物质存在，从星球到原子，甚至直到以太粒子。"① 这就指出了整个自然界是具有复杂的层次结构的，是由无数事物与过程相互联系和相互作用的复杂的系统。还指出："只要认识到宇宙是一个体系，是各种物体相互联系的总体，那就不能不得出这个结论来。"② 后来，恩格斯在批判地吸取黑格尔的辩证法的合理因素时，进一步肯定了世界是一个过程的集合体，在其中包含着世界是一个动态的复杂系统的理解。恩格斯指出："关于自然界所有过程都处于一种系统联系中的认识，推动科学到处从个别部分和整体上去证明这种系统联系。"③ 就教育而言，要切实增强红色文化与高校思想政治教育融合的系统观念，理清融合发展的系统关系，推进红色文化与高校思想政治教育系统融合与发展。

第一，注重红色文化融入高校思想政治教育的整体性。红色文化融入高校思想政治教育，要注重两者融合的整体性，避免"碎片化""离散性""弱关联"等现象。红色文化是资源、是载体、是方法、是手段、是路径，而高校思想政治教育是目的，是立德树人的任务所在。推进红色文化与思想政治教育的整体性融合发展，应当协调好目的与方法、资源与内容、内容与形式的关系。红色文化本质上是思想政治教育的手段，而通过红色文化对大学生理想信念的强化、思想品德的提升、创新精神的培养、传统美德的塑造、良好行为的指引等是目的。因而，在红色文化教育中，务必避免为红色文化宣传而宣传，为讲解知识而忽视育

---

① 《马克思恩格斯选集》（第 3 卷），北京：人民出版社 2012 年版，第 952 页。
② 《马克思恩格斯选集》（第 3 卷），北京：人民出版社 2012 年版，第 952 页。
③ 《马克思恩格斯文集》（第 9 卷），北京：人民出版社 2009 年版，第 40 页。

人的根本功能，主次必须清晰。红色文化包含了器物文化、制度文化、行为文化、精神文化等各方面，但又不可分割，红色文化融入教学时，器物、制度、行为文化是具象化的红色文化传播，讲解上形象、生动、风趣、幽默、艺术化均可，最终须归结到红色精神上来。应当将红色资源背后所彰显的红色精神与思想政治教育中的政治教育、道德教育、心理教育等内容相互"对接"，"对标"教育内容的契合之处，形成系统化的教育思路，而不是"各吹各号，各唱各调"，形成"红色文化"与"思想政治教育"分离的局面。

第二，注重红色文化融入高校思想政治教育的系统性。缺乏红色文化的系统教育观，碎片化、零散性的教学方式，只有红色文化教育之形，无红色意蕴融入思想政治教育之实，就容易形成红色文化与思想政治教育"两张皮"。应以思政课为主，对教育体系进行系统设计。要注重红色文化与思想政治课程的体系性融入，解决结构性问题。以丰富的红色文化资源为素材，与马克思主义哲学基本原理、马克思主义中国化实践、马克思主义中国化理论相互支撑、相互诠释、相互印证、相互交融，用思想政治课的基本原理和方法讲深、讲透、讲活红色文化资源的深刻内涵、深厚意蕴、厚重价值及时代意义等。系统地用中国革命、建设、改革及新时代民族复兴伟业的精神创造去印证、检验、回答马克思主义基本原理问题，系统作用于"红色文化—思想政治教育"之间，产生精妙的教育效果。要注重红色文化与思想政治教育的层次差异，解决层次性问题。着力对红色文化进行科学梳理，形成不同层次、不同结构、价值有序、功能有异的体现结构性特征的红色文化理论与实践体系，将红色文化分层次、分类型、分情形融入高校思想政治教育。要注重红色文化开放性与高校思想政治教育发展性的体系化融入，解决体系开放性问题。思想政治教育体系也是随着时代进步而不断发展变化，红色文化与高校思想政治教育也都处于运动变化之中，应在动态中不断调适，保持动态性平衡。

2. 建设红色文化融入高校思想政治教育的系统工程

高校思想政治教育是一项复杂的具有广泛社会性的系统工程。高等教育与高校思想政治教育有共同的育人目标和根本任务，高校各部门、各级领导以及全体教职工都是思想政治教育主体，都具有对大学生加强思想政治教育的责任，各部门各教职员工都分别承担着相应的对大学生进行思想政治教育的职责。红色文化融入高校思想政治教育，要遵循系统性原则，运用系统理论及方法分析和理顺高校思想政治教育系统内各环节各要素之间的关系，将红色文化有机融入高校思想政治教育整个系统，增进教育合力。

作为系统的高校思想政治教育，其各元素之间不是孤立分裂的，而是有机联系的整体，它们相互作用、相互制约的，为了共同的目标而紧密联系、协作共进。在开展红色文化教育过程中，思政课主渠道、第二课堂、日常管理服务等各环节，共同构成了高校思想政治教育系统，各环节之间是有机联系的整体。要把与之相关的纪念馆、展览馆、博物馆、文化馆、档案馆、遗址、会址、故居、红色旅游景区、文物保护单位等涉及红色文化的政府、社会、企业系统等有机融合，通力合作，共同促进大学生成长成才。高校思想政治教育系统既有相对静止的状态，也呈现动态的发展变化，学校开展思想政治教育也要对此作出回应。近年来，各高校逐步重视红色文化育人，利用红色文化资源加强高校思想政治教育，就是回应思想政治教育的动态发展而采取的措施。

红色文化融入高校思想政治教育系统，深化红色文化教育，学校各部门要相互协调配合、形成强大合力，充分发挥系统整体功能。包括马克思主义学院、各专业学院、学生处、校团委、宣传部、教务、后勤、保卫等部门以及各级领导、全校教职员工，各自都对大学生思想政治教育发挥重要的作用。高校思想政治教育系统内各要素要各尽其责、相互协调、相互作用、合力育人，共同促进红色文化在高校思想政治教育系统的融合育人实效，从而实现培养中国特色社会主义建设者和接班人的教育目标。

（四）共建共享原则

习近平总书记倡导"共商共建共享"的全球治理理念，推动了共建"一带一路"的高质量发展。共建共享原则包含了共建和共享两个方面，是相互联系、互为条件、互相依存、互为因果、紧密相连的有机整体。共建是共享的前提和基础，共建的状况决定着共享的结果，共建是影响共享的直接因素；共享是共建的延伸和目的，共享能够实现共建的价值和作用，实现最大化的发展和效应。2017 年 9 月 24 日，中办、国办印发《关于深化教育体制机制改革的意见》，要求用好自然、红色、文化、体育、科技、国防和企事业单位等各类资源的育人功能。在高校思想政治教育加快改革创新的背景下，推进红色文化有机融入高校思想政治教育，无疑是对当下加速高校思想政治教育改革的有力回应。红色文化资源作为红色文化的载体，是高校思想政治教育的优质资源，应当着力开发、挖掘、整合，充分发挥红色资源的育人功能。共建共享原则为红色文化教育资源分布不均和资源供给不足问题提供了解决的新思路，推动了红色文化育人事业的蓬勃发展。

1. 加强资源共建以增加红色文化资源有效供给

红色文化资源共建是指以高校为建设主体，充分发挥政府、高校、企业的各自优势，将政策、现代信息技术、专业人才、资金、市场、品牌等优势资源进行有效聚集、开发、整合与配置，推进红色文化资源产业开发、利用和发展，增加高校思想政治教育的红色文化资源有效供给。总体而言，红色文化资源分布不均，如江西井冈山、陕西延安、贵州遵义、福建等地红色资源较丰富，其他很多地方的红色文化资源分布较分散；有些地方红色资源还未得到有效开发和挖掘；有些红色资源被自然或人为原因破坏等，导致了红色文化资源对高校思想政治教育的供给不足。由此，要大力发挥各主体的积极性，加强红色文化资源的共建，推动政府与学校之间、学校与企业之间、学校之间、政府与企业之间的合作，共同建设、开发和整合红色文化资源，实现红色文化资源在高校思想政治教育中的增量供给和科学融合。

2. 推进资源共享以提高红色文化资源利用效率

红色文化资源共享，指同一红色文化资源被不同主体共同享有或受用，其实质是不同主体在互惠互利的基础上，共同享用红色文化资源，分享资源价值、提高资源效益的过程。[①] 这里的红色文化资源，不仅指物质形态的红色文化资源，还包括红色文化精神资源的生产和再生产。如推进学校与旅游企业共建共享，旅游公司为学生免费提供红色景点的参观和解说，让学生亲自参与和体验，受到思想的启迪和精神的激励，收获一场场真切生动的思想政治教育。这样的举措引起社会、媒介的广泛关注，给旅游公司作了一个反响强烈、影响力巨大的宣传，由此获得社会的好评。如高校利用多种信息技术开发红色微电影、红色网站等，增进学校之间的资源共享，同样也能实现思想政治教育目的。政府部门与学校也可加强合作，实现资源的保护、资源的挖掘、资源的产品开发等协同，为高校思想政治教育提供丰富的红色文化教育资源。

(五) 发展性原则

马克思主义的发展观认为，世界上一切事物都处在永不停息变化发展当中，整个世界就是一个无限变化和永恒发展的物质世界。思想政治教育的内容、方式、根本任务也是不断发展变化的，红色文化本身及其

---

① 陈华洲：《思想政治教育资源论》，北京：中国社会科学出版社 2007 年版，第 230 页。

运用也是不断丰富和创新的过程。随着国际国内环境的变化，随着高校思想政治教育工作的改革和发展，人们对红色文化有着更深刻的认识和理解。我们要用发展的观念认识红色文化、要用发展的观念生产与再生产红色文化，要用发展的观念创新红色文化教育。

1. 以发展的观念认识红色文化

红色文化产生于中国共产党成立，形成于新民主主义革命时期，社会主义革命建设时期、改革开放时期得到不断丰富，在中国特色社会主义进入新时代，红色文化持续创新发展。红色文化是一个历史范畴，在不同的历史时期有不同的含义、不同的表现形式或不同的存在形态。红色文化精神是红色文化的核心和灵魂，充分体现了中国不同历史时期的伟大民族精神和时代精神，其精神实质是一脉相承和与时俱进的，体现了红色文化继承性、超越性与发展性的辩证统一。中国永续发展的伟大征程中，红色文化仍然要在继承红色革命基因的基础上不断地创新发展，不断实现新的超越。

2. 以发展的观念生产和再生产红色文化

开展思想政治教育，不仅要加强已有的革命文化的学习，还要重视红色文化的生产和再生产。身边的红色文化是直接的更为熟知的宝贵教育资源，正在发展凝聚着的红色精神更容易鼓舞和激励大学生。一个个生动鲜活的事迹和故事是同学们耳濡目染或感同身受的，是最有感染力和生命力的红色文化教育，极大地升华了同学们的爱国主义精神，坚定了同学们的四个自信。

3. 以发展的观念创新红色文化教育

红色文化是中国共产党领导全国各族人民共同创造的社会主义先进文化，它包括物质文化、精神文化、制度文化和行为文化。红色文化在马克思主义中国化的进程中，不断丰富、创新和发展，对党的建设和中华民族伟大复兴发挥着不可替代的作用。红色文化本身的丰富发展，推动着红色文化在高校思想政治教育中的融入。沂蒙精神、延安精神、井冈山精神、西柏坡精神等红色精神，是党和国家的宝贵精神财富，要不断结合新的时代条件发扬光大。不同时期的红色文化体现了不同的时代精神，发展的红色文化也需要创新发展红色文化教育，这是全体高校教育工作者面临的长期而重要的任务。

二、红色文化融入高校思想政治教育的协同方向

高校思想政治教育是一项复杂、连续的系统工程。高校思想政治教育系统内部由不同的子系统组成，各子系统和各元素共同构成了高校思想政治教育的完整体系。它们之间具有密切的关联性，一旦其中一个环节脱节或者相分离，就会影响整个思政教育系统的和谐发展。应准确把握红色文化融入高校思想政治教育的协同方向，促进高校思想政治教育系统性和协同性发展，夯实红色文化有效融入高校思想政治教育的根基。

（一）协同推进主渠道与主阵地融合育人

1. 主渠道与主阵地相互补充和相互融合

习近平指出："要用好课堂教学这个主渠道，思想理论课要坚持在改进中加强，提升思想政治教育亲和力和针对性。"① 大学生思想政治教育包含思想政治理论教育与日常思想政治教育两个方面，前者是主渠道，后者是主阵地，两者相互依存、互为补充，主阵地配合主渠道协同

① 教育部课题组：《深入学习习近平关于教育的重要论述》，北京：人民出版社 2019 年版，第 57 页。

做好大学生思想政治教育。这里有一定的功能区分，但往往是相互交融的。① 思想政治理论教育作为主渠道，承担着马克思主义理论教育的任务，主要由专门的思想政治理论课教师通过课堂教学来加以完成，是大学生思想政治教育的主要实现形式。日常思想政治教育是主阵地，是指除了思想政治理论课之外，对大学生思想政治教育产生影响的教育形式，包括社会实践活动、社团活动、校园文化活动、党团活动、心理健康教育、就业指导、创新创业、校园网络等教育形式和途径。主渠道与主阵地是高校思想政治教育系统里的两个重要子系统，是高校开展思想政治教育的两个重要力量和途径。在实践中，较普遍存在的主渠道与主阵地之间相互分离、各自为政以及主渠道超载、主阵地闲置等，严重影响了高校思想政治教育实效。要着力构建高校"大思政"格局，把主渠道与主阵地相结合，"一体化领导、专业化运行、协同化育人"②。要加强主渠道与主阵地互联、互融，二者同向同行，营造"耦合型"协同育人氛围。③

主渠道与主阵地属于高校思想政治教育系统内的子系统，主渠道与主阵地虽然其工作岗位、工作内容、工作方法不同，但在教育目标上是一致的。主渠道与主阵地是理论与实践的相互补充。主渠道主要任务是马克思主义理论教育，主阵地主要是实践教育，二者在各自岗位上都具有不可替代的重要作用，主渠道为主阵地提高理论指导，主阵地是主渠道的实践延伸，为主渠道提供实践基础，使教育理论得到不断深化，实现理论教育与实践教育的有机融合，从而使大学生内化于心，外化于

---

① 周博文、赵俊爱：《高校思想政治教育"主渠道"与"主阵地"交互机制探索》，载《思想理论教育导刊》，2014 年第 8 期，第 102—105 页。

② 杨晓慧：《以"大思政"理念创新思政育人格局》，载《思想教育研究》，2020 年第 9 期，第 6 页。

③ 连洁：《建构高校思想政治工作全程全方位育人模式》，载《中国高等教育》，2017 年第 8 期，第 19—21 页。

行，最终实现育人的目的。

2. 主渠道与主阵地协同推进红色文化育人

(1) 发挥思想政治教育主渠道作用

思想政治理论课教学这个主渠道，是进行系统的、规范的思想教育、政治教育、道德教育、心理教育等思想政治教育的基本过程。[①] 从心理学视角，思想政治教育过程包含教育者实施思想政治教育的工作过程、受教育者思想品德的形成过程和思想政治教育的矛盾转化三个过程。从行为学习论视角，思想政治教育行为学习是获得社会规范行为的主要来源[②]，高校思想政治理论课"无论其具体课程如何变化、教学内容怎样调整，本质上都是对大学生进行马克思主义理论教育，提升大学生的思想理论素养和思想道德素质，帮助大学生树立正确的世界观、人生观和价值观"[③]。红色文化作为思想政治教育的优质资源，用以融入思想政治教育作为大学生"立德"的依托、"树人"的精神，离不开思想政治理论课教学这个主渠道对红色文化育人的系统性教学。

思想政治理论课主渠道传播、传承与阐释红色文化，要在三个方面重点推进。一是要将红色文化有机融入思想政治理论课。二是采用红色文化校本课、特色课等思想政治理论必修课或选修课方式，系统向高校大学生讲授红色文化知识及红色精神体系。三是通过课程思政教学范式，深挖各学科各专业中与红色文化、思想政治教育密切相关的连接点、契合点，通过专业教学融入思政内容，增进立德树人成效。

---

① 曾平、梁满艳：《新时代高校思想政治教育"主渠道"和"主阵地"协同育人机制研究》，载《现代教育科学》，2019 年第 5 期，第 46—49 页。

② 李昊婷：《思想政治教育学习心理研究》，北京：中国社会科学出版社 2020 年版，第 112 页。

③ 黄蓉生：《推进思想政治教育学科建设必须处理好几个关系》，载《思想理论教育》，2015 年第 2 期，第 48—53 页。

（2）发挥思想政治教育主阵地作用

2006 年，教育部出台《关于切实推进思想政治理论课建设和学生工作的意见》，明确提出思想政治教育"主阵地"概念。通过创新工作方式，在大学生日常管理中全面融入思想政治教育工作内容，实现思想政治全时、全领域、全方位嵌入高校教育各个环节，因而称为思想政治教育的"主阵地"。通常，高校通过开展各类校园文化活动进行思想政治教育工作，引导大学生树立正确的世界观、人生观和价值观，促进大学生成长成才。[①]在高校学生日常管理活动中融入红色文化，进行思想政治教育具有重要价值，可以有效弥补主渠道的思想政治课教学内容抽象、方式单一、时空差异等不足。主阵地下的日常生活思想政治教育，对引导大学生"养成自尊、自爱、自律、自强的优良品格，提高思想认识和精神境界"[②]具有极为重要的意义。

通过主阵地推进红色文化教育多样化，与主渠道的红色文化教育相互呼应，共同构成高校思想政治教育的鲜活实践。一是实施丰富多样的校园红色文化活动、社团活动、实践活动等，通过隐性教育方式将红色文化所蕴含的崇高理想信念、道德品质、革命精神等红色精神潜移默化传递给学生。二是依托主阵地激活第二课堂，充分调动高校管理层、教师、学生等各类主体参与到红色文化育人的时代需求中，并有效连接高校与拥有丰富红色资源的景区、革命遗址、博物馆、展览馆等企事业单位，搭建政府、高校、企业、社会、家庭等有机联系的红色文化育人共同体。三是将红色文化融于日常生活管理中，拓展网络教育阵地，通过现代网络技术、人工智能等创新红色文化的传播和教育。

---

① 习凤鸣：《试析高校思想政治教育"主渠道"与"主阵地"的交互作用》，载《学校党建与思想教育》，2012 年第 4 期。第 80—81 页。

② 黄蓉生：《推进思想政治教育学科建设必须处理好几个关系》，载《思想理论教育》，2015 年第 2 期，第 48—53 页。

（二）协同推进主课堂与全课堂联动育人

推动高校思想政治教育创新发展，实现育人目标，需要依靠主课堂与全课堂的相互联动、协同育人。习近平总书记在全国教育大会上指出，"办好教育事业，家庭、学校、政府、社会都有责任。"① 学校的目的是培养人才，课堂育人是人才培养的重要方式。对于高校思想政治教育来说，主课堂即思想政治理论课，承担着对大学生进行系统的马克思主义理论教育的任务，是对大学生开展思想政治教育的最主要课堂。全课堂是指能够丰富大学生知识、提高大学生综合素质、提升大学生能力，对学生思想政治教育产生正能量的各种教育方式。全课堂具有主体多元化、内容丰富性、载体多样性等特点。全课堂包括思想政治理论课堂即主课堂（第一课堂）、第二课堂、专业课堂、社会课堂及家庭课堂等所有课堂。思想政治教育是一个复杂的系统工程和动态过程，仅仅依靠思想政治理论课远远不够，须重视推进各环节各过程的协力育人。当前，存在主课堂与全课堂之间各自独立、脱节的现象，对全课堂的认识不足，其作用发挥还不够。应加强推进主课堂与全课堂互动互融、互补互促，形成合力，协同推动高校思想政治教育质量提升，实现红色文化有机融入高校思想政治教育中，推进立德树人根本任务落实。

1. 推进主课堂与第二课堂联动育人

主课堂与第二课堂的教育目标、价值导向都是一致的，都是为了培养大学生成为德智体美劳全面发展的社会主义建设者和接班人，这是二者联动的基础。红色文化融入高校思想政治教育，应当将主课堂与第二课堂相互结合、互动互融。第二课堂是相对主课堂（第一课堂）命名

---

① 教育部课题组：《深入学习习近平关于教育的重要论述》，北京：人民出版社 2019 年版，第 87 页。

的，是指主课堂之外的，积极引导、鼓励和支持学生参加校园内外有组织地开展的各种活动与实践，提升学生综合素质的教育形式。主要包括校园红色文化活动、社会实践、社团等组织活动，创新创业、志愿者服务等内容。第二课堂内容丰富、形式多样、趣味性强，很容易被学生接受和认可，能够弥补主课堂传统教学模式的不足，是主课堂的延伸和补充，第一课堂与第二课堂的深度融合，是高校教育发展的必由之路。研究表明，第二课堂与大学生核心竞争力之间存在显著的正相关性，第二课堂是承载着更为丰富的教育内容与形式的教育阵地和渠道。对学生非智商素质的有效塑造和培养，正是第二课堂的独特价值之所在。①

　　推进主课堂与第二课堂的联动，要着力四个方面的工作。一是注重第一课堂与第二课堂红色文化教学内容衔接。通过第一课堂对红色文化基本原理、精神要义的系统学习，通过四史（党史、新中国史、改革开放史、社会主义发展史）及辅助资料的延伸学习，将红色文化及价值体系向大学生群体系统传播，建构其红色文化知识体系，促进学生将红色文化与蕴含的理念信念、革命观、历史观、价值观、世界观等内化于心。通过第二课堂，对第一课堂所讲授的重点内容、特色内容，结合学校所在地红色资源分布、校园文化、红色氛围等因素，有计划、有组织、有针对、有目的地补充、丰富、延展、升华第一课堂的红色文化，形成立体的红色文化认知体系。二是注重红色文化第一课堂的显性教育与第二课堂的隐性教育相结合。第一课堂主要以正面教育、引导和启发为主，以显性教育方式系统传播红色文化精神、辅之以富有魅力的个性教学等方式实现知识的传递。第二课堂则应担负起对第一课堂的拓展和夯实的任务，可通过朋辈教育、实践教育，开展校园文化艺术活动，举

---

　　① 曾德生：《充分发挥第二课堂思想政治教育价值》，载《中国高等教育》，2020 年第 8 期，第 38—40 页。

办主题研讨会、学习沙龙等，发挥文化、服务、实践等的育人作用。①
第二课堂要以隐性教育方式来实现红色精神的内化育人，促进大学生思
想的"第二次飞跃"，践行红色理念和价值，外化于学习、生活和工作。
三是以"贴近学生、贴近生活、贴近实际、贴近时政、贴近时代"为导
向，与时俱进创新第二课堂教育内容和教育方式。四是第二课堂要发挥
大学的主体性、主动性、自觉性、参与性，将思想政治理论课堂及专题
红色文化课堂等第一课堂的抽象理论，与生动、丰富、多样、多元的红
色文化资源及社会实践活动相结合，使第二课堂由"模仿—重复式"学
习向"发现—探索性"学习转变，真正做到课堂教学与课外教学协调与
融合发展。②

2. 促进思政课程与课程思政联动育人

习近平总书记在全国高校思想政治工作会议上强调："其他各门课
都要守好一段渠、种好责任田，使各类课程与思想政治理论课同向同
行，形成协同效应。"③ 高校加强思政课程与课程思政相互融合、协同育
人具有重要指导意义，红色文化融入高校思想政治教育，需要将其与各
专业相互结合，更加彰显实效。"课程思政"强调的是思想政治课之外
的各门课程也必须承担思想政治教育的任务，通过课程教学达到对学生
进行思想教育的目的。④ 以往重点强调的是主课堂，即思政课程课堂，
对其他课程的思想政治教育功能重视不够。立德树人根本任务的实现，
客观上要求高校推动思想政治教育改革创新，将红色文化作为重要教育

---

① 连洁：《建构高校思想政治工作全程全方位育人模式》，载《中国高等教育》，2017 年
第 8 期，第 19—21 页。
② 魏培微、马化祥、马莉萍：《高校第二课堂与大学生创新素质培养的关系研究》，载
《思想教育研究》，2011 年第 10 期，第 99—102 页。
③ 习近平：《谈治国理政》（第二卷），北京：外文出版社 2017 年版，第 377—378 页。
④ 许硕、葛舒阳：《"思政课程"与"课程思政"关系辨析》，载《思想政治教育研究》，
2019 年第 35 期，第 84—87 页。

资源、教育方式、教育内容融入思想政治教育体系，推进思政课程与课程思政有机融合。思政课程与课程思政统一于新时代高校思想政治教育体系中，它们相融相济、相互促进，既发挥思政课程的引领作用，又发挥课程思政的有益补充，形成高校思想政治教育的协同效应。

3. 促进主课堂与社会课堂、家庭课堂联动育人

落实高校立德树人根本任务，须推动高校思想政治教育系统内外各课堂之间的相互衔接、相互补充和相互促进，健全学校家庭社会协同育人机制。提升学校教育质量、促进青少年的健康成长，学校、家庭和社会都有责任。要高度重视主课堂与社会课堂、主课堂与家庭教育联结联动，有效发挥各级各类社会组织和家庭教育的力量，共同推动高校思想政治教育的创新发展。健全学校家庭社会协同育人机制，要以学校为主导，积极引导家庭教育，争取社会各方支持，不断优化育人环境。习近平指出，"家庭是人生的第一所学校，家长是孩子的第一任老师，要给孩子讲好'人生第一课'，帮助扣好人生第一粒扣子。"① 学生从出生开始，其家庭成员的言行举止、生活点滴对他们产生潜移默化的影响，对他们的三观具有重要引导作用。家庭课堂既是主课堂教育的基础，又是主课堂教育的补充、延伸和持续，要引导家长加强家教、立好家规、树好家风。全社会和家庭都要积极为大学生成长成才营造良好环境和氛围，提供相关条件支持，增强联动育人成效。

（三）协同推进"四位一体"合力育人

社会系统是由无数个相互关联、彼此依存的子系统构成，它们相互

---

① 教育部课题组：《深入学习习近平关于教育的重要论述》，北京：人民出版社 2019 年版，第 87 页。

制约、相互作用、相互补充和相互促进，共同推动社会和国家的发展和进步。思想政治教育工作也是社会系统中不可缺少的一个要素、一个子系统，属于上层建筑范畴①，应置于复杂的"大社会"中思考和展开。习近平强调："要建立党委统一领导、党政齐抓共管、有关部门各负其责、全社会协同配合的工作格局，推动形成全党全社会办好思政课、教师认真讲好思政课、学生积极学好思政课的良好氛围"。② 将思想政治课这个立德树人的关键课程，高瞻远瞩、高屋建瓴地置于整个社会背景下审视，形成全社会协同推进高校思想政治教育的合力。根据系统论，社会每个系统之间，系统内外部之间都是密切联系的，应当尽可能利用有益的一切因素，推动高校思想政治教育良性循环发展。社会教育系统与高校思想政治教育系统紧密联系、相互影响，要优势互补、立足全局、着眼长远，充分利用好各方资源，把政府、社会、家庭和学校统一起来，与思想政治教育相互衔接和配合，共同促进红色文化有机融入高校思想政治教育，实现协同育人、合力育人。

1. 发挥党政机关在红色文化育人中的主动性作用

红色文化融于思想政治教育，契合了党中央关于切实推进高校思想政治教育、创新人才培养，切实提高思想政治教育质量的要求。党政机关在推进红色文化育人过程中，居于领导者、政策制定者、监督者和评价者的多重角色，发挥着主导功能。中共中央和国务院关于思想政治教育中融入红色资源等的政策性文件，是开展红色文化教育的重要政策法规依据。如关于思想政治教育、道德教育、美学教育、传统文化等方面的指导意见、纲要、计划等，把革命文化、革命精神、红色资源、红色精神作为思想政治教育的重要资源。如关于红色文化教育、红色基因传

---

① 孙其昂：《社会学视野中的思想政治工作（第二版）》，北京：科学出版社 2017 年版，第 20—21 页。

② 习近平：《论党的宣传思想工作》，北京：中央文献出版社 2020 年版，第 387 页。

承、红色文化创新以及融入思想政治教育的文件，是各高校开展思想政治教育的重要依据。中央国家机关在红色文化资源开发、利用以及红色文化教育推进等方面的规划、规章、规范性文件及指导意见，为高校开展红色文化教育提供了重要支撑。如教育部党组关于思想政治教育课、辅导员队伍建设、三全育人等方面的实施意见等，为高校开展红色文化教育提供了重要引领。各省级党委、人民政府及所属教育主管部门等制定的关于红色文化教育的指导意见或工作部署，为各地方高校结合实际开展红色文化教育提供了支持和指导。要加强顶层设计，形成从中央到地方、从党委到政府、从教育部门到关联行政机关的重视红色文化育人的思想政治教育共识，营造浓厚的红色文化育人氛围。

2. 发挥学校在红色文化育人中的核心作用

高校是红色文化教育最重要的核心场域，是推动红色文化"进教材、进课堂、进头脑、进心灵""四进"的主战场，在红色文化育人中发挥核心作用。高校有强大的思想政治理论课教育队伍、庞大的日常思想政治教育的管理者和辅导员队伍，还有各专业、各学科专业教师队伍协同开展思想政治教育，这是社会教育所不具有的优势。高校丰富的红色文化图书资源、史料等资源，以及丰富多彩的校园文化活动，都是开展红色文化教育所必备的基本条件。高校是培养社会主义建设者和接班人的主要阵地，通过多样化的教育方式实现红色文化融入思想政治教育全过程、融入大学生整个学习周期、融入其生活的各个方面，是文化育人、立德树人的根本任务要求，是确保"红色江山不变色"的重要保障。

3. 发挥社会"红色基因库"在红色文化育人中的重要作用

习近平指出，"要把思政小课堂与社会大课堂结合起来"，这是对社会教育与高校思想政治教育关系的精辟总结。社会教育既是学校教育的延伸和补充，也是学校教育的拓展和超越，它为高校思想政治教育提供了新的途径。习近平曾指出："革命博物馆、纪念馆、党史馆、烈士陵园等是党和国家红色基因库"①。要不断加强高校思想政治教育与社会教育的有机融合，充分利用社会丰富的红色资源，有效利用"红色基因库"的宝贵资源，作为思想政治教育的优质"营养剂"。学校可以与爱国主义教育基地、红色旅游公司、名胜风景区、工厂等进行合作，定期带领学生参观学习，让他们亲身体验和感受，学习先烈们艰苦奋斗、英勇牺牲的精神；通过名胜古迹和风景胜地，了解祖国悠久历史和灿烂文化；到工厂、企业参加社会实践活动，了解到各种现代科技、人工智能等技术，感受到祖国的巨大变化，劳动者们为现代化建设不辞辛苦的劳动精神。通过社会传播媒体了解国家、世界发生的重大热点、重大事件，让大学生关心社会、关心国家、关心世界，增进大学生的亲身体验和参与，共建最深刻最生动的思政课。

4. 发挥家庭教育在红色文化教育中的基础作用

2016 年，习近平总书记在会见全国文明家庭代表时，要求"继承和弘扬革命前辈的红色家风"，做好新时期家风建设。习近平总书记强调："各级领导干部要带头抓好家风，继承和弘扬革命前辈的红色家风，向焦裕禄、谷文昌、杨善洲等同志学习，做家风建设的表率。"②

家庭教育是青少年价值观形成的重要环节，良好家庭教育，是青少年"扣好人生第一粒扣子"的前提和基础。要在家庭教育中，帮助青少年了解过去的历史，引导他们珍惜当下和平，用红色资源感染和教育他们，潜移默化地使他们持有积极的学习和生活态度，引导他们固守原

---

① 习近平：《论党的宣传思想工作》，北京：中央文献出版社 2020 年版，第 29 页。

② 习近平：《习近平谈治国理政》（第二卷），北京：外文出版社 2017 年版，第 356 页。

则，坚守红色精神家园。要合理利用感动、传承、践行、感恩等教育途径，引导青少年将个人梦上升为中国梦，激发青少年使命感、责任感，正确引导和培养青少年的世界观、人生观和价值观。

三、红色文化融入高校思想政治教育的保障机制

十八大以来，党中央大力弘扬红色文化，推进红色基因赓续传承。高校是传播和弘扬红色文化的重要阵地，创新推进红色文化融入高校思想政治教育，意义尤为深远和重大。要建立和完善有利于红色文化融入高校思想政治教育的内外部保障机制，高效、有序、有力地推进红色文化有机融入高校思想政治教育全环节。

（一）健全组织保障机制

高校的组织领导，对红色文化教育的规划、设计、开展、实施等，起着统筹、统率和决定作用，直接关系着红色文化教育效果。

1. 强化党组织在红色文化教育中的领导地位

党是社会主义事业的领导核心，"党政军民学，东西南北中，党是领导一切的。"[1] 红色文化最核心的要义是其红色底蕴，是中国共产党领导中国人民通过浴血奋战在革命、建设、改革开放时期不断发展创新的先进文化，自始至终都是在党的领导下发展和丰富的。弘扬红色文化精神"一直在路上"，其指导思想是马克思主义中国化的最新成果，即习近平新时代中国特色社会主义思想是其传播、传承、创新与发展的根本遵循。[2] 而高校思想政治教育，其根本属性是马克思主义教育。坚持党

---

[1]　习近平：《习近平谈治国理政》（第三卷），北京：外文出版社 2020 年版，第 16 页。
[2]　邱小云：《红色文化十讲》，南昌：江西高校出版社 2018 年版，第 195 页。

的领导，是我国教育事业鲜亮的社会主义办学方向底色①。

在红色文化教育中坚持党的领导，可开展高校党组织红色文化育人工作的专项绩效考核，充分发挥各级党组织对思想政治教育工作的领导作用。习近平强调，"高校党委对学校工作实行全面领导，承担管党治党、办学治校主体责任，把方向、管大局、作决策、保落实。"② 高校党委对红色文化教育的领导，须做好资金支持、关系协调、资源配置和检查督导等工作。要积极听取各部门和教职员工的意见和建议，及时发现问题，解决问题和困难。习近平强调，"要加强高校党的基层组织建设，创新体制机制，改进工作方式，提高党的基层组织做思想政治工作能力。"③ 应高度重视高校基层党建工作，做好师生的党员发展和教育管理工作，运用灵活多样的方式推动红色文化传播、传承与发展，使各级党组织成为贯彻落实好红色文化教育的规划者、指挥者、执行者，成为开展思想政治教育的坚强后盾。

2. 优化高校组织管理体系

毛泽东同志指出，政治路线确定之后，干部就是决定的因素。高校领导班子和党政干部的组织管理能力和素质水平，在各方面工作中都起了决定性作用。要重视加强领导干部能力素质培训，为推动教育事业发展提供坚强的运行保障。要进一步落实党政同责要求，完善领导机制，构建党委统一领导下的"党政齐抓共管"大格局。要持续优化教育教学管理体系，形成教学、科研、党群、行政管理和服务部门等相互配合协调、相互影响、相互制约，既各负其责又紧密配合的协同育人工作机制。要明晰部门工作职责，把思想政治教育工作与其他管理服务等工作

①　本书编写组：《习近平总书记教育重要论述讲义》，北京：高等教育出版社 2020 年版，第 94 页。

②　习近平：《论党的宣传思想工作》，北京：中央文献出版社 2020 年版，第 279 页。

③　习近平：《论党的宣传思想工作》，北京：中央文献出版社 2020 年版，第 279 页。

相融合、同部署、同开展，完善考核指标体系，同步考核、科学评估。要强化管理服务部门的思想政治教育功能，切实推动红色文化教育融入管理系统各部门工作中，形成整体性育人氛围，达致协力效应。

（二）优化资源供给机制

红色文化资源是红色文化的重要载体，它体现了中华优秀传统文化的前进方向，传承了中华民族最纯正的精神血脉，蕴含着中华民族最根本的精神基因，是高校思想政治教育的优质教育资源。习近平总书记强调："要把红色资源利用好、把红色传统发扬好、把红色基因传承好"。

1. 发挥各级政府对红色文化资源的保护、开发和利用职能

政府有着承担教育发展和进行教育资源合理配置的义务和责任，政府对红色文化教育的发展起着重要的保障作用和推动作用。当前，红色文化教育资源供给呈现总量不足、质量不高、结构失调、区域分布不均等问题，需要发挥政府的主导力量和作用。一是加大政策支持力度。政府要制定红色文化资源建设的政策和规定，作出有关保护、挖掘、利用红色文化资源的具体实施细则，对故意破坏红色文化资源的行为作出处罚规定等，为保护、开发红色文化资源提供强有力的制度保障。要在开发利用与保护红色文化资源之间形成合理平衡，坚持先保护再开发、通过有效开发促进保护①，以保存更多优质的红色文化教育资源，保证红色精神的代际传承。二是加大资金支持力度，通过设立红色文化专项资金，立项支持红色文化资源的挖掘、整理、修缮、保护、开发，专项支持有关红色文化资源的理论研究、产品研发以及推广运用。三是加大专

---

① 禹玉环：《遵义市红色文化遗产保护与开发利用问题研究》，成都：西南交通大学出版社 2016 年版，第 104 页。

门人才支持力度。政府要召集专家对已经破损的红色资源进行鉴定、评估，并聘请专业人员进行修复、完善；同时邀请专家们开发、挖掘更多的红色文化资源。①

2. 加强学校与红色资源单位的共建共享

高校红色文化教育资源的供给，除依靠政府的支持外，还需要与拥有、占有、管理、开发、利用、保护、研究红色文化资源的企事业、社会组织等强强联合，共建共享，破解高校资源供给不足的短板。校企合作的教育模式，有利于大学生走出校园，接受革命传统教育和爱国主义教育，实现高校思想政治教育与红色资源单位的合作共赢。可组织大学生走出课堂，亲身踏入红色旅游景区，看红色遗址、听红色故事、唱红色歌曲，深刻体会、理解、感悟红色文化蕴含的价值内涵和精神实质。红色旅游具有社会信仰引领、红色精神教育、爱国主义情感教育、传承红色基因、提升红色文化认同、促进老区脱贫致富等社会功能、文化传承功能和经济功能。以参与式、体验式的实践教学方式更符合大学生的学习需求，容易被大学生所接受。高校应与红色资源单位合作共建实践基地、教育基地等，搭建红色文化实践教育的常态化平台，探索新的合作形态，如井冈山大学、延安大学、南京大学等搭建的红色文化教育校企合作。高校应发挥其红色文化研究优势，与企事业单位、社会组织合作建立红色文化研究基地，通过资源互补方式实现红色文化的发掘、利用、保护、传承与发展。如井冈山大学、湘潭大学、延安大学、南开大学、南昌大学等高校成立了全国红色旅游创新发展研究基地，实现红色景区与高校强强联合，搭建了资源共建共享平台，促进红色文化资源成为公共产品、公共资源。

---

① 韦红霞：《高校红色文化教育资源供给的路径研究》，载《黑龙江高教研究》，2017 年第 8 期，第 130 页。

3. 加强高校间校际红色文化资源的联动发展

红色文化资源具有地域性、分散性等特点，因地域差异出现了红色文化资源区域分布不平衡现象。红色文化实体资源具有不可移动性等特点，很多高校只能运用本土红色文化资源，加之考虑到经济成本、学生安全等问题，难以走出本地区，带领学生去省外红色景区。红色文化资源地域空间上的限制，严重制约了红色文化资源供给。红色文化资源丰富地区有得天独厚的资源优势，红色文化氛围浓厚，有展开红色文化系统研究的政治、经济、文化、地理、历史等便利，研究成果一般较为丰富，教育实践较为成熟。如井冈山大学、遵义师范学院、赣南师范学院、闽南师范学院、沂蒙大学就对红色文化教育有了系统的、各有特色的探索，其成功经验能为其他学校提供良好支撑。应加强红色文化资源丰富地区高校与资源欠丰富地区高校的校际联动机制，促进红色文化资源建设、红色文化研究、红色文化教育研究成果联动发展。可依托现代信息技术，实现高校组团作战，联动建设网络红色文化阵地。

（三）强化队伍保障机制

教师乃教育之本。习近平总书记在谈到教师时，多次强调了教师塑造灵魂、塑造生命、塑造新人的重要地位。高校思想政治教育工作队伍是开展大学生思想政治教育的主体，是马克思主义理论的宣传者和传播者，是红色文化的传承者、弘扬者，是对大学生思想、政治、道德、心理等方面的引导者，在大学生思想政治教育活动中，是文化育人核心力量[①]，始终起着主导作用。作为教育组织者和实施者的教师，在思想政治教育中占主导性地位，这是思想政治教育活动得以有效开展的基本条

---

① 张立学：《以文化人：大学文化育人研究》，北京：人民出版社 2019 年版，第 196 页。

件。[1] 高校红色文化育人工作队伍包括核心力量的思政课教师、辅导员以及教学教辅与管理服务人员。2017 年 12 月 4 日教育部党组印发的《高校思想政治工作质量提升工程实施纲要》就使用了"三全育人共同体"的提法，红色文化育人亦应形成校内工作队伍"共同体"，又称为"教育者"[2] "思想政治教育工作者"[3] 或"思想政治教育主体"[4]。无论是学校领导、党政管理人员、后勤服务人员，还是思政课教师、专业课教师、辅导员、班主任等，都是红色文化育人工作队伍的主体。当前，各高校大力加强思想政治教育工作队伍建设，取得一定成效，但仍然存在一些问题，如数量不足、职业认同感不强、队伍素质不平衡等，亟待加强红色文化育人工作队伍建设。

1. 打造结构合理、协同发展的红色文化育人工作队伍"共同体"

思政课教师和辅导员是开展大学生红色文化育人的主力军。按规定，思政课专任教师总体上按不低于师生 1∶350 的比例配备，专职辅导员总体上按 1∶200 的比例匹配。学历结构上，思政课教师与专业课教师相比，总体学历偏低，博士学历教师占比不高。职称结构方面，有些学校思政课教师出现中低级职称比例多，高级职称比例少的现象，甚至部分思政课教师没有经过思政专业系统培养，学生政治辅导员的专业学科也是五花八门。应加大建设投入力度，培养一支数量充足、结构合理、业务精湛、作风优良的高水平教育工作队伍；应加大政策倾斜力度，引进高学历、高水平专门人才，优化职称结构和比例；应进一步重视继续

---

① 沈壮海：《思想政治教育有效性研究》，武汉：武汉大学出版社 2016 年版，第 62 页。

② 张耀灿、郑永廷、吴潜涛、骆郁廷：《现代思想政治教育学》，北京：人民出版社 2006 年版，第 271 页。

③ 刘书林：《思想政治教育学原理专题研究纲要》，北京：人民出版社 2018 年版，第 154 页。

④ 陈秉公：《思想政治教育学原理》，北京：高等教育出版社 2006 年版，第 309 页。

教育和再培训工作，促进思政教师、辅导员向专家化、专业化、职业化发展。

红色文化育人共同体是一个层次分明、结构合理、分工合作、相互协作，具有共同理念、价值导向与职责指引的联合体。这里仅探讨高校内部红色文化育人共同体队伍，其至少包含五个方面的构成：一是红色文化教育的领导者、组织者，指高校党政部门和管理人员，他们是红色文化育人的领导力量和组织力量。二是思想政治理论课教师，他们是红色文化育人的骨干队伍，是思想政治教育主阵地的核心力量；三是学生工作队伍人员，他们是红色文化育人的专职队伍，是思想政治教育的重要力量；四是全体专业教师，他们是推进专业教育与思想政治教育融合的协作力量；五是心理健康教育队伍、后勤服务人员，是红色文化育人的重要辅助队伍。红色文化育人工作是一个有机联系的系统和整体，各主体在不同岗位上行使不同的工作职责，紧密联系、相互补充、合力共进、协同发展，共同推动大学生的红色文化教育，落实立德树人的根本任务，培养德智体美劳全面发展的社会主义建设者和接班人。

2. 全面提升红色文化育人工作队伍的综合素养

"高校教师要坚持教育者先受教育，努力成为先进思想文化的传播者、党执政的坚定支持者，更好担起学生健康成长指导者和引路人的责任。"[①] 应当通过加强理论学习、各种培训、师德师风建设等多种途径，提高红色文化育人工作队伍政治素养、能力素养和人格魅力，为实施红色文化育人提供人才保障。

首先，提升政治素养。合格的政治素养是教育者应该具备的基本素养，是红色文化育人工作队伍担起学生健康成长的指导者和引路人的基

---

① 习近平：《论党的宣传思想工作》，北京：中央文献出版社 2020 年版，第 275 页。

本前提。习近平指出："传道者自己首先要明道、信道。"① 高校红色文化育人共同体队伍要实现育人目标，其首先要自觉举旗定向，要坚定马克思主义信仰，坚定政治立场。旗帜鲜明讲政治是我们党的突出优势和根本要求，红色文化育人工作队伍要真正做到"全党要坚定执行党的政治路线，严格遵守政治纪律和政治规矩，在政治立场、政治方向、政治原则、政治道路上同党中央保持高度一致"②。通过加强理论学习、师风师德建设等途径，使广大教职员工以德立身、以德立学、以德施教，坚定正确的政治方向、政治观点、政治态度，提升工作队伍的政治素养。只有本身具有过硬的政治素养，才能担当大学生思想政治教育引导者和领路人的使命。

其次，提升能力素养。红色文化育人共同体工作队伍的知识和能力素养，关系着红色文化育人效果和质量。知识和能力素养包括很多方面，比如马克思主义理论素养、信息技术能力素养、教学科研能力素养、团队协作能力素养等。尤其是对红色文化融入思想政治教育过程中育人方面，教育者首先自己要做到"真懂、真信、真用"，方可用之育人，"懂之愈透则信之愈坚，信之愈坚则用之愈实"。③ 红色文化育人工作队伍要学深悟透红色文化的精髓，掌握好红色文化育人的科学规律等。在现代信息技术迅猛发展的今天，信息技术广泛运用于思想政治教育，应当熟练掌握信息技术的基本知识和使用方法，具备较强的教学科研能力，提升团队协作能力，促进合力育人。可通过加强理论学习培训、信息技术学习培训、研讨会、"课堂教学观摩周"交流会、教学大赛、集体备课、轮流听课制度、科研促教改项目、社会实践研修、出国

---

① 习近平：《谈治国理政》（第二卷），北京：外文出版社 2017 年版，第 379 页。

② 习近平：《决胜全面建成小康社会 夺取新时代中国特色社会主义伟大胜利——在中国共产党第十九次全国代表大会上的报告》，载《人民日报》，2017 年 10 月 28 日。

③ 汪炜伟：《福建红色文化的历史与传承》，北京：中央编译出版社 2020 年版，第 188 页。

访问学习等持续提升。

第三，提升人格魅力。是否具有良好的人格素养，直接关系到思想教育者能否卓有成效地进行思想政治教育。[①] 言传重于身教，拥有优秀道德品质、心理素质、富有气质与人格魅力，是思想政治教育工作者应具备的品质。就高校思想政治课教师而言，其人格魅力广泛涉及思想魅力、理论魅力、学术魅力、语言魅力和人格魅力等。[②] 就教学风格而言，风趣、幽默、含蓄、启迪、激发、煽情等这些风格或方法，往往能构成教育者的人格魅力。[③] 红色文化育人是否具有吸引力、感染力、号召力，学生是否能够有获得感，在很大程度上与教师的人格魅力有关。红色文化育人工作队伍除应具备政治素养和能力素养外，更应该渗透着情感、审美与意志的精神要素，而道德感、理智感、美感也蕴含其中，成为具有高尚人格魅力的人。[④] 良好艺术素养和丰富真诚情感是提升思想政治教师人格魅力的两个重要方面。

3. 增强红色文化育人工作队伍的职业认同感

红色文化育人工作队伍的职业认同，是指他们在职业工作过程中逐渐形成的，对自己所从事的思想政治教育职业的概念、意义和价值的认可，并自觉实施本职业所需要的特定行为的动态过程。思想政治教育工作者的社会角色是社会要求的代言人，包括对国家、政党和社会要求履行政治责任和道德责任，在社会活动中起到率先垂范的作用。[⑤] 职业认同感

---

① 沈壮海：《思想政治教育有效性研究》，武汉：武汉大学出版社2016年版，第67页。

② 卢俊成、林春逸：《多重"魅力"透视：高校思政课教师能力提升的五个维度》，载《广西社会科学》，2020年第7期，第172页。

③ 刘书林：《思想政治教育学原理专题研究纲要》，北京：人民出版社2018年版，第112页。

④ 王建新：《师资队伍建设：思政课教学质量提升的关键》，载《上海教育》，2017年第3期，第25页。

⑤ 孙其昂：《社会学视野中的思想政治工作（第二版）》，北京：科学出版社2017年版，第114页。

就是对自己所从事工作的认可程度，也是对所扮演的社会角色的认同程度。提高工作队伍的职业认同感不仅可以提高红色文化育人教学水平，而且能增强队伍内成员的幸福感和成就感，有利于工作队伍的稳定，促进红色文化育人工作的顺利开展。职业认同感是开展红色文化育人的基础，是提高大学生思想道德素质的前提，是落实立德树人根本任务的重要保证。

第一，要优化内外部环境。各级党委、政府、教育管理部门以及各高校要从顶层设计出发，制定工作队伍发展的相关文件，使其制度化、规范化，为其职业发展奠定基础保障，提供优良的内外部环境。要不断完善工作队伍的选拔、培养和管理机制，切实提高工作队伍的工资福利待遇；要建立健全工作队伍的激励和保障机制，完善教师职称评聘制度和行政管理人员的职务晋升制度。要建立健全工作队伍的入职培训、业务能力培训、社会实践培训、出国交流学习培训等机制，不断提高他们的业务能力、综合素质和竞争能力。要通过各种媒介，加大先进典型宣传力度，营造尊师重教的良好氛围，提高教师的职业声望，增强职业荣誉感和自豪感。

第二，要增强职业定力。红色文化育人工作队伍的职业定力就是对思想政治教育职业岗位和责任的坚守，是对该职业理想的坚定、对该职业目标的追求，而构成的一种积极精神状态，表现为在职业生涯中的不放弃、不动摇和不懈怠。① 主要包括：政治定力、理论定力、职业定力。可通过培养职业情感、加强马克思主义理论学习、养成职业反思的习惯等途径，提升职业定力，增强职业认同感。

（四）完善激励保障机制

马克思主义激励观认为，激励是人类特有的社会活动。人的活动具

① 魏启晋：《论高校思想政治理论课教师的职业定力和职业敏感》，载《思想教育研究》，2017 年第 9 期，第 75—79 页。

有主观能动性，"人的意识不仅反映客观世界，并且创造客观世界"① 激励是激励主体为了使激励客体能够达到某种主观预期，采取一定激励方法和措施，作用于激励客体，能够激发出激励客体的主动性、积极性和能动性的行为。高校要注重从外部构建和完善激励机制，从内部构建高校教师（指全体教职员工）、大学生激励机制，共同构成一个全员激励机制。激励机制的构建要以马克思的需求理论和马斯洛的需要理论为指导，遵循以人为本、公开公平、差异性等原则。良好的激励机制，可增强教师的职业认同感、荣誉感和责任感。完善激励机制，既是一个传统思想政治教育学科体系的理论问题，也是新时代高校思想政治教育改革与发展的需要，为红色文化融入高校思想政治教育提供了发展动力。

1. 从外部加强对高校的激励机制建设

从高校外部层面，由地方政府或者教育行政主管部门对思想政治工作突出的高校给予物质和精神方面的激励，发挥榜样示范激励作用，营造良好的激励环境，带领和激发育人共同体共同推动整个国家高校思想政治教育的创新发展。2020 年，《教育部等八部门关于加快构建高校思想政治工作体系的意见》（以下简称《意见》）印发，《意见》针对高校专职辅导员职业发展、聘用方式、待遇等作出了明确规定，要求提高思政课教师和辅导员待遇。此外，设立专项经费用于支持高校开展网络思政工作，并提出将思政工作纳入一系列评价指标。为促进辅导员职业发展，《意见》提出要完善高校专职辅导员职业发展体系，建立职级、职称"双线"晋升办法，并要求学校结合实际情况为专职辅导员专设一定比例的正高级专业技术岗位；专门强调不得用劳务派遣、人事代理等方式聘用辅导员；为提高思政课教师和辅导员待遇，要求各地要因地制宜

---

① 《列宁专题文集·论辩证唯物主义和历史唯物主义》，北京：人民出版社 2009 年版，第 138 页。

设置思政课教师和辅导员岗位津贴，纳入绩效工资管理，并相应核增学校绩效工资总量。各级政府部门在评优评先、考核表彰中，要为思政课教师和思政工作共同体人员专设一定比例和指标，加大先进典型表彰和宣传力度，全面发挥思政育人共同体的教育向心力、育人协同力。

2. 从高校内部完善教师和学生激励机制

要重视完善教师激励机制。高校思想政治教师是红色文化理论的宣传者、思想政治教育理论的学习者、红色文化融入思想政治教育工作的组织和实施者[①]，建立科学合理的激励机制，能充分发掘高校教师潜力，是提升大学生思想政治教育质量的重要保障，是实现红色文化教育实效性的重要基础。一是完善报酬待遇激励机制。经济基础决定上层建筑，经济收入决定社会地位。要从体制机制上着力，解决思政教师和辅导员工资福利综合收入相对偏低的问题。要完善奖惩制度设计，对热爱事业、倾情工作、成效明显的思政工作队伍，应奖尽奖、及时奖励。二是构建情感激励机制。构建人性化的情感激励机制可以激发教师的积极性、主动性和能动性，满足教师情感及精神的需要。构建情感激励机制，要注重支持教师多参与学校民主管理，要营造良好的育人环境，注重表彰优秀思政工作教师，发挥示范引领作用。三是完善评聘激励机制。职称是教师身份的象征，是教师职业发展的重要内容。2020 年 10 月 13 日，印发的《深化新时代教育评价改革总体方案》规范了高校教师聘用和职称评聘条件设置，为高校教师评聘职称松绑创造了机遇。思想政治教育与其他专业课程有所不同，评聘制度应当根据学科专业差异性进行针对性的设计，要制定具有科学性、合理性、可操作性、人性化的评聘制度，以此促进教师们的职业发展，提高教师们的职业认同度。

---

① 施丽红、苏洁：《高校思想政治课有效教学》，北京：光明日报出版社 2012 年版，第126 页。

要完善大学生激励机制。良好的激励机制能够增强大学生的积极性，激发学生潜能，提升红色文化教育效果。在遵循大学生的思想和行为特点、成长成才规律以及他们合理需要的前提下，构建科学的激励机制，激发大学生形成积极的心理推动力，充分发掘他们学习接受红色文化、参与思想政治教育等各方面的积极性、能动性和创造性。要形成物质激励和精神激励有机结合、协同育人的有效激励体系。要重视理想激励，及时了解和准确评估学生的成就理想的心理需要，根据对学生的评价结果，有效满足学生发展需要，促进大学生健康成长。

（五）深化评价保障机制

科学的评价机制，是红色文化融入高校思想政治教育的动力支持与制度保障。评价机制是评价主体按照预定指标，对整个教育系统的各要素，包括思想政治理论课、专业课、实践活动、教育环境、教育组织、教育管理等方面的全过程和教育效果进行综合评价的体系和运行机制。2012 年 2 月，中共中央宣传部、教育部印发《全国大学生思想政治教育工作测评体系（试行）》，其中，专门制定了关于"普通高等学校大学生思想政治教育工作测评体系"，专门测评高校加强和改进大学生思想政治教育工作的进展及成效。近年来，高校思想政治教育工作评价机制日益完善，功能日益发挥，推动了高校思想政治教育事业的创新发展。但评价机制仍存在评价力、应用力、指导力、说服力、信效力不强的问题，需进一步增进其科学性、公正性、准确性、可持续性，增强可信力、应用力和引导力。

1. 构建新时代红色文化教育评价体系

红色文化融入高校思想政治教育是一个完整的系统工程，它包含了思政课堂、专业课堂、社会实践、校园文化、后勤保卫管理等各环节，涉及包括领导、思政教师、专业教师、辅导员、党团组织成员、班主任、管理人员等全体教职员工，覆盖了学生从入学到毕业、从学习到生活等全过程。高校思想政治教育的评价机制也须具有系统性，既有校内校外评价，又有上下评价、自我评价等。具体体现为：上级部门对学校的评价；高校领导对各部门、单位的评价；各部门、单位的内部评价；各教师之间互评及教师对部门的以下评上；专家、同行、督导对教师的评价；教师、辅导员及班主任对学生评价；学生对老师的教育教学评价；所有教师学生进行自评等。红色文化融入高校思想政治教育，需要有别于传统思想政治教育评价指标体系，尤其要强化红色文化教育的内容、教育方法、教育效果等考核评价，要从政治性角度加大指标考核力度，全面体现立德树人根本任务落实成效。要创新手段，形成一个内外互动、多元参与、多级评价的新型红色文化教育系统性评价体系。

2. 完善红色文化教育的测评标准

思想政治教育评价指标体系包括要素、过程和结果评价指标。有一级指标、二级指标、主要观测点等。各地各校现有的指标体系相对完整，但具体测评标准还需完善，亦缺少红色文化教育专项指标。总体上看，指标之间彼此独立，关联性、融合度不高；有的测评标准比较空洞，不具体，操作性不强，应用力不够。应当细化、精确化、客观化，测评标准才更合理、科学和具有操作性，其评价结果才更公正、客观和准确。一是要将思想政治教育理论课考核与辅导员、班主任、专业课老师、各部门工作人员及学生的评价互为考核指标，实现思政课考核体系与专业课考核体系及管理考核体系的深度融合。要促进各个评价指标相互补充、深度融合、科学配置，实现更全面更客观评价。二是要增加有关课程思政的评价指标和具体的测评标准。课程思政是高校思想政治教育的重要组成部分，很多高校已经实施和推广，有的高校还没有起步，应当将其纳入考核评价范围，推动课程思政的快速发展。三是增加对红色文化教育的评价指标及具体的测评标准。红色文化教育是思想政治教育的重要内容和方式，没有红色文化教育的评价，就削弱了高校思想政治教育的评价效果。

3. 规范红色文化教育评价方法

思想政治教育评价主要采用材料审核和实地考察两种方法。材料审核法以测评年度前两年的材料为主，各类数据测评年度前两年的平均值。实地考察法采取走访、问卷调查等方式。百分之九十以上都采取材料审查的方法，少数采取实地考察，仅在网络思想政治教育指标里涉及了网络考察。材料审查是书面审查的形式，难免有些高校弄虚作假，不符合实际。应当更多运用接地气的实地考察，这样更直观更真实，能够做出客观公正的评价结果。也可采用第三方机构评测方法，客观对教学效果进行独立评价。应当建立大数据平台，采用定量分析为主或者定量与定性相结合的方式，运用大数据信息收集与分析方法，对高校思想政治教育评价进行全面、准确、及时和客观评价。

4. 合理运用红色文化教育考评结果

为了真正落实以评促建的作用，应根据考评结果，加大结果的运用力度。一是对考评结果优秀的单位及个人，应给予适度的物质与精神奖励。通过激励机制促使红色文化教育优秀单位和人员再接再厉，在红色文化教育理念、教育方法、教育内容等方面对思想政治教育进行更多创新性的探索，推动思想政治工作迈上新台阶。同时也对考评结果仅为合格或不合格者以鞭策，充分吸收优秀单位或个人的先进做法，协同提升红色文化育人实效。二是对考核不达标的单位或个人施以一定的处罚措施。如，对经考核不合格者实行预警机制和退出机制，以促进高素质的思想政治教育师资队伍建设；对不合格单位或评价结果较为一般的，应在年度目标考核（绩效考核）中充分体现，并督促其查找原因、弥补短板、科学改进，建立监督、改进、验收等长效机制。

第六章　红色文化有效融入高校思想政治教育的方法

　　高校思想政治教育既是一门科学，亦是一门艺术。作为高校思想政治教育的优质资源，红色文化的创新性传播和创造性发展，红色文化教育模式及方法的不断推陈出新，在高校落实立德树人根本任务中发挥着重要作用。作为思想政治教育系统工程的有机组成部分，红色文化融入高校思想政治教育，应从红色文化课程育人、红色文化课堂革命、红色文化资源整合、现代信息技术优化等多方面多管齐下，从理念革新入手，以创新为导向、以实效为依归，科学、系统、务实、准确地推进红色文化有机融入高校思想政治教育。

一、以红色文化课程体系建设为牵引深化红色文化育人

　　教育与文化、政治有着很深且密切的牵连。课程从来都不仅仅是知识的不偏不倚的汇集，它总是一种选择性传统的一部分，是某个集团对合法性知识的见解。它产生于文化、政治、经济的冲突、紧张和妥协

中，正是这些冲突、紧张和妥协使一个民族有机体团结在一起或四分五裂。① 推进红色文化教育，目的在于提高高校思想政治教育质效，根本任务在于铸魂育人。课程与课堂构成了红色文化融于思想政治教育的主渠道，"课程育人"是"十大育人"之首，结合红色文化特质与高校思想政治教育的规律，构建结构新颖合理、模式科学创新、特色鲜明丰富的红色文化课程体系②，是实现红色文化育人根本目标的重要支撑。

（一）红色文化课程体系建设的思路审视

课程体系是指在一定的教育价值理念指导下，将课程的各个构成要素加以排列组合，使各个课程要素在动态过程中统一指向课程体系目标实现的系统。课程体系是实现培养目标的载体，是保障和提高教育质量的关键。科学规划与建设红色文化课程体系，关乎红色文化融入高校思想政治教育的效果和质量，也关乎立德树人根本目标的实现。

1. 强化红色文化课程设置的目标导向

课程育人是十大育人体系之首，任何一个课程体系设计都应有科学的目标导向，否则就会迷失方向。通过推进课程改革"重塑""重建"学校文化，是促进学校内涵发展和提升教育质量的重要新生长点，一定程度上成为评价一个学校是否积极实施改革、课程是否富有特色的重要标签。③ 红色文化课程设置应当注重科学的目标定位、先进的设计理念、合理的类型配置以及相应的机制配套。在优化红色文化课程设置时，一

---

① ［美］迈克尔·W. 阿尔普：《文化政治与教育》，阎光才等译，北京：教育科学出版社 2018 年版，第 22 页。

② 刘加夫：《基于立德树人的红色文化教育体系构建研究》，载《红色文化学刊》，2020年第 3 期，第 89—97 页。

③ 吴晓玲：《课程"泛化"：面相、过程及价值》，载《南京师大学报（社会科学版）》，2021 年第 1 期，第 58 页。

般应重点考虑三个方面的因素。

一是重视课程设置的价值定位。应当改变过去只注重德性、社会性、品质塑造单方面、抽象化培养目标，更多关注学生全面发展、个性发展和激发创造力，实现德性发展与全面发展的有机融合、社会性与个性发展有机融合、品质塑造与激发创造力有机融合。[①] 须强调的是，红色文化教育是服务于思想政治教育这个大方向，不能好高骛远将红色文化教育目标定为空泛、过高、不切实际的理想，应当是符合红色文化传播规律、符合大学生心理接受特点、符合思政教育规律、符合社会发展需求，同时又是务实可操作性的目标。这对课程的设置而言至关重要，一旦把目标定位过高，就难以达到其效果；但定得过低，又与红色文化本身的价值理念不匹配。

二是注重课程设置目标的层次性。红色文化课程设置目标导向，应充分考虑学生的层次性实际，因材施教。仅就高校学生而言，本科、硕士、博士阶段都有思想政治教育课程，但很显然本科阶段注重的应当是红色文化精神的传递与启迪，而硕士博士阶段应当注重的是红色文化研究、阐发与创新。2020 年 12 月 18 日印发的《新时代学校思想政治理论课改革创新实施方案》强调：本科及高等职业学校专科课程重在加强理论教育和学习，高等职业学校课程还要体现职业教育特色；研究生课程重在探究式教育和学习。以高校本科学生为例考察，不同年龄段、不同年级、不同学科、不同地域等因素都会影响着红色文化课程目标设定和实现，课程设置时应防止"一刀切"的模式，宜考虑类型化配置。

三是注重课程设置目标的务实性。必须强调并保证大学生在红色文化教与学双向关系中的主体地位，激发其主动性、参与性、创造性和创新性，突出以文化人、以文育人的理念。课程设置目标必须注重务实

---

① 肖灵：《当代大学生红色文化传播研究》，北京：中国社会科学出版社 2015 年版，第 102 页。

性，脱离现实的目标将是无源之水、无本之木。要多贴近他们的思想和生活实际，深入了解其所思、所想、所为、所惑、所感、所悟，从其实际学习生活入手，设计红色文化教育的目标、内容、方法、步骤，契合其思想实际，消减红色文化资源因时间久远、空间距离、时代变迁等因素产生的陌生感、距离感甚至逆反情绪，增加红色文化教育实效。

2. 革新红色文化课程设计的基本理念

红色文化早已存在，应将其融入思想政治教育，作为优质思想政治教育资源，促进大学生的人格素养、思想境界、理论水平的提高，并通过内化与外化双重途径实现思想的飞跃，自觉将红色文化所蕴含的红色精神与中国特色社会主义理论有机结合，成为其重要精神力量、思想渊源，为学生成才注入强大的精神推动力。要对红色文化课程进行科学、系统、规范的设计，全过程全环节体现先进科学的思想理念，达致红色文化的育人目标。

第一，应坚持科学规划理念。思想政治教育是一门科学，红色文化融入思想政治教育中，作为高校思想政治教育资源、手段、方法上的重要发展，应当遵循有计划、有目的、有步骤、有组织的推进。"思政课是落实立德树人根本任务的关键课程"。[①] 红色文化资源作为优质资源融入思想政治教育，是对思政课这个高校思想政治教育主渠道的有益探索。红色文化资源呈现为红色旧居旧址、红色器物、红色文献、红色文艺、红色建筑、红色精神等多种形态，有利于拓展教育载体。红色文化教育事实上是服务于思想政治教育的，其作为课程被提出来，已经表明其所具有的重要性。国内不少高校已开展了丰富多样的红色文化课程建

---

① 习近平：《思政课是落实立德树人根本任务的关键课程》，北京：人民出版社 2020 年版，第 2 页。

设的尝试，"百家争鸣"的同时也呈现了"各自为政"的局面，缺乏顶层设计和科学系统规划。需科学论证与规划红色文化课程与思政课的关系、与专业课的关系、与社会实践课程的关系，合理安排第一课堂与第二课堂学分，系统规划和统筹设计。

第二，应坚持系统性融入理念。在红色文化教育过程中，因多数高校并未形成系统化的课程、教材、内容体系，红色文化教育"碎片化"现象凸显，红色文化融于思想政治教育，在一定程度上成为一种"形式""过场"或装饰，底蕴丰厚的红色文化的育人价值远未能充分发挥应有作用。为此，要从以下三个方面着力，深化系统性融入理念。一是注重红色文化的系统性挖掘、开发、整合与发展，提炼出具有"真理性、真实性、先进性的教育内容"[1]，形成以红色精神为主线，载体多元化的红色文化教育内容体系。二是注重红色文化统筹性地融入思想政治教育全过程。按"三全育人"的基本理念，思想政治教育贯穿思政课主渠道与日常思想政治教育主阵地，贯穿于高校学生整个大学学业周期。因而，红色文化融入就可以经科学统筹，采用独立化课程系统讲授、分散化多点契合思想政治理论课、第二课堂科学安排、精准融入等立体化的课程建设方式，使红色文化能以各种合理方式贯穿于学生学习生涯全周期。三是注重红色文化课程设置的体系化，确保在课程方式与不同教育模式下不存在相互矛盾、冲突、重复或存在遗漏等不自洽的问题，解决红色文化课程的内部和谐性。

第三，应坚持现实性设置理念。教育界固然已充分认知红色文化的重要历史意义与当代价值，尤其关注到其在育人方面与思想政治教育高度契合，因而探索出了校本课、特色课、专题课、实践课等红色文化课程样态，结合地方特色先行先试，取得了一定的成果。但不可否认的事

---

① 杨帆、张泰城：《红色文化资源融入高校思想政治教育理论研究综述》，载《红色文化资源研究》，2018 年第 4 期，第 205—216 页。

实是，由于红色文化资源分布不均、师资力量不足、红色文化教育氛围不浓、红色文化资源开发保护不力等原因，个别学校不能结合实际条件，而一哄而上进行红色文化课程设置，未必是一种实事求是的态度。针对上述情况，高校要考虑本地区红色文化资源禀赋和学校实际，科学决定红色文化课程的方式。如红色文化资源丰富的江西、陕西、福建、贵州等地的高校，完全具备也很有必要开设独立的校本课；对于资源禀赋不足的部分省市，虽然存在困难，但如科学设计，也可利用红色文献等资源进行研究、教学，开设出满足需要的独立校本课。要考虑本校的实际，决定红色文化课程的设置路径。如井冈山大学、遵义师范学院等，身处红色文化重镇，有取之不尽用之不竭的红色文化资源支撑，红色文化研究团队强大，学校红色氛围浓郁，显然具备开展独立设课条件，而且可以多样化的红色文化教育课程方式展现。要协调好红色文化课程与其他课程的关系，尤其要统筹规划好红色文化课程在课程体系中的课程门类顺序和学分结构中的权重比。

第四，应坚持配套性建设理念。在整个高校教育体系中，不论何种专业，课程建设并非简单增减一门课程，而是关涉系统性、结构性、目标性的调整，更涉及配套制度建设，否则可能形成空中楼阁难以实施。红色文化课程设置中，应注重四个方面的配套。一是做好教材配套。部分地方或部分学校已经组织编写了相应的理论与实践教材，但尚未形成统一的红色文化课程教材。可由教育部牵头组织编写组，开展红色文化系列教材的系统配套建设。二是抓好师资配套。独立的红色文化校本课、特色课、专题课由谁担当教授者，关涉教育效果及能否持续实施的问题。要组建专职的教育师资队伍，为深入有效开展红色文化教育提供基础保障。要形成以专为主、专兼结合、结构合理的红色文化专业教育团队。三是经费配套。作为一门独立课程、特色课程或专题课等呈现，必然需要持续、稳定、长期的教学、科研、资源、设施、实践等经费支持，不能仅由学校的二级学院层面自行承担和完成。四是强化课程思政配套。作为红色文化与专业课程融入教学，协同思想政治教育的育人机制，理念上当是无可厚非，但现实运行中，存在专业学院不重视、不支持、不开展等情况，影响了看似"完美"的"学融"结合教育目标。五是抓好制度配套。红色文化课程设置及实施，需要高校层面、马克思主义学院与专业学院层面的协同，这就需要靠制度予以规制。事关红色文化课程建设原则、建设路径、建设机制、执行保障措施、评价机制等。赣南师范大学早在 2013 年就制定了保障红色文化课程实施的规范性文件。如《精品课程建设管理办法》《关于把苏区精神融入大学生思想政治教育的实施意见》《推进"苏区精神进校园"工作方案》等。① 此外，还涉及教育方法配套、教育资源配套等配套机制。

（二）推进红色文化课程体系建设

课程是高校思想政治教育的主平台，在高校思想政治教育体系中居于十分重要的位置。课程建设是教育教学的基础，直接影响着学生知识的获取，关系着人才培养质量。红色文化课程建设是高校课程建设的重要组成部分，是红色文化育人的基础和前提，直接影响着课堂的教学效果。红色文化具有内容丰富、形式多样和功能独特的红色文化资源载体，为红色文化融入课程建设提供了强有力保障。目前，我国部分高校没有开设红色文化课程，有些高校即使有，但缺乏完善的红色文化课程体系，红色文化育人功能难以更好地发挥，严重影响了红色文化育人质量和效果。有必要根据红色文化育人目标，遵循必要性、科学性、现实性、系统性等红色文化课程建设理念，以传承红色基因、担负起培育红色传人的重大使命，不断增强红色文化育人的思想自觉和

---

① 刘福来：《地方高校特色文化课程建设的探索与实践》，载《中国大学教学》，2013 年第 9 期，第 27—29 页。

行动自觉。① 优化红色文化课程配置，建议除在全国性的思政课程中融入红色文化教学外，应当结合国家和本地红色文化资源，开发红色校本课程、红色特色课程、红色品牌课程、红色精品在线课程及课程思政等，形成"全员、全过程、全方位"的红色文化育人课程体系。

1. 深入推进红色文化有机融入思政课程

红色文化是以中国化马克思主义为核心的红色遗存和红色精神，是近代以来中国革命基因和民族复兴的精神凝聚，呈现了中国革命精神、社会主义价值体系的重要内容，凝聚了世界共产主义运动中的人类共有价值。② 通过对红色文化面向党内文化、中国精神、世界文化方面的现代化诠释，深挖红色文化的时代内涵，开发红色文化新的生长点等方式，展示出红色文化的鲜明特色、崭新内涵和世界魅力。③ 通过从历史、现实与时代价值等多重维度挖掘红色文化在新时代中国特色社会主义建设中的精神传承、文化优势及育人价值④，成为新时代必不可少的思想政治教育"营养剂"、历史"教科书"、精神之"钙"，成为中华民族精神的优秀"遗传基因"。在思想政治教育学界，红色文化资源被认为是开展思想政治教育的重要载体和优质资源，这点是取得共识的。问题在于，是否有必要单独将红色文化课程从已有的思政课程中独立出来，成为一门全国性的思政课程？这是牵一发而动全身的重大问题，需要认真讨论和精心准备。在学科论证、思想准备、师资配备、机制设计、系统

---

① 郭新春、刘科荣：《新时代红色文化育人的思考与实践》，载《中国高等教育》，2020年第11期，第60—61页。

② 沈成飞、连文妹：《论红色文化的内涵、特征及其当代价值》，载《教学与研究》，2018年第1期，第97—104页。

③ 孙宜芳：《红色文化现代化的三个维度》，载《红色文化学刊》，2020年第3期，第81—88页。

④ 徐功献、陈娜：《四重维度下苏区精神的新时代解读》，载《红色文化学刊》，2019年第4期，第20—27页。

整合等主客观方面条件尚未完全具备的背景下，红色文化资源虽然重要，也对思想政治教育发挥着积极促进作用，取得的成绩也有目共睹，但基于审慎性考量，在全国范围内推进红色文化育人的最佳方式，目前仍是将红色文化融入全国性的思政课程教学和课程思政，待条件完全成熟后，再适时推出全国性的红色文化课程、完善教材体系。推进红色文化教育，要在顶层设计上实现国家层面的进方案、进课程、进教材。

一是红色文化融入高校思想政治理论课要"进方案"。只有在顶层方案中设计了红色文化融入高校思想政治教育的要求、目标、评价等具体规范，才能在全国高校发挥刚性的引领作用。目前的红色文化融入机制，尚且属于"软性"规则，只在部分地方、部分高校、部分教师中予以探索实施，尚未形成全国性的红色文化教育氛围。《新时代学校思想政治理论课改革创新实施方案》已明确，在"大学阶段选择性必修课程"中应当"确保学生至少从'四史'中选修1门课程"，并凸显了"革命文化"的内容。这是目前对红色文化融于思想政治教育的顶层方案的最新版，其传递了两个基本信息：一是将红色文化课程独立为一门课程尚不具备条件，仍需以融入"四史"等方式体现；二是"四史"等课程的课程性质设定上，属于"选择性必修课程"。

二是红色文化融入高校思想政治理论课要"进课程"。只有将红色文化纳入课程体系建设，方能实现红色文化真正系统融入的目标。但囿于红色文化博大精深，具有跨越时空、深厚庞大、形态多样且持续发展等特点，在思想政治课程中全面融入有较大的难度。比较科学的思路应当是找准红色文化与思想政治理论课的"融合点"，发掘好融合时、融合点、融合度与融合面，将红色文化资源有机融入思想政治理论课教学中。思想政治教育主阵地是传播红色文化的核心平台，应做到科学对接、有机融合、协调一致。思想政治教育课是一个完整的体系，科学融入红色文化需要精心调适。《马克思主义基本原理》侧重于"理"，要结合思政课实质讲透红色文化中的"原理"，重点阐释马克思主义原理和方法论作为红色文化的指导理论，不仅指导中国革命和建设，也必将继续是新时代中国特色社会主义伟大事业的根本指导思想。《中国近代史纲要》侧重于"史"，要深度发掘党史、新中国史、改革开放史、社会主义发展史"四史"的红色精神以育人。红色文化大量蕴含在"四史"之中，"四史"之外的地方性红色文化资源是重要补充，这也是新时期思政课建设强调"四史"与革命文化、先进文化讲授的重要原因。《毛泽东思想和中国特色社会主义理论体系概论》侧重于"论"，要阐述马克思主义在中国传播、接受、创造、创新、发展、深化、升华等，讲透新时代中国特色社会主义理论的实质。毛泽东思想就是马克思主义中国化的第一次思想飞跃，红色文化精神是其十分重要的组成部分，应将红色文化的孕育、生成、发展始终贯穿于此课程之中，并有机结合。《思想道德修养与法律基础》侧重于"德"，红色文化与社会主义核心价值观、社会主义道德就是最好的契合点，以丰富的史料夯实社会主义核心价值的坚实根基。①《形势与政策》应有机地将伟大抗疫精神、脱贫攻坚精神等新时代红色文化融入教学。要乘 2020 年 12 月 18 日印发的《新时代学校思想政治理论课改革创新实施方案》中规定，全国重点马克思主义学院要率先新开设《习近平新时代中国特色社会主义思想概论》之机，做好红色文化教育传播。习近平同志多次考察延安、西柏坡、沂蒙、兰考等革命老区和红色文化诞生地，有诸多关于红色文化的精辟、深刻论述，学习这些重要论述是该新课程不可或缺的组成部分。

三是红色文化融入高校思想政治理论课要"进教材"。当前，《马克思主义基本原理》《毛泽东思想和中国特色社会主义理论体系概论》《中国近现代史纲要》《思想道德修养与法律基础》等课程系采用全国统编

---

① 覃银辉：《革命历史文化与思想政治教育》，广州：华南理工大学出版社 2018 年版，第 89—93 页。

的"马工程"教材，但其中对红色文化的融入相对较少，可在将来修订时关注红色文化的融入，注重发挥红色文化育人的重要价值。而地方性的红色文化课程或校本课程，已在探索中建设了各有特色的红色文化教材，但需从探索走向共识，从个体走向整体，系统提升层次和融合度。

2. 全面推进红色文化校本课程建设

校本课程开发强调学校是课程开发的主战场，即以校为本，其特点是为了学校、在学校中和基于学校。[①] 自 20 世纪 70—80 年代，校本课程已成为国外课程改革的一个重要趋势，美国、英国、澳大利亚等发达国家已开始广泛开发校本课程。20 世纪 90 年代中后期，开发校本课程的理念引起国内的广泛关注。最开始运用于我国的基础教育，并取得较丰硕的成果，而高等学校的校本课程开发进展相对缓慢。2019 年 8 月，中办、国办印发的《关于深化新时代学校思想政治理论课改革创新的若干意见》指出，思政课作为立德树人的关键课程，只能加强、不能削弱，应结合高校及大学生的特点形成"必修课 + 选修课"的课程体系。这为红色校本课程的开发提供了政策支撑和方向指导。红色校本课程开发，是指学校在统一实施国家课程（"马工程"教材）、地方课程的前提下，为达到红色文化育人的效果和实现教育目标，学校根据学生的特点和需要，利用当地和学校的红色教育资源，自主进行分析、规划、编订、实施、评价等一系列红色课程开发动态过程。

红色校本课程开发旨在通过红色课程育人，使大学生受到红色文化的熏陶、感染、滋养、领悟、内化及践行，提高红色文化育人效果，落实立德树人的根本任务，培养大学生成为德智体美劳全面发展的社会主义建设者和接班人。红色校本课程的开发，要以完成实施国家课程和地

---

① 赵珑：《红色文化校本课程开发的价值及其实现途径》，载《教学与管理》，2017 年第 19 期，第 39—41 页。

方课程为前提，可由学校根据教育目标的自主开发，以区别于国家课程的"自上而下"行政式课程决策，强调课程开发的民主性、平等性与多元化。① 红色校本课程的开发，要满足学生的需要，以当地的红色文化资源为基础，突出地方特色和学校特色。红色校本课程的开发，应纳入学校课程体系统筹安排，由学校、专家、教师、学生等共同参与进行规划设计和开发，突出教师和学生在课程建设过程中的作用和地位。红色校本课程的开发与建设，有助于高校发挥地方红色资源的优势功能，深化人才培养，提高教师专业水平和学生的综合能力。应鼓励高校积极开发红色校本课程，为红色文化教育、为高校思想政治教育实效性发展助力。

目前，部分高校已开发了丰富多样的红色校本课程，为学校思想政治教育注入了鲜活而巨大的力量，极大地提升了高校思想政治教育质量和教育教学效果。井冈山大学、临沂大学、龙岩学院等学校依托当地丰富的革命旧址、纪念馆、展览馆、博物馆、文物等红色物质文化，以及这些红色物质文化蕴含的红色精神，开设丰富多样的红色校本课程。如，井冈山大学在 2005 年起开设了"井冈山精神与当代大学生"的校本课程；临沂大学自 2011 年起开设了"红色文化与沂蒙精神"的校本课程；龙岩学院 2013 年开设了"红色闽西与中国革命""红色闽西与大学生思想政治教育"等校本课程；陇东学院开设了全校性的"南梁精神概论"选修课；② 遵义师范学院从 2016 年起开设"长征文化与长征精神专题"公共课；湘潭大学开设了"伟人智慧：大学生学习毛泽东"等课程；大庆师范学院开设了"铁人精神十讲"课程；③ 赣南师范大学开设

---

① 赵珑：《红色文化校本课程开发的价值及其实现途径》，载《教学与管理》，2017 年第 19 期，第 39—41 页。

② 王炳林、张泰城：《高校红色文化资源育人发展报告 2018》，北京：人民出版社 2020 版，第 71—72 页。

③ 王炳林、张泰城：《高校红色文化资源育人发展报告 2017》，北京：人民出版社 2018 版，第 31 页。

了"红色文化十讲"，等等。以上校本课程的开发，呈现出三个特点。一是红色校本课与红色资源丰歉程度密切相关。红色文化资源比较丰富的地区，高校的红色校本课程开发也较多；红色文化资源相对欠缺的地方，红色校本课开发力度也较弱。二是红色校本课重点突出了地方红色资源特色，如井冈山大学突出了井冈山精神、临沂大学突出了沂蒙精神、遵义师范学院突出了长征精神、大庆师范学院突出了铁人精神等，充分体现了红色资源与校本课之间的深度联系，也反映了红色文化教育的实践性特色。三是部分高校结合自身的红色文化传统开始尝试特色化红色文化教育。如北京理工大学深挖其"延安根、军工魂"精神，融入学校红色文化建设和传播之中。[①]

针对红色资源匮乏地区高校校本课较少的现实，可通过与资源丰富地区高校合作实现共建共享方式，联合开发红色文化校本课；或者以红色文化研究为导向、结合本地和本校情况进行整合、修编、开发红色校本课程。

3. 积极开发红色文化特色课程建设

大力推动学校课程特色化建设是彰显学校特色、提升教育教学内涵的重要手段。开发和推出丰富多样的特色课程，不仅可以作为国家课程的有益补充，而且可以满足大学生个性化的需要。红色特色课程是依托红色文化资源特色而开发的，高校根据学科专业特点和红色文化资源特点，寻找和探索它们之间相融合的契合点，结合人才培养目标和大学生的特点、需要，科学合理地开发和推出红色特色课程。红色特色课程的开发有机地将红色文化与各学科专业相融合，在红色特色课程育人过程中，实现了红色特色课程体系向红色特色教材体系转变，红色特色教材

---

① 孙利、刘存福：《红色基因 不竭动力：北京理工大学文化建设的传承与思考》，北京：北京理工大学出版社 2020 年版，第 126—129 页。

体系向红色教育教学转变，推动了新时代高校思想政治教育改革与创新。

我国地域广阔，红色文化资源分布广泛，蕴含的红色文化精神博大精深，各个地方的红色文化资源都具有自己鲜明的地方特色。近年来，全国各高校结合所在地红色文化资源特色，推出了独具特色的一系列红色特色课程。总体而言，这些特色课程是循着红色文化与高校思想政治理论课，以及"德、智、体、美、劳"的协同培养进行创新开发。可划分为以下六种类型：

第一，当地红色文化与高校思想政治相结合的特色专题类思政课程。如延安大学开设了"延安精神""党中央在延安十三年""延安精神及其时代价值"等特色课程；井冈山大学推出了"红色文化资源专题""井冈山精神与当代大学生"等特色课程；湘潭大学推出了"伟人智慧：大学生学习毛泽东"等特色课程；中国石油大学推出了"中国石油工业发展史"等特色课程；复旦大学推出了"治国理政的理论与实践"等特色课程；遵义师范学院推出了"长征文化与长征精神专题"等特色课程；大庆师范学院推出了"铁人精神十讲"等特色课程。[①] 这些红色特色课程的推出，使思想政治教育内容更加丰富，成为思政课宝贵的教学资源，提高了高校思想政治教育教学的感染力和亲和力，提升了大学生的学习兴趣。

第二，当地红色文化与德育相结合的特色德育课程。如西安电子科技大学以红色校史校情创新思想政治教学模式；东北石油大学开设"铁人课堂""大庆精神""铁人精神"等特色德育课程，邀请"铁人"王进喜老战友韩福奎、《铁人传》作者孙宝范到校讲座，近距离让学生感

---

① 王炳林、张泰城：《高校红色文化资源育人发展报告 2017》，北京：人民出版社 2018 版，第 31 页。

受石油英模的高尚品德、奋斗奉献精神等。① 被聘为大别山干部学院教师的黄德耀，讲的就是外祖母晏春山的忠烈红色故事。习近平称赞道："你讲的课是有感染力、说服力的。"习近平勉励红军后代、革命烈士家属做好红色基因的传承和传播，引导人们坚定信心跟党走。

第三，当地红色文化与智育相结合的特色课程。如黑龙江八一农垦大学就以"北大荒精神"为主线，将北大荒精神与思想政治、校园文化、志愿服务、科技创新等有效结合进行教学。②

第四，当地红色文化与体育相结合的特色素质课程。如，井冈山大学推出了"红色资源与野外生存生活训练""红色资源与拓展运动""红色资源与定向运动"等红色体育特色课程。③ 通过大学生对这些课程的学习，不仅掌握运动的基本知识、技能和战术，而且提高大学生的身体素质，更重要的是培养大学生吃苦耐劳、勇于担当、奋勇拼搏的艰苦奋斗精神，培养大学生团队协作精神和能力。

第五，当地红色文化与美育相结合的特色美育课程。如，东北石油大学推出的"大庆精神育人"的红色美育特色课程，通过"版画""剪纸艺术"和"芦苇画创作"等不同的艺术载体体现了"大庆精神育人"的美育成果。遵义师范学院开设的"红色经典音乐演唱和表演""红色经典艺术鉴赏"等红色特色课程。在这些红色美育课程育人过程中，学生体验和参与艺术活动，在实践中感受艺术魅力，不断提升人格素养和审美能力。2019 年 4 月 11 日教育部《关于切实加强新时代高等学校美育工作的意见》指出，"学校美育具有很强意识形态属性"，要"弘扬中

---

① 王炳林、张泰城：《高校红色文化资源育人发展报告 2017》，北京：人民出版社 2018 版，第 74—77 页。

② 王炳林、张泰城：《高校红色文化资源育人发展报告 2017》，北京：人民出版社 2018 版，第 78 页。

③ 王炳林、张泰城：《高校红色文化资源育人发展报告 2018》，北京：人民出版社 2020 版，第 176 页。

华优秀传统文化，继承革命文化……"，增强高校学生自觉文化自主意识、强化文化担当。

第六，当地红色文化与劳育相结合的特色课程。目前，尚未有直接见诸报道的红色劳育课程，但实际上有很多地方是可以实现的。各高校开发和推出红色特色课程，应该要紧密联系实际，认真挖掘地方红色文化资源，分析和研究红色文化资源的特色和蕴含的丰富内涵，充分发挥地方红色文化资源优势，根据高校人才培养目标和方案，结合学校实际情况和学生需要，科学合理开发红色特色课程，丰富学校课程体系，为人才培养提供优质的教育资源。红色特色课程开发要注意几个方面：一是要突出红色文化资源的特色；二是红色文化与学科专业紧密融合，寻找其共同点、契合点；三是要符合学校育人目标和培养方案；四是要符合学生的特点和需要；五是体现课程的特色性、趣味性、丰富性、内涵性、教育性、引导性。红色特色课程的开发中，关键要把握突出地方红色文化资源特色，要充分结合学校的特点，才能充分体现课程独具的特色性。比如井冈山大学在开发红色体育特色课程过程中，将当地红色文化资源的特色与体育课程特点及规律、学校和学生的具体情况紧密结合起来。井冈山大学地处革命摇篮井冈山脚下，井冈山气候宜人，森林密布，物产丰富，是"天然动植物王国"。也是天然的户外运动场，它独特的天然条件为红色文化融入户外活动提供了基础。开设的红色体育特色课程的运动项目都是当年红军们所经历过的，其蕴含的丰富红色革命精神和宝贵的高尚品质，正是新时代大学生应该继承和发扬的红色基因。比如贵州高校，可开设"长征文化与户外运动""长征文化与诗歌鉴赏""长征文化与大学生思想政治教育""长征精神育人"等红色特色课程。充分发挥地方红色文化资源特色，突出高校红色课程特色，切实提升红色文化的育人效果。

4. 重视推进红色文化在线精品课程建设

我国高校精品在线课程，大致经历了精品课程、精品开放课程、精品在线开放课程三个发展阶段，这也是精品在线课程在不同时期的三种不同表现形态。三者之间既有一脉相承的内在逻辑，也有课程发展的外延变化，都是高校教学质量与教学改革工程的重要组成部分。近年来大规模在线开放课程（慕课）等新型在线开放课程和学习平台在世界范围迅速兴起，扩大了优质教育资源受益面，正在促进教学内容、方法、模式和教学管理体制机制发生变革，给高等教育教学改革发展带来新的机遇和挑战。慕课是我国高校精品在线课程发展的新阶段、新形式和新方法，高校应当积极参与各类精品在线课程建设并付诸实践应用。红色精品在线课程与线下思政课教育教学优势互补，可以实现对大学生富有思想性、理论性、针对性和亲和力的思想政治教育，是线下思政课教学的有益补充，各高校可以利用优质的红色资源和现代信息技术，加大开发和建设力度。

我国地大物博，有很多红色文化圣地，其丰富的红色文化资源独具特色，为我国高校思想政治教育提供了优质资源。在新时代高校思想政治教育改革创新浪潮中，大力开发和建设红色精品在线课程，是提升思政课教学质量的有效措施，是丰富和完善高校思政课程体系的重要途径，是提升高校思想政治教育实效性的重要力量。红色精品在线课程建设彰显了优质资源共享理念，使红色文化资源短缺地区高校可以分享到优质的红色教育资源，破解了红色文化资源分布不均衡导致红色文化教育失衡的问题。

精品在线课程是示范性课程，从课程内容到呈现形式等方面都具有代表性、典型性和引导性，重点突出红色精品在线课程的"精品"二字。一是要精心选择红色优质课程资源。红色精品在线课程内容要依托红色文化资源，在选择红色文化资源时要根据学生成长特点和需要选择优秀资源，建立优质红色资源库，为建设红色精品在线课程提供基础。比如龙岩学院中央苏区研究院依托闽西丰富的红色物质资源和精神资源，建设了"红土地视点网络""红色闽西与大学生理想信念教育"等网络课程。二是要精细设计课程。根据培养目标、教学大纲、教学内容等精细规划、设计课程，以精致作品呈现给学生，实现育人效果。三是要精密选择和立足网络平台。要依托教育部《高等教育信息化2.0行动计划》要求，立足网络平台开展红色精品在线课程建设。如黑龙江八一农垦大学开设的精品在线开放课程"北大荒精神与文化"。四是红色精品在线课程要贴近学生、贴近实际、贴近时代。

5. 协同推进深度融入红色文化的课程思政建设

习近平先后在全国高校思想政治工作会议和学校思想政治理论课教师座谈会等会议上强调，要重视推进"课程思政"建设。2020年5月28日，教育部印发了《高等学校课程思政建设指导纲要》，对高校课程思政建设进行了顶层设计和统筹安排。

课程思政是指把思想政治课之外的其他课程运用起来，发挥其思想政治育人功能。[①] 课程思政就是要在各门课程中挖掘所蕴含的思想政治元素，将思想政治元素与课程内容相结合，潜移默化地传授给学生，对学生实现思想政治教育的目的。红色文化的课程思政实际上就是把红色文化有机融入思想政治课以外的其他课程当中，使红色文化与课程内容有机融合，在潜移默化中让大学生了解和接受红色文化知识及其蕴含的红色精神，实现红色文化育人的目的。

"课程思政"的提出，实质上表明了专业课或其他课程教师也担负

---

① 刘建军：《课程思政：内涵、特点与路径》，载《教育研究》，2020年第41期，第28—33页。

立德树人的重任。红色文化历久弥新，几乎在所有学科领域都能挖掘出红色文化的合理契合点，协同思政课教师和管理人员共同对大学生进行全方位、全过程的思想政治教育。开展课程思政应当遵循以下基本要求：

一是要深入挖掘各专业中开设红色课程的"契合点"。实现各专业人才培养目标，要注重开发和利用红色文化资源融入相关专业课程教育教学之中，创新发展专业的课程设置。比如湘潭大学国际关系专业把"毛泽东与第三世界"融入专业建设，形成了独特的非洲问题研究的历史传统；旅游管理专业开设"红色旅游地理""红色旅游文化"等课程；法学专业开设了"毛泽东法制思想研究"等课程。如牡丹江师范学院注重课堂理论教学与艺术实践相结合，从单纯的课堂教学训练走向舞台实践，打造了以东北抗联主题音乐舞蹈史诗"永不磨灭的信念"为主要载体的艺术实践教学平台，使教学、实践、演出浑然天成，达到锻炼人、教育人的教学效果。

二是各门课程与红色文化要合理"有机"融合。"有机"就是要很自然地交融，而不是刻意地强加或者显得牵强。红色文化与不同课程的融合度有一定差异。一般来说，红色文化与哲学、史学、政治学、社会学、法学、管理学等文科类学科交融点会比较多，专业教师进行教学时相对容易找到支点；但与医学、生物学、计算机科学、农学等学科的交融点相对少一些，但也并非无结合点，需要专业教师的深度挖掘。如建筑工程专业，就可以从红色建筑的角度切入，医学可以从白求恩精神、抗疫精神融入，计算机科学可以从载人航天精神等融入，物理学、化学等可以从两弹一星精神等融入。这里的融入是在找准点的基础上，将红色文化精神与相关学科以不留痕迹的方式科学、合理地嵌入，达到智育提升和德育培养的有机统一。如，井冈山大学将井冈山精神与体育类课程有机融合，开设了"井冈山红色野外生存生活训练""红色定向越野"

等课程，将户外训练与红色情境训练紧密结合在一起，促进了大学生的红色户外运动发展，最重要的是培养了大学生的勇敢、顽强的意志品质和团队协作精神，培养了爱党爱国情怀。

三是做到专业课与思想政治教育的"协同"教育。现代大学教育的一大特点是专业分化过于精细，学科界限划分过于僵化，人为造成了学科之间的壁垒和隔阂。从专业化到融合化是高校教育的另一重要发展趋势，交叉学科越来越受到重视，多学科融合发展更是促进基础教育、高尖端教育发展的重要依托。红色文化教育与专业课程之间本质上是紧密联系、相互促进、相互补充的。在推进课程思政建设中，要处理好专业课与思想政治教育的关系。一方面，应当确立专业课为主的原则。在专业课教学中，重点以专业课程内容为主，充分体现专业课的学科特点、教育规律和学科优势，不能将专业讲成了政治课。思政课不能淡化、削弱专业课，更不能代替专业课程的价值，实现专业不减量，育人提质量的目的。只有专业课程发展好，才能成为有价值的思想政治教育载体，才能更好地发挥课程思政的育人功能。另一方面，专业课教学中须坚持辅以思政的方向性原则。红色文化融于专业课程进行思政教育，并非占用专业的时间、空间或领域，而是通过专业教育中融入红色文化元素，在保证大学生学业精深达到"专"的同时，在政治思想上要"红"。如只顾"专"忽略了"红"，方向就会走偏，就会使"立德树人"的根本任务偏离航向，这也是课程思政提出的重要导向所在。

四是搭建专业师资与思政师资之间的双向互动平台。一方面，专业师资不仅注重专业领域的教学，也要特别注重思想境界的提升，方才能实现红色文化融入专业教学的客观要求。具体而言，专业师资需要掌握红色文化的基本理论，尤其要掌握与本学科、本领域、本课程直接相关的红色文化元素，运用艺术性的教学方法将红色文化融入其中。如法学专业项下就有许多二级学科，如宪法学、民法学、民事诉讼法学等。以民事诉讼法为例，在讲到审判机制的时候，就可以将"马锡五审判"结合讲解红色法律文化中的诉讼机制，民法学中讲到土地权利时就可以引入根据地时期的《土地法大纲》讲解，这就十分自然。另一方面，思政课教师应当关注所教授的专业和受教育者的学科基础，适度掌握所教育对象的专业背景，将思政理论中的红色文化元素与学科结合，增加课程的知识性、专业性、灵活性和结合性。可通过搭建跨学科横向协作团队，增进思政教师与专业教师之间的教学协作关系。同时，还要建构专业师资与思政教师之间的对话机制，交流学科内容、教学方法等，共同提升思政教育的效果。

二、以高校"课堂革命"为抓手创新红色文化育人

本科教育是大学的根与本，要提升本科教育质量，就要"推动课堂革命，建好质量文化"①。"革命"一词会习惯性导向彻底性革除，那么"课堂革命"就意味着将传统课堂模式、内容、方法等彻底推翻，重新建立崭新的课堂体系。事实上，"革命"除了彻底的、推倒重建般的"除旧立新"之外，还指"人们在改造自然和改造社会中所进行的重大变革"②或"根本改革"③之意。掀起"课堂革命"④是对高等教育课

---

① 陈宝生：《本科教育是大学的根和本》，http://edu.people.com.cn/n1/2018/0622/c367001-30075279.html（访问时间：2018年6月22日）。

② 夏征农、陈至立：《辞海彩图本A-G（第6版）》，上海：上海辞书出版社2009年版，第698页。

③ 中国社会科学院语言研究所词典编辑室：《现代汉语词典（修订本）》，北京：商务印书馆2000年版，第424页。

④ 陈宝生：《努力办好人民满意的教育》，载《人民日报》，2017年9月8日，第7版。

堂进行一场深入的改革，乃课堂教育之革新、创新、创意与改革之意。新时代中国高等教育走内涵发展道路，必须把质量作为教育的生命线。课堂是教育的主战场，是人才培养的主渠道，只有通过课堂革命，提高课堂教学质量，才能完成培养担当民族复兴大任时代新人的使命。

（一）革新高校课堂教育理念

理念是行动的先导。推动红色文化融入高校思想政治教育的课堂教育理念革新，是红色文化育人取得实效的前提。思想政治课的目的在育人，"育人之本，在于立德铸魂"。因此，整个课堂改革的目标必然围绕特殊的"人"——大学生全面展开。

1. 坚持以人为本的根本观念

教师的职责在于传道、授业、解惑，核心乃通过"传道"以育人。教师要坚持教书与育人相统一。思政课不仅是传授知识的平台，更是价值引领的主渠道，对大学生的理想信念、道德观念、世界观、人生观、价值观等产生直接的影响。大学生正是"拔节孕穗期"，是国家和民族的希望，是国家现代化建设的栋梁之材，最需要老师的引导和培育。特别要克服传统的以知识为本、以书为本、以考试为本的观念，要加强育人为本的观念，真正意义上实现教书与育人。具体而言，要坚持以学生为本的观念，从学生的成长需要出发，教学设计、教学内容、教学方法等要围绕学生、关照学生、服务学生，贴近学生生活、贴近学生实际，不断提高学生思想道德水平、政治觉悟等综合素质，培养大学生成为全面发展的人才。克服以师为本、以教为本的传统观念。

2. 坚持红色文化与思想政治教育深度融合理念

要切实解决实践中将红色文化教育当做另一种简单的知识灌输或新的理论说教，红色文化育人与思想政治教育脱节的"两张皮""装饰"

"走过场"现象。必须坚持两者之间的有机联结与高度统一，通过激发学生学习、接受、创造、转化的主体性，实现红色文化的继承和发展，实现灵魂的铸造，达到育人先育心、育德的目标。这种深度融合，实质上是将个人理想与国家的前途、民族的命运紧密结合起来，树立牢固的共产主义远大理想和中国特色社会主义共同理想，献身中国特色社会主义事业，为共产主义事业奋斗终生，从而实现思想政治教育与红色文化育人的高度融合。[①] 红色文化教育实践中，要主动找准深度融合的"契合点"，积极将红色文化精神熔铸于思想政治理论课中。[②] 这种融合是一个互动过程，不是单向的、被动的，而是双向的、主动的。红色文化具有强大的生命力、感召力和吸引力，能有效提升思想政治理论课的实效。同样，思想政治理论课为红色文化的传承和发展提供了良好平台，有利于红色文化的创新性发展。

3. 坚持政治性与科学性相结合的理念

红色文化教育，应以马克思主义为指导，以习近平新时代中国特色社会主义思想为根本遵循，以培养学生共产主义理想信念和共同理想为主要目标，以红色文化深厚的爱国主义、集体主义、革命乐观主义等情怀熏陶、感化、教育大学生，培养其科学的人生观、世界观、价值观。这是开展红色文化教育的基本前提。但思想政治教育既然被作为一门学科，就必然要遵循其学科规律，方可实现红色文化融入思想政治教育取得育人实效的目的，也是解决其低效的根本办法。[③] 对青年大学生来讲，革命时期、建设时期的红色文化与其较大的年代差、距离差、语言差，

---

① 邓军等：《高校思想政治工作质量提升理论与实践（文化育人卷）》，桂林：广西师范大学出版社 2019 年版，第 143—144 页。

② 张立学：《以文化人：大学文化育人研究》，北京：人民出版社 2019 年版，第 190 页。

③ 程刚、金一波：《高校思想政治教育实效性途径的探索》，载《高校理论战线》，2009 年第 1 期，第 41—42 页。

很多红色文化遗址、文化精神等与其有明显的距离感，如继续采用灌输式的理论教学法，而不是采用思想政治教育的创新方法，将会造成一定的接受障碍进而影响教育效果。青年学生更乐于接受实际生活思维和实际生活体验，而不是抽象的理论思维。回顾我党的思想政治教育史，树立先进典型、发挥榜样的力量一直是思想政治教育的主要方式。① 因而，要先解决青年学生对红色文化的认知及认可，而后实现认同内化为其内在品质、塑造其良好人格，再通过外化为行为的方式实现思想飞跃。

4. 坚持主体性与实践性相结合合理念

现代教育理论把教育者和受教育者作为教育过程的"双主体"，同为思想政治教育的主体，不是简单把对方视为自己认识和改造的客体，二者间不是"主体—客体"关系，而是"主体—主体"关系，或者通过共同客体中介为"主体—客体—主体"的关系。② 在红色文化教育中，这点是至为重要的，要在理念上把学生作为主体，以主体性理念让其参与教学、参与实践、参与互动，重视其通过红色文化教育的获得感，才会真正让红色文化"进大脑"，红色精神入心入脑。主体性的客观需求就是实践性，尽管红色文化存在时间久远，距离遥远等问题，但通过形象生动、多元互动、丰富的实践活动等，将红色文化所涉及的历史人物、事件、活动、器物、精神通过现代方式合理诠释，让学生能在真实红色文化实践中发现自己、锤炼自己、升华自己，实现"化知为行""化行为习""化习为德"，达致思想政治教育的目标。③

5. 坚持历史性与时代性相融合理念

红色文化是特殊历史时期形成的，处于不断发展过程中，是一个开

---

① 李霞：《红色资源与思想政治教育》，北京：人民出版社 2015 年版，第 68 页。

② 施丽红、苏洁：《高校思想政治课有效教学》，北京：光明日报出版社 2012 年版，第 104 页。

③ 汪炜伟：《福建红色文化的历史与传承》，北京：中央编译出版社 2019 年版，第 165 页。

放、动态的系统。但不少红色文化，尤其是革命文化和建设时期的红色文化，已然成为历史，但其所蕴含的文化精神、红色基因却经历了时间的检验，必将成为中华民族伟大复兴的精神支柱。汲取党的文献所记载、所展现的既错综复杂又波澜壮阔的革命、建设和改革事业的宝贵资源，是党史、中国近代史研究的重要方面，也是思想政治教育的宝贵财富。[①] 如何将"四史"所展现的红色文化精神融入思想政治教育，很重要的一点就是要将宝贵的红色文化精神以面向党内文化、面向中国精神、面向世界文化进行现代化发掘，彰显其科学价值、时代机制、内在根基和世界魅力。[②] 通过深度挖掘红色文化的独特魅力和跨越时空的时代价值，传承红色基因，弘扬红色文化，从中汲取智慧的力量和道德的营养，把大学生锻造成为担当民族复兴大任的时代新人。[③]

（二）深化高校思政课"课堂革命"

习近平指出，"思政课是落实立德树人根本任务的关键课程""发挥思政课的关键课程作用，必须坚持在改进中加强，不断推进思政课改革创新，推动思政课建设内涵式发展，提高思政课教学实效。"[④] 该精辟而深刻的重要论述，为推进思政课建设指明了前进方向、提供了重要遵循。思政课是加强红色文化教育的主要途径，是加强和改进高校思想政治教育、培养时代新人的灵魂课程。思政课的建设水平事关中国高等教育内涵式发展的实现，事关社会主义建设者和接班人的培养，必须围绕

---

① 仝华：《研读党的文献，坚实学科建设根基——关于"中国近现代史基本问题研究"学科建设》，载《马克思主义理论学科研究》，2015 年 1 月第 1 期，第 126—136 页。

② 孙宜芳：《红色文化现代化的三个维度》，载《红色文化学刊》，2020 年第 3 期，第 81—88 页。

③ 卢艳兰、张吉雄：《红色文化：独特的文化魅力和跨越时空的价值——为什么新时代青年要传承弘扬好红色文化》，载《红色文化学刊》，2019 年第 2 期，第 104—108 页。

④ 习近平：《论党的宣传思想工作》，北京：中央文献出版社 2020 年版，第 373 页。

课堂教学模式、教学方法、教学技术等，深入推进思政课改革和创新。

1. 改革思政课教学模式

思政课主课堂教学包括课堂内和课堂外的教学，课堂内主要是思政课理论知识的传授，课堂外主要指实践教学。思政课实践教学，不仅指走出去参观、考察、调查革命遗址、博物馆等，还包括借助其他教学手段、方法而实施的课堂内实践教学，比如课堂红色故事演讲、红色诗歌朗诵等。传统的教学模式中，较重视理论教学而忽视实践教学；在实践教学中，也往往忽视了课堂内实践教学的开展，且课堂外的实践教学开展得也较少，各课堂之间的融合和协同也都比较薄弱。应转变课堂教学模式，促进思政课课堂与各课堂有机融合和统一。

（1）加强思政主课堂建设

一是从顶层设计上重视思政课实践教学，提高实践教学的地位和学分权重。二是加大思政课堂外实践教学的力度。可组织学生分批进行，开展多样化的课外实践活动，应确保学生全覆盖。如参观革命圣地、访问老红军、体验红色旅游景点的解说员工作、参与长征体验活动等。三是加强思政课堂内的实践教学。任课老师应结合理论知识讲授，组织学生举行相关红色演讲、书画比赛等，将课堂内与课堂外教学、理论教学与实践教学有机融合和统一，增强学生获得感，提升教育质量和效果。四是加强思政理论课堂与实践课堂的有机融合。理论课堂教学中，要讲透红色文化内涵，坚定红色文化自信，要把握一脉相承的精神追求、精神特质、精神脉络，要突出当代中国精神。理论教学要与实践教学内容紧密联系，理论指导实践，实践印证和深化理论，体现理论教学与实践教学的深度融合。比如赣南医学院，将红医精神融入思政课的主干课堂中，《马克思主义基本原理》课凸显红医事业创办兴起的群众观、《思想道德修养与法律基础》课突出红色医生信仰的力量、《毛泽东思想和中国特色社会主义理论体系概论》课体现红医精神的时代引领、《中国近代史纲要》课展现红色卫生的发展历程、《形势与政策》课凸显红医文化的传承弘扬。同时也将红医精神融入社会实践活动中，开展宣讲红医精神、讲述红医故事、访谈红医后代等社会实践活动。应重视顶层设计，将思政课堂与第二课堂、专业课堂、家庭课堂、社会课堂之间无缝对接、有机融合，实现课堂内外、校内校外教育的协同发展。如中国民航大学马克思主义学院带领学生前往女排精神展览馆、天津博物馆、中国民航博物馆等地方参观学习，观看电影《中国女排》，在参观学习过程中融入红色精神，真正做到学思践悟。

（2）推进思政课主课堂 + 全课堂 + 线上线下课堂的融合

在思政主课堂本身、思政主课堂与全课堂相融合过程中，运用新媒体开展线上教学，如利用红色精品在线课程进行学习，教师在课前介绍主要内容、提出问题思考等，做好教学的准备，课后解答疑惑并组织学生进行讨论，对所学内容进行不断地深化和拓展。线上线下的结合，可以相互取长补短，充分发挥各自优势，激发学生学习兴趣，提高他们的积极性和主动性。

2. 创新思政课教学方法

方法是实现目的手段。习近平指出："思政课建设要向改革创新要活力"。[①] 美国著名教育学家约翰·杜威曾说过："如果我们按昨天的方式教今天的学生，就等于掠夺了他们的明天。"我国著名教育学家叶圣陶也曾说过："教学有法，但无定法，贵在得法。"亦即教学具有一定规律、原理和方法，教学方法不是一成不变的，而是要适时有针对性地发展和创新教学方法。教学过程中，学生的参与尤为重要，可以通过讨论式、探究式、辩论式等教学方法，让学生积极参与进来，师生之间、学

---

① 习近平：《思政课是落实立德树人根本任务的关键课程》，北京：人民出版社2020年版，第17页。

生之间积极互动，不断研讨问题，深入思考，层层分析和解除疑惑。在互动过程中，培养学生理论思维和运用马克思主义立场观点方法发现问题、提出问题、分析问题和解决问题的能力。思想政治教育方法改革创新，要坚持以下几个结合。

第一，坚持讲授式与浸润式相结合。讲授式教学是以教师为主导，有目的、有计划、有系统地向学生传授知识的一种教育方式。① 红色文化厚重而庞大，若无系统的阐释难以窥其全貌，因而显性教育法依然是思想政治课和红色文化课程教育的基本方法，只有通过正面的、科学的、系统性的教育，才能有效建构学生对红色文化的完整认知体系。但讲授式教学方法的不足之处是其难以调动学生的主动性、积极性，不利于学生个性发展。② 必须辅之以丰富多样的浸润式教育法来实现红色文化"润物无形"的教育功能。

第二，坚持单向式与互动式相结合。思政课要坚持"主导性与主体性相统一""灌输性与启发性相统一"的思路，由教师主导的单向式的理论灌输是思政课的基本方法，红色文化教育亦是如此，但应当注重对学生主体性和主动性的培育、发掘和引导，改变长期以来的"你讲你的，我想我的"单向而无互动的分离状态。一是要在红色文化教育中坚持学生的主体性和互动式理念。不把受教育者简单看成知识、文化、思想或理念的灌输对象，而是把关心人、尊重人、激励人、教育人、培养人作为红色文化教育的出发点和归宿点，通过小组讨论、情境展示、课堂讨论、思想辩论、对比学习、人物解析、事件回顾等互动式教学方式，让学生作为主体参与到教学环节，激发起学习的兴趣和爱好，营造

---

① 张泰城等：《红色资源与高校人才培养——以井冈山大学为例》，北京：中国书籍出版社2015年版，第49页。

② 张泰城等：《红色资源与高校人才培养——以井冈山大学为例》，北京：中国书籍出版社2015年版，第49页。

和谐、民主、平等的学习氛围。二是红色文化教育中坚持启迪性、激励性理念。启发性、激励性、引导性教育是红色文化教育的重要方法。通过领袖人物、革命先烈、英雄人物、时代楷模榜样生动感人的典型事迹感染、激励广大青年。

第三，坚持思想性与实际性相结合。思想性是思想政治理论课的本质属性，是其立德树人课程使命的重要体现。红色文化教育自然要将思想教育置于首位，通过红色文化的学习、熏陶、浸染、激励、启发、内化、塑造，培养良好的道德品质、健全的心理、正确的理想信念、科学的三观，使青年成为全面发展的人，为"四为服务"输送优秀人才。但抽象甚至有些枯燥的理论宣教，离学生实际较远，难以有效抑制历史虚无主义、红色文化无用论等错误思潮影响。应贴近学生实际，坚持解决思想问题与实际问题相结合，将红色文化历史价值进行现代化发掘，展现其历久弥新的时代价值和重大意义，将其所蕴含的理念、精神、价值等与学生的学习、生活、将来的工作等密切结合起来，与大学生的所思、所想、所盼、所求结合起来，与思想热点、社会热点、生活热点结合起来，与学生遇到的难点、痛点、困惑点结合起来，与社会发展、经济发展、文化走向、世界局势结合起来，做到思想性与实际性的高度统一，用红色文化所蕴含的精神解决学生的思想、学习、生活和工作实际等问题，消减红色文化的距离感、时间感、抽象感，提升思想教育质效。

第四，坚持教育与自我教育相结合。在思想政治教育中既要发挥教育者的主导作用，又要注重启发教育对象的自我教育，促进教育与自我教育有机统一起来。所谓自我教育，就是教育对象自己教育自己，自觉内化积极的影响，完善自己的思想品德和个性特点的活动。① 实际上就

---

① 刘书林：《思想政治教育学原理专题研究纲要》，北京：人民出版社 2018 年版，第128 页。

要发挥受教育者的主动性、参与性问题。"自我教育是衡量社会教育是否有效的标志，又是思想政治教育最终落实的归宿。"① 中国共产党重要的治党经验之一就是"正面灌输与自我教育相结合""激发党员自我教育的积极性和主动性"，充分信任马克思主义理论的科学性与实践性，信任革命同志自我实现的内在动力，以积极、正面的方式促进党的建设和发展，从而由一个几十人的小党快速发展为改变国家命运的庞大党派。循循善诱，激发学生的主动性，是自觉的自我教育的开始。

第五，坚持经典与普适教育相结合。红色文化教育要做好"开书单、指重点、读经典"的工作。红色文化教育作为思想政治教育的重要手段，也是一种灵魂教育，是铸魂育人的课程，本旨在于提高学生的思想境界、人格素养、道德品质，改造其世界观、人生观、价值观，培育其共产主义信念和新时代中国特色社会主义共同理想。红色文化教育要做到思想性与实际性、理论性与实践性相结合，凸显实效。应适度融入马克思主义经典作家、革命历史时期经典文献、建设时期和改革开放时期经典论述，尤其是习近平新时代中国特色社会主义思想，使高校思想政治教育更具思想性、战略性和前瞻性。阅读经典是为了更好地把握未来，也只有在明确未来方向之时，我们才知道从经典里汲取哪些养分。要合理选择红色文化经典文献作为讲义及学生学习资料，注重经典文献原原本本、原汁原味地阅读，从经典中汲取育人的养分。要以马克思主义为指导，与新时代中国特色社会主义的需求相结合，与学生实际相结合，做好经典的现代阐释。

第六，坚持普遍性与地方性相结合。红色文化表现为红色物质、精神、制度、行为等文化形态，各地的红色文化资源分布不同，研究程度也有差异，但不影响从中提取共性的精神。以红船精神、井冈山精神等

---

① 刘书林：《思想政治教育学原理专题研究纲要》，北京：人民出版社 2018 年版，第128 页。

为主体的革命时期红色文化精神，以抗美援朝精神、两弹一星精神等为主体的建设时期红色文化精神，以抗震救灾精神、抗疫精神、脱贫攻坚精神为主体的改革和新时代红色文化精神，共同构筑了红色文化精神的主体，并为全体中国人民普遍认同和广泛接受。因各地红色资源的丰歉不均，且不同时期、不同地域、不同精神在共性基础上也有着一定的差异，这就要求红色文化教育应坚持普遍性与地方性相结合。要坚持系统化的红色文化精神的阐发、传播和教育，形成完整的红色文化精神体系。要突出地方红色文化特色，推进主体红色文化与地方性红色文化的结合，并结合本校校史校情组织展开教育教学活动。

第七，坚持理性认知与体验教学相结合。课堂实践教学方法要呈现多样化，结合理论知识，开展参与式、情景式、体验式等丰富多彩的实践教学，不断深化实践教学活动组织形式。如北京科技大学充分利用红色文化资源，结合中国近代革命历史中相关内容，开展了"北京红色革命史迹寻访传承"特色实践教学活动。思政课不只是唯理论的课，它也是一门实践课，不仅要讲解党和国家的精神、政策、方针以及马克思主义理论知识，还需要加强理论与实践结合，通过体验式教学，让学生在亲身实践中深入体会、感受、领悟理论内涵和价值精神。要克服传统的满堂灌的纯理论学习，注重学生的参与、感知和体验，增强学习效果，促进大学生实现被动学习向自主学习的转变。

3. 创新运用现代教学技术手段

随着信息技术的快速发展，互联网、大数据、人工智能等的广泛应用，教育教学手段也要与时代吻合，随之持续发展和革新。习近平强调，要运用新媒体新技术使工作活起来，推动思想政治工作传统优势同信息技术高度融合，增强时代感和吸引力。教育走进新时代，学生也呈现追求知识获取的快速性、多样性、丰富性等特点，从书本上和课堂上的传统学习已不能满足教育发展的需要。要综合运用移动互联网技术、大数据技术和新一代人工智能技术，促进现代信息技术与思政课教学深度融合，超越空间、距离的限制，开展多样化的教育教学。如采用翻转课堂等，依托红色公众号、微信、微博等平台进行教学，促进教育教学资源二次转化、课上课下转化、交流互动转化，拓展红色教育资源供给。通过积极推进"互联网 + 教育"的发展，坚持信息技术与教育教学深度融合的核心理念，不仅丰富了思想政治教育教学资源，而且使思政课课堂成为学生自主、互动、探究的课堂，成为线上线下无缝衔接的课堂，成为平等交互、快乐学习并促进全面和谐发展的高效课堂。

（三）推进第二课堂创新发展

习近平总书记强调，"要更加注重以文化人、以文育人，广泛开展文明校园创建，开展形式多样、健康向上、格调高雅的校园文化活动，广泛开展各类社会实践。"① 高校第二课堂是学生素质拓展的重要载体，具有引领思想、塑造人格、激发潜能、培养创新意识、实现自我教育等方面的功能。第二课堂不仅是第一课堂的重要补充和延伸，还是落实立德树人根本任务、完成人才培养目标的重要环节。目前，高校第二课堂还存在诸多问题，如部分高校不重视，活动开展不多，流于形式、成效不显著等，有的第二课堂与第一课堂严重脱节，"各干各事，各说各话"，不能有效实现教育目标。《普通高校思想政治理论课建设体系创新计划》明确要求，"坚持课堂教学与日常教育相结合，积极拓展思想理论教育渠道，创新发挥第二课堂的教育作用"。共青团的"第二课堂成绩单制度"已经过较为成熟的实践探索，为高校第二课堂改革创新发展，为推进校园红色文化活动育人、红色社会实践育人、仪式育人及组织育人等提供了重要借鉴。

---

① 《习近平总书记在全国高校思想政治工作会议上的重要讲话》，载《人民日报》，2016年12月9日。

1. 深化校园红色文化活动育人

高校应贴近学生、贴近实际、贴近生活，把红色文化融入校园活动中，达到润物细无声、潜移默化的教育目的。学校应当广泛开展红歌比赛、红色网络征文赛、红色诗歌朗诵、红色故事创作等丰富多彩的校园红色文化活动，将红色精神与时代精神相结合，繁荣校园红色文化，唱响时代主旋律，激发学生的爱国主义情怀，加强对青年的思想引领。

部分高校在校园红色文化活动方面进行了积极探索，发挥了示范引领作用。井冈山大学每年 11—12 月，以红色文化为主题，突出地方红色资源特色，开展为期两个月的校园文化艺术节。2012 年举办了以"红色热土、绿色情怀"为主题的校园文化艺术节，2013 年举办了以"井冈韵·青春志·中国梦"为主题的校园文化艺术节，开展了"美丽青春梦"微电影大赛、"与信仰对话"主题宣讲活动等，举办红色电影周活动，上映《建党伟业》《建国大业》《英雄儿女》《我的长征》等经典红色电影，并邀请专家对电影进行鉴赏评析。这是对学生心灵深处的冲击，激荡着牢记历史、立志报国的时代感召。① 井冈山大学在省内各高校巡演音乐舞蹈史诗《井冈山》；在井冈山大学、厦门大学联合主办专场音乐会《长征组歌》；与同济大学举办"情系井冈·共筑未来"专场音乐会等。红色主旋律鲜明的艺术表现，让高雅文化艺术走近青年，让大学生感受经典、陶冶情操、提高修养。

2. 深化红色文化实践育人

实践育人是高校思想政治教育的重要环节，是高校的一项重要工作。《新时代学校思想政治理论课改革创新实施方案》指出："各高校要规范实践教学，把思想政治教育有机融入社会实践、志愿服务、实习实

---

① 张泰城：《红色资源与高校人才培养——以井冈山大学为例》，北京：中国书籍出版社 2015 年版，第 137—140 页。

训等活动中，切实提高实践教学实效。"各高校应依托红色文化资源，建立社会实践、实习实训基地等形式，将红色文化融入实践活动中，强化育人实效。

如复旦大学开展"追寻上海红色印记"主题实践活动，以小组为单位分别参观和调研红色故居、遗址、纪念馆等，重温历史，记录内心感受，编辑论文集，传承生动的红色印记。遵义师范学院利用长征文化资源，每年举办四次以"五个一"为主要内容的开放课堂，即考察一批当地红色纪念地、听一场名师红色讲座、观看一场红色演出、开展一系列红色纪念活动、收集一些红色资料。学生们穿着红军服，到遵义会议会址、红军烈士陵园、娄山关等地进行实地参观学习，聆听专家讲述红色故事，并展开讨论和交流，他们撰写心得体会，体验领悟长征精神，使之外化于行、内化于心。① 在疫情防控的特殊时期，贵州大学创新了红色文化实践教育，组织学校师生开展"网上重走长征路"暨推动"四史"学习教育竞答活动，以实际行动迎接建党 100 周年。红色主题实践活动的广泛开展，有力推动了大学生思想政治教育的创新发展。

3. 深化红色文化组织育人

高校各级基层党团组织、各类社团组织是开展思想政治教育的重要渠道，应当将红色文化教育融入各级党团组织、社团组织工作和活动中，深化组织育人。

积极发挥党团组织育人功能。党团支部书记是党团组织的主心骨、领头羊，其能力水平在很大程度上影响党团支部的工作成效，同时影响着学校思想政治教育工作。对学生党团支部书记的培养，要重视加强理

---

① 王炳林、张泰城：《高校红色文化资源育人发展报告 2017》，北京：人民出版社 2018 年版，第 150—151 页。

论教育，学习研讨马克思主义理论、习近平新时代中国特色社会主义思想、党的精神和基本理论等；开办红色实践示范班，组织党团支部书记赴井冈山、延安等革命圣地参加开办红色实践示范班，参观革命旧址、纪念馆等，身临其境感受党的艰苦奋斗革命历史和优良传统，重温老一辈革命家的革命事迹，对红色文化产生更深的认识。要加强红色教育微党团课建设。依托党团组织开展实践活动，录制微视频，制作红微党团课件。高校应加强顶层设计，鼓励思政课教师、辅导员、班主任等积极参加学生组织活动，要出台相关支持政策，分类核算导师工作量，积极引导思政课教师、辅导员、班主任、党支部书记等全面融入学生社团组织中来。要党政协同、师生齐心、全员参与，将红色文化有机融入理论学习社团、诗歌社团、演讲社团、体育社团、舞蹈社团、美术社团等，拓展深化组织育人内涵和外延。如大庆师范大学充分挖掘和利用大庆精神和铁人精神等红色文化资源，运用油陶，展现当年石油大会战时期艰苦奋战的历史，油陶艺术作品作为学生入学教育、大学生党员培训、大学生社会实践等的内容，获得了学生的高度认同和积极评价。

4. 深化红色仪式文化育人

仪式文化是红色行为文化的重要内容。仪式教育指受教育者处在庄重和正式的场合中，通过富含活力与感染力的流程或形式，将抽象、内隐的价值观念外显，并使其在无意识当中共鸣、认同、遵循某一价值观念。[①] 仪式教育作为高校思想政治教育的载体和平台，能够对大学生的道德认知、道德情感、道德行为产生积极影响，能够渗透价值观、提升思想认识、传承红色文化、培养民族精神。

---

① 骆郁延：《抖出正能量：抖音在大学生思想政治教育中的运用》，载《思想理论教育》，2019 年第 3 期，第 84—89 页。

习近平总书记充分肯定了仪式教育的功能与作用，强调指出："要建立和规范一些礼仪制度，组织开展形式多样的纪念庆典活动，传播主流价值，增强人们的认同感和归属感。"① 高校应当加强大学生的仪式教育，组织同学们参加国家重大事件、重要人物或者重大节日等的纪念性仪式，比如伟人的诞辰纪念日、雷锋纪念日、中国共产党生日、抗日战争胜利纪念日、烈士纪念日、南京大屠杀死难者国家公祭日、国庆节等，以及定期组织参加升旗仪式、入党宣誓仪式、向烈士们敬献花篮仪式、默哀瞻仰仪式、开学典礼、毕业典礼等。通过仪式教育，可以使学生的心灵受到强烈震撼，精神得到全面洗礼，接受一种强烈的情绪体验、一种深刻的情感领悟，不断增强大学生对党、国家和社会主义的认同感。

（四）推动专业课"课堂革命"

习近平总书记指出："各门课都要守好一段渠、种好责任田，使各类课程与思想政治理论课同向同行，形成协同效应。"② 这为高校思想政治教育融入专业课堂，推动专业课堂改革指明了方向。专业课堂中有机融合思想政治教育内容，实现对学生进行思想教育的目的，是高校加强专业课堂革命的重要方向，亦即"课程思政"建设。课程思政建设就是要将价值观引导寓于知识传授和能力培养之中，坚持育人与育才相统一，落实立德树人根本任务，全面提高人才培养质量。红色文化蕴含着马克思主义理论、经济学、政治学、社会学、历史学、教育学、艺术学等很多专业学科的内容，寻求红色文化与各专业之间的契合点，将红色

---

① 习近平：《把培育和弘扬社会主义核心价值观作为凝魂聚气强基固本的基础工程》，载《人民日报》，2014 年 2 月 26 日。

② 习近平：《习近平谈治国理政》（第二卷），北京：外文出版社 2017 年版，第 377—378 页。

文化融入各类专业课堂中，不仅可以丰富教学内容，还可以潜移默化地增强学生的思想政治素质，促进专业能力和思想道德修养协同提升。推进课程思政建设，要专业剖析各课程所广泛联系和蕴含的思政元素，系统梳理教学内容，科学设计教学方案，有机融入丰富的红色文化内容，实现对学生的价值引领。

1. 红色文化融入人文类课堂

红色文化与人文类专业高度关联，紧密联系。将红色文化融入人文类课堂中，关键是要挖掘所承载红色文化的红色资源与各人文学科专业之间相契合的"支点"。支点是在专业课堂中将专业知识与红色文化有机结合的切入点、契合点。高校应当着力发掘本土红色文化资源，或者利用其他地区丰富的红色文化资源与专业课程建设相融相生，使专业知识与红色精神共聚力量，促进大学生的健康成长。

部分高校践行的红色文化融入人文课堂的做法和经验值得其他高校借鉴。如，江西科技师范大学将八一精神融入历史学、旅游、文博等专业课堂中；大庆师范学院将红色文化融入中国现当代文学学科中，把石油题材文学的创作与研究作为教学的主题，由此传承与弘扬了大庆精神和铁人精神；湘潭大学注重红色文化融入相关人文专业课堂教学中，尤其在中共党史专业的本、硕、博教学中突出湖南地方红色文化特色。在人文专业实践教学方面，延安大学的历史、文学、旅游管理等专业开展现场教学；牡丹江师范学院利用当地的红色文化资源优势，全面融入相关专业的实践教学环节。这样形成了独具特色的人才培养模式，深化和拓展了专业知识，创新了教学方式，开展了有效的革命传统教育。

2. 红色文化融入理工类课堂

与人文类专业课堂相比，红色文化与理工类课堂联系相对较少。但只要深入挖掘和探索，也能发现红色文化与理工类专业之间的内在联系。通过红色文化理论与专业课程的融合，用红色文化所蕴含的理念、价值与方法论指导实践，在实践中不断深化理论，让大学生不断在学习中感悟、在感悟中升华，坚定新时代大学生的理想信念，塑造"红专结合"的时代新人。

赣南医学院是红色文化与专业学科融合较为成功的代表型典，取得了较好的教育教学效果，提高了学生的道德素质和社会影响力，成为高校红色文化融入理工类课堂的有益借鉴。赣南医学院将红医精神融入大学生专业素养和人文素养的培养过程，建立"一个理念、两类平台、三条路径、四类课堂"为主要内容的思想政治教育模式。"一个理念"指的是学校的教育教学理念，即坚持以红医精神立德树人。"两类平台"，一是红色卫生史博物馆和在瑞金、于都等地建立的社会实践教学平台；二是农村医学教育研究中心、中央苏区卫生研究中心德国理论研究平台。"三条路径"，一是赴瑞金、兴国等红色博物馆、革命遗址接受体验式教学；二是红医精神与时代楷模相结合，开展讨论式实践教学；三是红医精神与专业素养相结合，规范学术研讨式实践教学。"四类课堂"，一是将红医精神融入第一课堂（思政课堂）；二是用红医精神激活第二课堂；三是将红医精神融入社会课堂；四是红医精神融入网络课堂。①

3. 红色文化融入艺术类课堂

红色文化本身蕴含着独具特色的艺术内涵，具有丰富多样的艺术元素。红色文化艺术是在中国共产党领导人民群众在不同时期，以马克思主义理论为指导，借鉴国内外先进文化而创造的先进的文化艺术，它是中国人民在革命、建设、改革的奋斗过程中产生的积极向上的文化艺术形式。将红色文化艺术融入艺术类专业课堂，对大学生的思想政治教育

---

① 王炳林、张泰城：《高校红色文化资源育人发展报告2017》，北京：人民出版社2018年版，第121页。

产生潜移默化的影响，可以帮助新时代大学生树立正确的价值观、人生观、世界观，坚定大学生的理想信念和文化自信。在一个急剧变化的时代，当人们正在为"我是谁""我从哪儿来""我到哪里去"深感困惑的时候，"红色经典"艺术作品或在一定程度上能够缓解人们的焦虑。①

部分高校已经将红色文化艺术与艺术类课堂相融合，产生了较大的影响，红色文化艺术育人效果显著，为其他高校起到了有益的借鉴作用。如，大庆师范学院将红色文化融入美术学专业教育教学中，围绕石油工业题材，从雕刻、绘画、设计、动漫等艺术形式出发创新艺术作品的设计理念，创作《铁人连环画》、油画系列作品《担当》、书刻作品《生态油田》，还研发了大庆油陶等。又如，井冈山大学音乐学（含舞蹈）专业结合本地的红色文化资源，提出了"3＋4＋3"比例选择"红色音乐、中国音乐、西方音乐"教学模式，将丰富的红色音乐舞蹈元素有机融入课堂中。② 学校创编演出的音乐舞蹈史诗《井冈山》、红歌朗诵会、红歌会等各类演出，为学生提供了优质的艺术实践平台。井冈山大学获评为教育部首批"全国高校红色经典艺术教育示范基地"。

4. 红色文化融入体育类课堂

红色文化也蕴含了与体育精神相通、契合的元素。尤其是革命时期的红色文化，体现了革命战士顽强拼搏、艰苦奋斗、自强不息、团结协作的精神实质，而这些正是体育精神的核心和精髓，成为红色文化与体育专业相融合的前提和基础。高校要大力挖掘红色文化资源优势，培育德智体美劳全面发展的社会主义建设者和接班人。

井冈山大学体育学院在课堂中开展"井冈山红色野外生存生活训

---

① 参见罗长青：《"红色经典热"的历时性考察》，载《新文学史料》，2015年第2期，第74—81页。

② 王炳林、张泰城：《高校红色文化资源育人发展报告2017》，北京：人民出版社2018年版，第123页。

练"和"红色定向越野"活动，并且建设了"红色体验训练中心"，将场地训练与红色情境训练紧密结合起来，丰富了大学生的红色户外运动项目。[①] 在形式多样的红色户外运动中，学生们穿上红军服、走红军路、唱红军歌、吃红军饭，体验红军生活，感受红军当年的艰苦和不易。这样的体育教学将"育体"与"育心"有机结合，取得了显著的教育教学效果。

三、以红色文化资源整合为依托促进红色文化育人

红色文化资源是红色文化的载体，是中国共产党领导全国人民在革命战争、建设、改革开放以来所形成的具有资政育人功能的历史遗存，它集政治资源、历史资源、文化资源、精神资源于一体，是党和国家的宝贵财富，是高校思想政治教育的优质资源。要加大开发、利用和整合红色文化资源力度，科学配置红色文化教材资源、校园红色文化资源、实践教育资源等，充实、丰富高校思想政治教育内容，将红色文化资源转化为思想政治教育教学优势，转化为师生增强思想政治素质的重要载体，促进红色文化育人创新发展。

（一）推进红色文化教材资源优化整合

教材是课堂教学的蓝本，是连接教师、学生与教学的基本媒介，发挥着知识传播、智力发展、技术参考等基础功能。教材资源是高校思想政治教育课程建设的核心内容之一，是完成高质量教育教学的重要载体。当前，各高校对红色文化教育的重视参差不齐，尚处于粗放发展、探索试验阶段，也缺乏规范性、体系化的红色文化教材。高校应加强红

---

① 王炳林、张泰城：《高校红色文化资源育人发展报告2017》，北京：人民出版社2018年版，第123页。

色文化课程教材建设，完善红色文化主题教育教材体系、创新发展红色文化专业课教材，把教材体系转化为教学体系，提升红色文化教育教学质量。

1. 重视红色文化融入思政课主干教材建设

教材是教学的基础，思政课主干教材是思想政治理论课的主要载体，应把红色文化育人的理念、内容及方式融入思政课教材中。思政课主干教材，即马克思主义理论研究和建设工程编制的重点教材，包括《马克思主义基本原理》（简称《原理》）、《毛泽东思想和中国特色社会主义概论》（简称《概论》）、《中国近现代史纲要》（简称《纲要》）以及《思想道德修养与法律基础》（简称《基础》）。现行思政课教材中，红色文化内容不够丰富、衔接不够紧密、缺乏系统性，与最好的"教科书"、优质"营养剂"还有较大差距。

国家教育行政部门要加强科学的顶层设计，加强思政课教材中的红色文化建设指导，将红色文化有机融入思政课教材，增强教材内容的丰富性、可读性和实用性，增强其多样性和新颖性。红色文化融入思政课教材，要重点注意把握好以下几个方面。

第一，根据各门思政课教材要求和特点，有机融入红色文化内容。比如，《原理》教材中可以将马克思主义的基本原理及其基本立场、观点、方法与其在中国传播、发展、创造、转化的实践适度结合，既丰富《原理》课程，也实现红色文化育人的目标。《纲要》教材中，从中国近现代史角度，论述中国从站起来到富起来到强起来的变化历程，可以在新民主主义革命、社会主义建设等阶段有机融入井冈山精神、长征精神、抗美援朝精神、大庆精神、雷锋精神等，让学生深感党的伟大，自觉维护和坚持党的领导。《概论》可在"中国革命道路探索和中国特色社会主义道路探索"等部分融入红色文化内容，分析和证实以马克思主义为指导，与中国具体实际相结合的马克思主义中国化道路的正确性。[①]
《基础》中"追求远大理想，坚定崇高信念""弘扬中国精神、共筑精神家园""践行社会主义核心价值观"等章节，可以有机融入红色文化，对学生加强革命理想和革命精神教育，帮助学生树立中国特色社会主义共同理想，阐释红色文化与社会主义核心价值观的深刻渊源，坚定走中国特色社会主义道路的信心，由此培养学生的奋斗精神、劳动精神、创新精神等。还可以安排红色文化与各门教材内容相结合的专题，以红色专题形式推动红色文化育人。

第二，采取丰富多样的红色文化融入形式。除了传统的文字表述以外，可以运用图片、漫画、经典案例、二维码、网址链接、微信公众号等形式来增加内容的丰富性、延展性，增加知识的可读性和趣味性。比如在讲到社会主义核心价值观的时候，就可以在旁边附上有关社会主义核心价值观的二维码，在给同学们讲红色故事、红色诗歌时附上二维码，通过扫码进一步了解社会主义核心价值观、红色故事、红色诗词的相关内容，或链接相关音视频进行延伸学习。可协同建设思政课教材、红色辅学教材等免费电子书网络平台，推进资源开放共享，优化传统纸质教材与新媒体数字化教材有机结合。

第三，各门思政课主干教材之间融入红色文化教育相关内容要有机衔接，避免重复或冲突。应当根据各门课程、教材内容特点和红色文化有机融合要求，在教材编写前，组织专家科学论证，确保教材内容的针对性、实用性、独特性，避免重复、遗漏或冲突。还须考虑内容上相互支撑、相互协调、互为补充、相互衔接，建构科学完善的红色文化育人体系。

---

① 吴贵春：《利用红色文化培育大学生社会主义核心价值观》，载《内蒙古农业大学学报（社会科学版）》，2016 年第 18 期，第 117—120 页。

2. 加强地方特色红色文化主题教材建设

抓好地方特色红色文化主题教材建设，是高校红色文化教育创新发展的重要方向。建设红色文化主题教育教材体系，是一项复杂而艰巨的工程和任务，涉及方方面面的问题，需要顶层设计和系统规划，需要多单位多部门多人员的协助和支持。

红色文化主题教育教材表现形式多样，应当包括全省高校红色统编教材、红色校本教材、红色讲义、红色教学辅导书、学生红色辅学读本等。编制各类红色教材，要注意以下几个方面：一是教材要凸显红色文化的当代价值，编制过程要协同完成。如江西省委教育工委、省教育厅、省各高校通力合作，组织省内多名党史研究专家、高校马克思主义学院院长、思想政治课骨干教师，组成编写团队，编写出版《永远的旗帜 跨越时空的井冈山精神》全省高校统编教材，充分体现了集体的智慧、团结协作的精神。① 其内容充分突显了"不忘初心、继续前行"的主题思想，是贯彻习近平新时代中国特色社会主义思想、弘扬井冈山精神的力作。二是凸显学术的严谨性、史实的准确性、表达的通俗性的有机统一。如井冈山大学编制的《井冈山革命根据地全史》《井冈山革命根据地历史研究丛书》《湘赣革命根据地全史》《井冈山巾帼英雄志》等一系列红色教学辅导书，这些教材框架规范、布局得当、史论结合、内容全面、论证严谨、史料翔实、言之有据、表达简明、文笔清新、通俗易懂。三是充分挖掘红色文化内涵，突出地方特色、学校特色。如井冈山大学编写的《井冈山精神与当代大学生》、赣南师范大学的《中央苏区史》《红色资源与思想政治教育》等校本教材，深入挖掘井冈山精神、苏区精神蕴含的内在实质，充分让学生们受到革命精神的洗涤

---

① 王炳林、张泰城：《高校红色文化资源育人发展报告 2018》，北京：人民出版社 2020年版，第 68 页。

和启示。① 临沂大学编写的《沂蒙红色文化与沂蒙精神》，以临沂大学悠久的红色文化积淀为出发点，以根植于沂蒙大地的厚重沂蒙精神为依托，明确了该课程是"红色育人工程"中"进课堂"的具体实施，具有鲜明的地方特色和学校特色。② 四是要注重知识性与趣味性相结合，强调可读性和吸引力。比如河北师范大学，针对红色文化育人中存在的基础知识普及不足的情况，编写了《党章悦读》《"初心"多棱镜》等学生辅学读本，教材坚持讲红色故事与讲道理相结合，坚持历史感与现实感相统一，坚持融入社会热点，配以典型事例和人物事迹，形式多样、图文并茂、内容丰富，具有较强的可读性、感染力和吸引力。

3. 推进红色文化教育与课程思政融合融通

专业课程是课程思政建设的基本载体，红色文化教育是课程思政的重要要求。高校要着力梳理专业课教材内容，结合不同专业课特点、思维方法和价值理念，深入挖掘专业课的红色文化元素，有机融合融通，达到潜移默化、润物无声的育人效果。

部分高校将红色文化融入专业课教材，彰显了课程思政的思想政治教育功能。在具体实践中，要重点处理好以下几方面的关系。一是注重理论与实践的密切结合。如西安体育学院编撰的《中国红色体育史》，该教材是国内第一部全面、系统论述红色体育的学术专著。内容全面丰富，把最新理论研究和史料、学生情况相融合，具有科学性和实用性。既全面反映了中国共产党在革命时期领导军民开展红色体育活动的精神面貌，又体现了红色体育精神在新时期的时代价值。二是要突出红色文化与专业教育的有机融合。比如井冈山大学编撰的《红色资源与大学生户外运动》，该教材将本地红色文化资源与体育教育紧密结合，使"育

---

① 王炳林、房正：《关于深化中国共产党革命精神研究的几个问题》，载《中国高校社会科学》，2016 年第 3 期，第 4—15 页

② 丁凤云：《沂蒙红色文化与沂蒙精神》，济南：山东人民出版社 2012 年版，第 128 页。

体"与"育心"完美展现。三是要注重历史性与时代性的结合。比如中国美术学院编印出版的《时代画卷——中国美术学院师生校友主题性美术作品集》，以编年图说的方式，展现中国近现代波澜壮阔的革命史画卷。教材突出反映了中国人民在以习近平同志为核心的党中央领导下，实现中华民族伟大复兴中国梦的时代画卷。四是要注重编制教材过程的协同性。专业课程教学具有其特殊性，涉及思政和专业的内容，如何将二者更好地融合，如何使教材和教学活动具有理论性、教育性、专业性、趣味性等特点，需要各方面协同完成。比如江西泰豪动漫职业学院编制的《红色经典艺术作品赏析》，是在江西高校红色文化创意研究院的领导下，由江西泰豪动漫职业学院思政课教学部和创意与艺术设计系等相关部门共同完成，思政课老师负责编写历史背景，各系部编写相应的专业知识。[①] 由各部门各专业人士共同完成经典教材编撰，较好实现了红色文化与课程思政融会贯通。

（二）推动校园红色文化资源开发和整合

校园文化资源是学校在建设发展历程中沉淀和积累的物质文化资源与精神文化资源的总和，是具有学校特色的可以利用与开发的宝贵资源，是学校对学生开展思想政治教育的重要资源和载体。把红色基因融入校园文化资源建设中，丰富的校园红色文化资源是重要基础和保障。

1. 重视高校红色文化图书资料建设

图书资料是知识信息的重要载体，对教师科研和学生学习有着重要影响。高校红色文化图书资料是大学生获取红色文化知识的重要途径，是对大学生开展红色文化教育的重要支撑。部分高校图书馆存在红色文

---

① 王炳林、张泰城：《高校红色文化资源育人发展报告 2018》，北京：人民出版社 2020 年版，第 216 页。

化图书资料欠缺、不成体系、更新速度慢等情况，影响了红色文化育人效果。

高校要重视图书馆红色文化图书资料馆藏建设。很多高校除了有马克思主义经典著作专门的陈列柜外，关于红色文化方面的图书资料是分散于各学科中的，不利于老师和学生方便快捷地查阅资料和学习，也不利于对红色文化知识系统地认识和学习。可将有关红色文化的图书资料系统分类，设置红色图书陈列和借阅专区，既体现了学校对传承红色文化的重视程度，也有利于教师科研和学生学习。高校图书馆应当加大红色文化图书、期刊的订阅品种。比如《马克思主义研究》《马克思主义与现实》《当代世界与社会主义》《中国特色社会主义研究》《党建》《红旗》《红色文化学刊》等刊物，不仅帮助师生深化基础理论知识，还能够让他们掌握最新理论前沿和拓展学术视野。还要重视采购红色电子图书资料和音视频等辅助资料，充分运用现代技术手段，拓展和延伸教育效果。

2. 加强校园红色文化景观建设

校园红色文化景观资源，主要指学校在发展过程中所形成的具有一定红色文化内涵和精神的雕塑、建筑、校园博物馆、名人纪念馆等所构成的红色文化现象的复合体。校园红色文化景观资源属于红色物质文化资源，其蕴含的红色文化内涵和精神，能对大学生起到润物无声、潜移默化的思想政治教育作用。

当前，全国各高校的校园红色文化景观建设还处于起步阶段，呈现出零散状态，部分高校已经开始了有益尝试。如在延安大学，校园内分布有众多革命英雄烈士的雕像、塑像，还可以看到延安大学杰出的校友路遥的雕像，和其他红色文化景观共同营造出了浓浓的红色文化气息。英雄烈士们英勇顽强的革命精神以及路遥的奋斗精神和劳动精神，成为激励学生们不忘初心、砥砺前行的正能量。四川文理学院图书馆大门前有"钱学森、陶行知、爱因斯坦、达·芬奇"等名人头像雕塑。魏传统、张爱萍、王维舟三位革命前辈曾在该校就读，他们的光辉事迹教育和激励着莘莘学子，"岁寒三友"雕塑的主题正是这三位校友，以此红色资源打造校园红色文化景观，熏陶和感染学生，教育青年大学生们要具有高远志向、勇于担当、自强不息的奋斗精神。井冈山大学建设了井冈山精神大型展览馆等红色文化景观，黔南民族师范学院建设了五星思政广场，西安体育学院建设了中国红色体育博物馆等。高校在建设校园红色文化景观时，应当避免雷同现象，可以把本地区红色文化资源和本校实际情况相结合，注重突出本地区和学校的特色。

3. 重视红色文化成果生产创造

高校是红色文化成果创作生产重镇，师生创作的红色文化成果是最能打动人的教育资源。红色文化成果包括很多方面，如有关红色文化的科研成果、教学成果、艺术创作成果、课程开发成果、文化产品成果、文化活动成果等。目前，部分高校挂牌成立了教育部或省级研究中心，在传承、发展和创新红色文化成果方面取得了明显成绩。一是依托井冈山大学、延安大学、遵义师范学院等，设立了教育部重点研究基地、中国共产党革命精神与文化资源研究中心。二是设立省级人文社科研究基地。如依托遵义师范学院设立的贵州省高校人文社会科学研究基地——遵义师范学院红色文化研究中心，延安大学的陕西省延安精神研究中心等。三是高校内部设立的红色文化研究基地。如依托贵州大学马克思主义学院设立的贵州大学长征文化研究院、沂蒙大学沂蒙文化研究院、贵州工程应用技术学院的黔西北红色文化展览馆等。

研究机构的设立为推出更多优秀红色文化成果提供了发展平台、经费支持和团队支撑，在生产丰富的红色文化成果的同时，也同步孕育了师生的精神品质。近年来，井冈山大学出版了五十多部著作，红色科研成果丰硕。如王炳林、张泰城主编《高校红色文化资源育人报告》

（2016、2017、2018）、张泰城主编《红色资源文化研究》、石劲松主编《井冈山时期马克思主义中国化研究》、李忠著《井冈山精神与党的先进性建设》、刘家桂著《红色文化与社会主义核心价值观教育读本》等。音乐舞蹈史诗《井冈山》是井冈山大学、井冈山干部学院、同济大学协同创新的重要艺术创作成果，提升了学校的影响力，促进了师生的共同成长。延安大学重视建设品牌文化，产生了路遥的雕像、路遥文学馆、研究路遥精神出版的科研成果、舞台剧《路遥的世界》等一系列优秀文化成果，构成了延安大学的路遥品牌文化，成为校园文化的一面旗帜，引领延安大学红色文化的不断探索和实践。遵义师范学院推出了一系列优秀的红色文化研究成果，如王洪叶的《贵州红色文化资源与地域发展研究》、禹玉环的《遵义市红色文化遗产保护与开发利用问题研究》、杨萍和沈宁波的《红色·永恒的记忆》、张勇等的《长征精神与中国梦》等著作，还主办了《长征学刊》。

高校红色文化成果生产创造的过程既是师生接受红色文化教育熏陶的过程，也是红色文化传承、弘扬与创新发展的过程，是繁荣红色文化研究、实现红色文化转化为教学实践的过程。要支持和鼓励高校生产创造出更多高质量的优秀成果，鼓励和支持师生共同参与创作和生产，在此过程中不断成长和提高。在红色文化成果生产创造的过程中，可根据本地红色资源和学校特点，凸显特色、强化品牌、贴近学生、走进心灵。

4. 丰富校园红色文化的宣传途径

在高校教育中，营造良好的育人环境和舆论氛围，是增强教育成效的一个重要抓手。习近平总书记强调，新形势下宣传思想工作，必须自觉承担起举旗帜、聚民心、育新人、兴文化、展形象的使命任务，坚持正确政治方向，促进全体人民在理想信念、价值理念、道德观念上紧紧团结在一起，为服务党和国家事业全局作出更大贡献。坚持校园主旋律宣传，既是深化高校立德树人的要求，也是精神文化涵养熏陶培养人的重要过程。

学校可以通过专栏、专版、专题、横幅、校报、校园网、电视、广播、微信、微博、抖音、宣传栏等平台加大红色文化、主流文化、先进文化的宣传，潜移默化地滋养大学生的心灵和思想。进入信息时代后，网络宣传逐渐凸显重要地位，很多高校依托新兴媒体进行广泛的红色文化宣传，起到了积极的效果。如井冈山大学、延安大学、临沂大学、遵义师范学院等从网站首页就展示了鲜明的红色底色，并可在不同的红色文化研究中心查阅到相应的红色文化研究文献、成果及资料，形成重要的红色文化教学与研究品牌。

（三）深化红色文化实践教育资源开发与利用

著名教育家陶行知提出了"生活即教育""社会即学校"的教育观点，十分重视学生实践能力培养，强调将教育建立在生活实际和社会实践基础之上。红色文化实践教育资源是开展红色文化实践育人的重要载体和基础保障，其开发与整合，是一个使红色文化实践教育资源从潜在变为现实、从少变为多、从零散向整合、从单一向多样化状态转变的过程。[①] 红色文化实践教育资源的利用，是指政府、社会组织以及相关人员采取一定方式、手段将红色文化资源的作用充分发挥出来，并最终产生经济、政治、文化、教育等效益的一种实践活动过程。红色文化实践教育资源的开发与利用之间是相互作用、相互制约、辩证统一的。前者是后者的前提和基础，后者是前者的目的。当前，存在红色文化实践教育资源总量不足、优质资源不多、资源分布与发展不平衡等问题，各高校要重视开发红色文化实践教育资源，推动红色文化教育教学质量

---

① 陈华洲：《思想政治教育资源论》，北京：中国社会科学出版社 2007 年版，第 167 页。

提升。

1. 重视红色文化实践教材建设

实践育人是人才培养的重要方式，实践课堂与主课堂密切相关，相互补充、相互依托、相辅相成。红色文化实践教学不仅是促进教材体系向教学体系、课程体系向知识体系、思想体系向信仰体系转化的重要渠道，也是推进习近平新时代中国特色社会主义思想进课堂、进教材、进头脑的重要举措。① 在推进红色文化理论教材建设的同时，也要同步加强实践课程教材的建设，把实践教材建设摆在重要议程上，并注重与思政课程的协调和衔接。

部分高校结合地方红色文化实践和学校特色，先行先试，编写红色文化实践课程教材，效果明显。如在福建省教育工委协调组织下，由福建省多所高校名师联合编写了《福建红色文化实践教学指南》，旨在整合福建省的红色文化资源，挖掘红色资源、传承红色基因、讲好红色故事、传播红色能量。该书从全省 2500 余处红色文化遗址中，遴选出最具代表性的 140 余处遗址并整合成 64 个教学主题，分为重要革命组织旧址实践教学、重要革命事件旧址实践教学、重要革命人物故居旧居实践教学、重要革命纪念设施实践教学、重要革命纪念馆实践教学等五编。每个教学主题遵循"场所简介—教学主题—文献链接—拓展阅读—探究思考"的主线进行，内容全面、体系新颖、结构规范、操作性强，具有较强的针对性和指导性。

部分高校突出优势学科专业与思想政治理论课结合，建设课程思政实践教材。如旅游学、管理学、体育学等学科，不仅推动红色文化与旅游的文旅融合、推动红色文化与体育的文体融合等，也推动了学科的交

---

① 李方祥：《福建红色文化实践教学指南》，福州：海峡出版发行集团、福建人民出版社 2018 年版，第 2 页。

又发展，促进学生德、智、体、美、劳全面发展。如中山大学出版社出版的《民族复兴的医学梦——〈毛泽东思想和中国特色社会主义理论体系概论〉(2018 年版) 教学案例集》，该书广泛收集相关的医药、卫生、健康等方面的素材，共有 14 章 103 个教学案例。有机地将《概论》内容与医学各专业融合，循着"案例—案例来源—案例启思—案例解析—教学建议"五个板块进行案例教学，有利于医学生从医学领域中拓展视域、提升思维，有利于医学院校思政教师深化教学改革、储备特色教学资源，推进"课程思政"，具有较强的针对性和创新性。

2. 多维发展红色文化实践教育资源

红色文化实践教育资源不足、形式单一、质量不高等问题，是制约红色文化教育实践效果的重要因素。多维度挖掘和发展红色文化实践教育资源，为增强红色文化育人质效提供资源保障。

大力开发利用多样化的红色文化实践教育优质资源，不仅需要形式多样，而且需要质量优良。首先，开发利用闲置零散的红色文化实践教育资源。比如一些地方革命遗址、旧址等呈半开发和未开发状态，避免其价值慢慢流失而没能产生应有的效应。其次，大力创作生产红色经典影视剧。除了通常理解的革命遗址、故居、博物馆、教育基地等属于红色文化实践教育资源以外，红色电影、电视剧等也是很有效的实践教育资源。如影视剧《开国大典》《百团大战》《焦裕禄》《亮剑》《潜伏》《长征》等，这些都是生动鲜活的教育资源。再次，大力开发利用红色经典艺术作品。红色经典艺术作品不仅能陶冶情操、提升审美品位，而且还会对大学生产生思想和心灵的震撼和洗涤。比如井冈山大学创编的音乐舞蹈史诗《井冈山》、同济大学创编的校园版歌剧《江姐》、牡丹江师范学院创作的大型歌舞剧《永不磨灭的信念》、嘉兴学院创作的话剧《初心》，以及以文字作品展现的成果，如遵义师范学院贺斯跃主编的《遵义红色歌曲精选》等。这些作品都是加强大学生思想政治教育的精品之作。最后，开发利用好公众号等微平台和微作品。师生参与微作品的策划、制作、运用等过程，参与红色动漫、红色游戏的制作过程，也是受感染和学习的过程，再延伸作用于更广泛的大学生，使之潜移默化地受到教育和启迪。

3. 激励高校引领红色文化实践教育资源开发

政府、社会组织、企业等开发的红色文化资源是高校实践教育的重要资源，但是往往很多时候由于高校没有参与开发的过程，而导致高校在运用红色实践教育资源过程中，出现了所需要的资源与所拥有资源之间吻合度不够、针对性不足、衔接不紧密等问题。为更好地发挥红色文化实践教育资源的价值和功能，满足学生学习需求，提升红色文化育人效果，要大力鼓励和积极支持高校，全面参与红色文化实践教育资源的开发。

高校参与开发红色文化资源，主要体现在实践教育基地建设、功能开发、教学组织等方面。比如把某红色旅游地作为高校的实践教育基地，相关高校参与具体的开发事宜，对如何组织学生参观、开展现场教学、教学各环节的具体设计等方面，前置进行系统的规划和设计，做到有的放矢，预设教育效果。另外，也可以共同参与红色游戏、红色动漫等的开发，根据学生的特点，有针对性地设计游戏规则、游戏情节、游戏角色。游戏娱乐的过程，体现了玩和学的有机融合，在玩的过程中潜移默化受教育。高校组织师生参与红色资源的开发，能兼顾学生的特点和爱好，寓教于乐。当前，已有部分高校参与了具体合作开发过程，如东北石油大学同"铁人"王进喜生前所在的 1205 钻井队联合，建立了校外教育实践基地，共同参与实践基地的建设，共同设计接受教育的模式，充分发挥大庆精神育人功能。

4. 大力推进红色实践教育资源的整合与优化

红色实践教育资源总量不足、分布不均、发展不平衡等现象，抑制了红色资源优势，阻碍了其功能发挥。要科学整合红色文化资源，优化资源配置，增进资源共享，提升红色文化教育质量。

红色文化资源的整合与优化，可以从三个方面展开。一是围绕同一个主题的红色资源整合。由于红色文化资源比较分散，不利于充分发挥其价值，可以围绕同一个主题，把分散的资源整合起来，增强系统性、完整性，形成既有机联系又内容丰富的红色文化资源。如以长征之路为主题，可把长征时期在遵义的苟坝会议会址、遵义会议会址、娄山关景区、四渡赤水河有机结合，共同表现这一主题。二是对各区域红色文化资源的整合。如可通过借助大数据和信息技术，将井冈山文化、延安文化、长征文化等有效整合，建立系统的信息资源，通过云平台实现广泛传播。各地可有针对性地查漏补缺，对未开发的资源进行深入挖掘和开发利用，灵活运用其他地方资源开展红色文化教育。三是红色资源与其他资源的整合。往往红色资源丰富的地方，也是自然风光优美、民族特色突出的地方。可以将红色旅游资源与自然资源、民俗文化资源等有机结合，实现优势叠加，形成内容丰富、合力巨大的资源整体。①

通过资源的有效整合和优化，促进高校与政府、社会组织或企业实现资源共建和共享。比如河北师范大学马克思主义学院与国家级爱国主义教育基地——西柏坡纪念馆建立了长期战略合作关系，将西柏坡纪念馆作为学生的实践教育基地，广东海洋大学马克思主义学院与湛江地区和茂名地区的南路革命遗址合作建设实践育人基地等。

四、以现代信息技术为手段推进红色文化育人

现代信息技术是人类文明发展进步的重要成果，高校思想政治教育

---

① 马静：《红色文化教育理论与实践研究》，天津：南开大学出版社2015年版，第224—245页。

的发展，应当重视与现代信息技术的有机融合，在新技术条件和手段下增强教育成效，提高落实立德树人根本任务的能力。习近平指出："要运用新媒体新技术使工作活起来，推动思想政治工作传统优势同信息技术高度融合，增强时代感和吸引力。"① 2018 年教育部启动《教育信息化 2.0 行动计划》，提出将教育信息化作为教育系统性变革的内生变量，支撑引领教育的现代化发展。为了提升高校思想政治教育质量，应大力开发红色虚拟仿真体验项目、加强红微创作、建设中国红网大型门户网站等，借助现代信息技术，创新手段和举措，增强红色文化育人效果。

（一）开发红色虚拟仿真体验项目

红色虚拟仿真体验项目，是红色文化实践教学的一种创新方式。开发和运用红色虚拟仿真体验项目，是顺应现代信息技术发展的需求，通过利用计算机系统创设的具有思想政治教育内容和意义的虚拟世界，对学生开展有目的、有计划的仿真实践活动。它是红色文化实践育人的一种新形态，是思想政治理论课主渠道教育教学的辅助，其教育内容和教育方式具有直观性和体验性，对于提升教育教学质量、弥补传统教学的不足、解决当前红色文化实践教学面临的困境具有重要意义。

1. 红色虚拟仿真体验技术的功能

虚拟仿真（Virtual Reality）（以下简称 VR），也称为虚拟现实技术，是"一种可以创建和体验虚拟空间的计算机仿真系统。它是利用以计算机技术为核心的现代高新技术手段生成的一种虚拟环境，通过多种传感设备作用于体验者的视觉、听觉、触觉等感官，让体验者完全沉浸到虚拟环境当中，如同身临其境一般，可以及时、没有限制地观察三维空间

---

① 习近平：《习近平在全国高校思想政治工作会议上强调 把思想政治工作贯穿教育教学全过程 开创我国高等教育事业发展新局面》，载《人民日报》，2016 年 12 月 9 日。

内的事物，或与其直接进行自然交互的现代信息技术。"① 红色虚拟仿真体验项目，通过计算机创设的虚拟环境，蕴含红色文化内容和体现红色文化精神，体验者通过视觉、听觉、触觉等感官，身临其境般感受和体验，体验者将触景动情，使思想和心灵受到震撼和启迪，达到思想政治教育的目的。所创设的红色虚拟情境可以是某红色革命战争情境，可以是某伟人的故事情境，也可以是某历史事件发生情境，还可以是某个英雄人物故事情境等。

红色虚拟仿真体验具有虚拟性、交互性、超时空特点。虚拟性是指虚拟实践活动依托的是网络空间而非物理空间。虚拟实践中，学生拥有了更多的自主性，能较好表现现实实践中难以呈现的场景。红色虚拟仿真体验的交互性可以让实践主体体会到不同的主客体关系，实践主体与其他实践主体之间、同一主体不同角色之间实现自由转换。超时空性指的是虚拟实践可以突破、超越时空，不受时间与空间的限制。虚拟仿真体验，还具有沉浸性、体验性、想象性等特点。

2. 发挥红色虚拟仿真体验的实践教育功能

开发红色虚拟仿真体验项目，对推动红色文化实践教育有着诸多方面的重要作用。一是有助于解决当前红色文化实践教育面临的资源不平衡问题。由于红色文化资源分布和发展不平衡，资源缺乏的地方高校要组织学生跨地域参观红色教育基地等实践学习，存在时间、经费、安全等方面的制约，难以经常性大规模组织学生参加。同时，由于革命时期的红色文化年代已久，单一的参观教育基地形式难以达到好的教学效果。红色虚拟仿真体验，可以让广大学生足不出校参与体验，不仅安全有了保障，还可以亲身体验，身临其境，感同身受，既方便组织实施，

---

① 安维华：《虚拟现实技术及其应用》，北京：清华大学出版社 2014 年版，第 13—14 页。

又能提高教学效果。二是有助于弥补传统的红色文化实践教育无法完成的部分功能。传统的红色文化实践教育，组织学生参观革命遗址、故居，只是听解说员或者老师介绍，或者看一些历史纪录片，无法代入历史或故事情境中。而通过虚拟真实条件、还原真实历史、仿真真实情境让学生参与其中，带给学生更加真实和身临其境的体验，是传统红色实践教育的有益补充。① 三是有助于提高学生的学习积极性、主动性。红色虚拟仿真体验为学生提供了生动、鲜活、逼真的沉浸式体验，使学生能够"亲身经历""亲身感受"红色文化，学生具有更多的自主性、交互性。在红色情境中，可以与不同主体互动，可以与不同角色互换，充分发挥其自主性，自主学习氛围浓厚，更容易感受学习内容、领悟红色文化内涵和精神。

3. 积极开发和运用红色虚拟仿真体验项目

开发和运用红色虚拟仿真体验项目，可以采用沉浸式虚拟仿真、桌面式虚拟仿真、增强式虚拟仿真、分布式虚拟仿真等类型。每一种类型各具优势，学校可以根据具体情况选择创设红色虚拟仿真体验项目。无论采用何种项目类型，都需要在体验过程中，积极调动和激发学生的视觉、听觉、触觉，甚至嗅觉和味觉等感官，让学生充分体验、互动、想象和思考。

开发和运用红色虚拟仿真体验项目，要注重以下几个方面。一是重视红色虚拟仿真体验项目的顶层设计。体验项目的内容是有关红色文化、思想教育，体验目的是增强学生对红色文化的认识和认同，提高学生的思想道德素质，提升实践教学效果。项目创设中，需要马克思主义理论学科专家、思想政治理论课教师全面参与，把好内容关和方向关。

---

① 徐礼平、李林英：《思想政治理论课虚拟现实技术教学：意义、局限与对策》，载《思想教育研究》，2017 年第 9 期，第 63 页。

要吸纳计算机、云计算、软件设计等理工专家以及心理学、管理学等文科学者参加，搭建阵容强大的开发团队，共同完成红色虚拟仿真的硬件设计及软件创建。[①] 二是红色虚拟仿真体验项目的创设要注重内容与形式的统一。红色虚拟仿真体验具有趣味性、交互性、体验性等特点，项目体验具有感染力、亲和力和吸引力，能获得较好的教学效果。要注重把握好内容与形式的统一，不能片面强调形式上的吸引力，而忽视思想政治教育的目的和任务。三是红色虚拟仿真体验项目的开发要具有可持续性。马克思主义理论最大的品质是具有发展性，红色虚拟仿真体验项目的开发也要与时俱进。要根据马克思主义理论、红色文化的持续丰富和发展，结合学生的特点和需要，不断创新红色虚拟仿真系统技术，适时满足教育教学的需要。

红色虚拟仿真体验项目的发展，要坚持"四化"方向。一是项目化。红色虚拟仿真体验项目需要遗址、故居、会址、博物馆、文化馆、纪念馆等红色资源单位的全方位的实物、文献、技术等支持，也需要高校思政课教师、历史、文学、艺术、计算机等方面专家的配合，还需要借助现代多媒体、信息技术的支撑，更需要大量的项目经费支持。各级政府、教育行政部门和高校应设立开发专项，匹配项目经费，走项目化开发之路，持续推出高质量体验产品。二是产权化。虚拟项目需要合理规划、科学设计、规范操作，从内容到形式都凝聚着开发者的智力、思想、价值、创新和想象力，符合《著作权法》的"作品"定义。一个好的红色虚拟仿真项目成果就是一个优秀的红色文化作品，可以广泛传播、复制，进而产生教育价值、经济价值和社会价值。在使用时，要尊重和保护作品产权，要体现一定的经济交换价值，维护创作者的合法权益，促进优秀项目的持续开发和生产。三是共享化。VR 技术的运用，

---

① 张毅翔、李林英：《思想政治理论课虚拟仿真实践教学的内涵及其建设》，载《学校党建与思想教育》，2016 年第 6 期，第 61 页。

将红色资源生产为信息化产品，可在不同层面、不同领域、不同高校、不同主体之间实现共享，惠及更多的受众。四是思想化。这是虚拟仿真项目开发的根本指针。鉴于红色虚拟仿真体验项目的特性，应优先选择代表性强、思想价值高的资源，发掘其具有的德育功能和良好的思想政治教育价值。要坚持真实性、客观性、历史性、思想性和现代性的有机统一，防止虚拟项目娱乐化、夸张化甚至丑化红色文化资源。

（二）加强红微平台开发与建设

信息时代，微平台具有信息内容的海涵性、传播方式的交互性与平等性、传播手段的兼容性、信息传播的时效性和操作的简便性等特点。高校要充分利用红色微信、红微博、红微公众号、红微视频，打造融知识性、思想性、趣味性、服务性为一体的网络思想政治教育载体，增进红色文化传播力。

1. 红微平台的特点

微平台是利用互联网信息技术而建立的传播媒介，红微平台就是为了顺应新时代的发展要求，结合大学生的特点，为了实现红色文化育人目的，充分利用互联网信息技术，运用红色文化资源，对大学生的思想观念、理想信念、价值观、道德素质、心理情感等产生积极影响的思想政治教育平台或者媒介。比如红色微信、红微博、红微公众号、红微视频、红微课等。红微平台具有以下几个方面的特点：一是主客体沟通交流的平等性。由于网络空间具有开放性、虚拟性和相对平等性的特点，每个人都可以通过网络平台发表自己的观点，借助微平台展现自我，通过微平台，主客体之间进行互动和交流，能够激发学生的学习积极性和学习兴趣。二是表现形式的多样性。可以运用各种类型的微平台，广泛传播红色文化，通过大学生喜闻乐见的"红微故事""红微电影""红微文章"等，对大学生加强思想政治教育。三是信息传播的时效性。任何信息传播都具有可传递性和时效性，信息传播的时效性往往与信息的价值成正比。红色文化的相关信息，可借助红微平台及时传播给大学生受众，最大化发挥其价值。

2. 红微平台具有思想政治教育功能

红微平台是传统思想政治教育的重要辅助方式，是开展高校红色文化育人的重要途径，已成为高校思想政治教育的重要载体，对加强大学生思想政治教育有着重要作用。微时代的到来，信息传播方式更加主动化、个体化和移动化，传统思想政治教育的局限愈加明显。红微平台能将信息图像化、视频化、游戏化，并且以碎片插入的方式，突破时空限制，全方位对受教育者施加影响。

红微平台有助于增强师生互动，拉近师生距离。加强高校思想政治教育改革的重要内容之一，就是要增强教育互动。可以采取多种互动方式，如通过微平台设置情境，引导学生开展话题讨论，在互动中，畅所欲言、循循善诱，既各抒己见，又增进共识；既增进感情，又形成共鸣。红微平台广泛传播红色文化内容，是增强大学生思想政治教育效果的重要辅助方式。教师们可以充分挖掘红色文化资源，结合大学生需要，通过大学生熟悉便捷的红微平台，开展红色文化精神传播，充分调动大学生主动参与的积极性和学习的兴趣，增强高校思想政治教育实效。

3. 深化红微平台的有效运用

在实践中，对红微平台的有效运用，有助于促进红色文化的广泛传播，提升红色文化育人效果。对红微平台的运用，一般要注意以下几个方面。一是教育者要积极参与。红微平台就像一把"双刃剑"，既有积极作用的一面，也有传播负面信息的风险。当面对重大问题或事件，教师要积极参与，引导他们正确判断、分析问题，做出客观公正的评价，帮助其树立良好的价值观，而非人云亦云、听之信之、随波逐流。使学生成为"积极善用媒体、制造媒体产品、对无所不在的信息有主体意识和独立思考的优质公民"①。二是加强对大学生的正面引导。红微平台具有开放性特点，媒体资讯丰富多样，但其中也会掺杂一些负面的和虚假的信息，大学生还缺乏鉴别能力和判断能力，往往容易被各种信息淹没。教师应当加强网络信息的解读，做好红色文化资源的推送和传播，潜移默化地对学生进行正面引导，帮助大学生提高鉴别能力和判断能力，提高理性分析问题的意识。三是要有效管控。红微平台是一个虚拟、互动、互联及实时传播的网络空间，运用、管理、操作、引导不当，极易产生负面效果、引发舆情。要坚持政治性、思想性原则，遵守国家互联网法律法规，规范运营管理。四是要重视运营人员的教育培训，提高运营管理能力和水平，保证红微平台始终在红色文化传播和思想政治教育中传递正能量。

部分高校在红微平台运用管理方面进行了积极探索。如，河北师范大学 2017 年推出"寻访河北红色印记"微信专栏、"河北地域特色红色文化在高校的再传播"微信平台、"文院团学梦"微信公众号。延安大学将红色精神与时代发展紧密结合，开发了"小红专"的红色文化网络教育平台，井冈山大学创建了"红色文化资源研究"微信公众号。合肥工业大学制作了以井冈山革命根据地创建和"青少年革命传统教育基地"为主题的系列微视频，主要包括《巍巍井冈》《井冈会师》《重走红军路》等 23 个作品；以大别山地区革命为主题的微视频，主要有《一寸山河一寸血》《邓政委在楼房村》等 14 个作品。河北大学马克思主义学院柴素芳教授率团队拍摄思政课微电影。高校通过各类型红微平台，促使红色文化得到广泛宣传和普及。

---

① 张开：《媒介素养概论》，北京：中国传媒大学出版社 2006 年版，第 36 页。

（三）重视优秀短视频 APP 的开发、推广与运用

1. 短视频 APP 平台的发展与影响

随着移动互联网技术的快速发展，短视频大量涌现。第 46 次中国互联网络发展状况统计报告指出，截至 2020 年 6 月，我国短视频用户规模为 8.18 亿，较 2020 年 3 月增长 4461 万，占网民整体的 87.0%。短视频已成为当前文化传播、思想交锋的重要场域。短视频 APP 是一种"集视频拍摄与社交功能于一体的基于智能移动终端的应用程序，它允许用户拍摄一段极短的视频并支持快速处理后上传至互联网，直接与多种网络社交平台无缝链接，实现分享与互动的社交功能"①。短视频 APP 既有其优势，也隐藏着负面的作用，只有科学、合理运用好短视频，才能发挥其积极的作用。数据显示，在种类丰富的短视频 APP 中，大学生使用最多的是抖音和快手。Quest Mobile 研究院近期发布的《Z 世代洞察报告》显示，24 岁以下移动互联网网民的短视频偏好中，73.6% 选择了抖音。抖音凭借其将短视频、音乐、社交等功能有机整合，以及从内容、主题、算法等多方面专注于年轻人喜好的准确用户定位，迅速成为当下大学生最喜爱的短视频社交 APP。我们发现，无论是在学生学习中，还是校园文化活动中、生活环境中，处处皆有抖音的影子，抖音已走进了大学生学习生活的点滴中，充分证明了抖音对学生的强大吸引力，也证实了大学生是名副其实的抖音短视频的主力军。

2. 高校短视频平台的发展对策

当前，大学生已成为短视频迅猛发展的重要推动力量，短视频对大

---

① 张梓轩、王海、徐丹：《"移动短视频社交应用"的兴起及趋势》，载《中国记者》，2014 年第 2 期，第 107—109 页。

学生思想政治教育效果提出了极大的挑战。高校要积极优化短视频发展对策，促进短视频的科学开发和合理利用，将红色文化运用于短视频中，抖出正能量，正确引导大学生的发展方向。

高校短视频优化发展，可以从以下四个方面加强。一是聚焦产品创新。现代信息技术条件下的全媒体时代，是一个内容为王的时代。视频内容的生产，要注重内容与形式的统一，以内容为基础，创新发展表现形式。要注重提升短视频内涵，以英雄事迹、革命故事、时代楷模、红歌红音乐等为主题内容，不断打造富有吸引力的精品力作，发挥内容引领作用。二是增强用户黏性。短视频平台的传播效果，依赖于用户的关注、点击和阅读，用户黏性越强，受众对象越稳定，传播效果就更有保证。平台要主动策划、创新选题，要丰富形式、优化技术，要完善反馈机制、增强互动性。要转变高校校媒的"官宣"人设，走有温度、接地气、有力量的群众路线，增强吸引力、感染力和传播力。三是要重视专业化队伍建设。优秀短视频的生产是一个系统工程，需要大量具有专门知识的优秀人员的共同努力。高校要重视媒体宣传队伍的专业化建设，加大专业人才的引进工作力度，加强红色文化知识能力、技术能力的继续教育和业务培训，加强与业内优秀企业、优秀平台的交流学习，不断提高短视频平台的运用质量和效果。四是要积极吸引大学生参与运营。组建大学生骨干团队参与到平台的运营管理，可充分发挥他们熟悉身边人身边事的优势，以青年大学生喜闻乐见的角度和方式，创作出接受度高、吸引力强、教育效果好的优秀作品。

（四）加快红色文化网站建设

随着信息技术的快速发展，网络已经成为大学生获取信息和交流信息的重要渠道，对他们的生活和学习产生了深刻而广泛的影响。截至2020年6月，我国网民规模达到9.40亿，我国手机网民规模达9.32

亿，网民中使用手机上网的比例为 99.2%，在我国网民群体中，学生最多，占比为 23.7%。① 红色网站作为网络思想政治教育的重要载体，在高校网络文化建设及思想政治教育工作中发挥着重要的作用。加强红色网站的建设，有助于增强红色文化的传播力、渗透力和教育力。

1. 红色网站发展现状

红色网站是传播党的创新理论、弘扬社会主义核心价值体系的重要阵地。红色网站作为一种新的教育载体和手段，大大促进了传统教育观念和内容的现代化，在传承文化、励志导航、引领成长等诸多方面都发挥着积极作用，促进了思想政治工作内容、形式、方法和手段的不断创新，明显增强了思想政治教育的针对性和实效性。应积极利用红色网站的这些优势，对社会大众进行思想引导、舆论调控和情绪疏导，为社会注入正能量。

我国高校首个红色网站，是 1998 年清华大学汽车工程系汽 71 班党课学习小组利用宿舍的互联网，自发建立的共产主义理论学习主页。它是以思想政治教育为内容的理论学习网站，随后从班级发展到全校，扩展向社会。其他高校也积极推出了红色网站，如北京大学的"红旗在线"、杭州电子科技大学的"红色家园"、浙江大学的"寻访红色记忆"、西安电子科技大学的"瑞金之星"、南京大学的"启明网"、南开大学的"觉悟网"、延安大学的"红色经典艺术教育网""陕北文化网"、上海交大的"焦点网"、安徽师范大学的"思政文明网""向阳花网"、空军大连通信士官学校的"学雷锋活动红色网"、重庆邮电大学的"红岩网"、四川大学的"追求网"、东北师范大学"向导网"、西南交通大学的"前沿网"、中国海洋大学的"海之子"、西南民族大学的

---

① 《第 46 次中国互联网络发展状况统计报告》，https://www.gov.cn/xinwen/2020 - 09/29/content_5548176.htm（访问时间：2020 年 9 月 29 日）。

"思想政治教育网"等。① 部分高校没有建立专门的红色网站，而是在校园网中创设了红色栏目，如重庆大学的"党建在线""红色讲坛""重大青年在线"等栏目。国家、地方政府或者相关部门加强了红色官方网站建设，各社会组织、民间团体推出的红色网站也如星星之火，成燎原之势。红色网站作为我国传统思想政治教育的补充和延伸，开辟了网络思想政治教育新阵地，对提升高校思想政治教育质量起到了积极的作用。

当前，红色网站的建设和发展，还存在一些问题，如网站质量不高、运营管理效率低下、网站浏览点击量少等。有和无的问题已经解决，但好与不好的问题依然存在。

2. 立项建设中国大型红色文化门户网站

红色网站逐渐确立了自身的独特地位，在思想政治教育中持续发挥广泛深远的影响。要鼓励和引导各单位、高校大力发展红色网站，形成百花争妍的局面，要促进各单位、部门网站与红色网站的互联互通，提高网站的点击率和利用率，通过网站"热"起来的效果充分实现"红"的教育目标。

政府要大力支持、投入红色网站建设，应筹备立项推进中国大型红色文化门户网站建设，在国家层面统筹红色文化的发展与传播，系统集成中国优秀的红色文化资源。要加快推进网站建设，对红色网站建设做出详细规划，投入人力物力建设好红色教育网站，不断增强红色网站的吸引力和感召力，提高红色网站的影响力和凝聚力，使红色网站真正成为社会和谐的理论课堂。② 中国大型红色文化教育网站的建设，要注意

---

① 程婧：《改革开放以来大学生思想政治教育研究》，北京：中国法制出版社 2018 年版，第 148 页。

② 杨宗源：《红色网站的优势及其运用探索》，载《人民论坛》，2017 年第 9 期，第 126—127 页。

以下几个方面。一是资源的系统集成。要全面整理、汇总和集成已有分散凌乱的红色文化资源，建设门户网站，实现红色音视频、期刊、图书、史籍、图片等资源"一键查"功能和下载功能，引流聚流。可设置专门板块实现个体交互，吸引每一个使用人都能参与资料史料的供给和建设。要链接各地已经建成的红色网络资源，建设系列地方馆、特色馆、主题馆。二是创新技术手段，丰富使用体验。可依托门户网站建设虚拟仿真体验项目，为高校和各单位迁移到教学、培训、会议等使用创造便捷条件。可开展丰富多彩的征文、红歌创作、故事讲述、动漫设计、主题宣传作品比赛等活动，吸引广大受众长期使用和深度参与。三是衔接好海外宣传的需要。今天的世界已经高度互联互通，讲好中国故事已是全中国人民都面临的一项现实需要。我们要创新发展话语逻辑和表现形式，面向世界，全民参与，讲好中国人民的故事、讲好中国梦的故事、讲好中国共产党的故事，让世界感知中国的温度，了解中国、点赞中国、拥抱中国。

结　语

　　我国高校思想政治教育已经形成了较为完善的理论与实践体系。但理论与实践的衔接不够、融合不足，影响和制约了高校思想政治教育实效性。红色文化具有重要的资政价值、育人价值，红色文化教育是高校思想政治教育的重要组成部分。据中国知网数据显示，自 2003 年始，有关红色文化的研究呈逐年上升趋势，红色文化的历史价值与时代价值不断得以挖掘，成为高校思想政治教育的宝贵资源和精神财富。红色文化与思想政治教育融合的研究成果不断涌现，红色文化与高校思想政治教育融合的研究日益受到关注和重视，但专门针对高校思想政治教育系统，从"大思政"格局出发，真正将红色文化融入高校思想政治教育，将理论与实践相联系、理论与实践相融合，具有较高指导意义和应用价值的研究成果并不多。

　　中共中央、国务院及相关部门发布的多个重要文件中，多次提及要将革命文化等作为思政课建设，以及道德教育、美育教育、价值观教育等思想政治教育的重要依托，体现了红色文化全方位的育人价值与功能。红色文化有效融入高校思想政治教育，离不开国家的顶层设计、支持和推动，也需要依靠高校教师、学者、教育管理者、大学生，以及社会组织、企业、家庭等在理论和实践方面的协同努力和持续探索。

红色文化融入高校思想政治教育，是一个系统工程。应当把握好几点：一是要充分认识到红色文化在增强文化自觉和文化自信，弘扬社会主义核心价值观，培育德智体美劳全面发展的社会主义建设者和接班人方面，在落实立德树人根本任务方面，以及实现中华民族伟大复兴中国梦历程中的重要地位和作用。二是清楚认识到红色文化与高校思想政治教育相互作用、互相融合的关系。红色文化是思想政治教育的重要载体，要使思想政治教育更具吸引力、亲和力、感染力和生命力，增强思想政治教育的针对性和实效性。高校思想政治教育是传播、继承和创新红色文化的有效途径，使"红色基因"得以有效传承。三是红色文化融入高校思想政治教育具有整体性和系统性特质，应深化"三全育人"理念。红色文化教育是高校思想政治教育的重要组成部分，具有整体性、系统性的特点，整个教育系统由思想政治理论课、专业课、校园文化活动、社会实践活动、党团活动、社团活动、教育教学管理、服务管理等元素或环节构成，每个环节、要素之间相互联系和影响，缺一不可。实施教育教学工作的思政课教师、专业课教师、辅导员、服务管理人员等教育主体也要通力协作、形成合力，实现红色文化有效育人。高校思想政治教育作为一个系统，不仅内部各元素要紧密融合，它与社会、家庭及其他高校之间要资源共享、合力育人、协同发展，才能形成高校思想政治教育内部之间、内部与外部之间的有序衔接、协同育人的良性循环。四是红色文化育人具有特色性，离不开对本土红色文化资源的有效运用。红色文化资源广泛分布在我国各地，每个红色资源都有特殊的历史背景和精神意涵，每个地方的红色资源因地方经济发展差异而对其利用和开发状况也有差别。各地区的高校开展红色文化教育时，更多利用本地域红色资源，使得红色文化育人呈现地方特色与区域性特质。五是要重视红色文化教育的整体性与动态性。在关注红色文化区域性特色的同时，要将其融于整个中国革命、建设、改革的历史长河中审视，要将地方特色与整个红色文化协调，确保红色文化教育的系统性。红色文化处于动态发展过程中，红色文化资源具有鲜明的时代性，在运用红色文化资源开展思想政治教育时，要注意充分彰显其地域特色、时代特色和当代价值。六是红色文化教育要遵循"三贴近"原则，务求实效。红色文化教育只有贴近学生、贴近生活、贴近实际，方能发挥其隐性教育的功能。在信息技术高度发达的时代，要充分利用现代信息技术及平台，广泛传播红色文化和传递正能量，运用学生乐于接受的教育方式，潜移默化地熏陶和感染，达到红色文化隐性教育的目的。

习近平总书记指出："要把统筹推进大中小学思政课一体化建设作为一项重要工程。"① 红色文化育人作为思想政治教育的重要组成部分，其建设方向是构建大中小学红色文化教育一体化体系，这是落实立德树人根本任务、增强思想政治教育实效的重要举措。针对大中小学红色文化教育目标脱节、教育内容交叉重复、大中小学不同阶段的红色文化教育缺乏有效衔接、教育效果不显著等问题，科学构建大中小学红色文化教育一体化体系具有极其重要的价值和意义。本书虽专注于红色文化融入高校思想政治教育领域，但其诸多教育规则，亦为建设大中小学红色文化教育一体化体系提供参考和借鉴，这也是本书延伸和努力的方向。

时代的车轮滚滚向前，高校思想政治教育也在永不停息地创新和发展。红色文化作为我国先进文化、主流文化，亦在与时俱进、创新发展，并不断被赋予新的时代价值。红色文化融入高校思想政治教育，需要政府、高校、社会、家庭的协同，更需要高校管理者、教师、学生等各主体协力推进。尤其是作为思政课教师，应始终成为红色文化的忠实守护者、传播者、传承者和创新者，勇于担当，在宏大的高校思想政治教育理论和实践中不断挖掘和开拓创新，为实现社会主义教育事业立德

---

① 《习近平主持召开学校思想政治理论课教师座谈会强调 用新时代中国特色社会主义思想铸魂育人 贯彻党的教育方针落实立德树人根本任务》，载《人民日报》，2019 年 3 月 19 日。

树人的根本任务，培养"四为服务"的社会主义建设者和接班人贡献应有力量。

囿于能力和水平有限，深感研究之路任重而道远，不足乃至错误之处在所难免。今后将继续探索、创新，为红色文化教育研究倾尽绵薄之力。

附录

附录一 红色文化融入高校
思想政治教育现状的调查问卷

亲爱的同学：

您好！本问卷旨在依据您对问题的回答，了解目前红色文化融入高校思想政治教育的现状。本问卷中的问题无对错之分，请您根据最真实的状况和意见填写。问卷采用无记名方式，结果仅供研究分析，不做其他用途，请放心填写。题中多选已明确标出，其余为单选。

衷心感谢您的支持与参与！

第一部分：基本资料

1. 您的性别是？

　　□男　　　　　　□女

2. 您的年级？

　　□大一　　　　□大二　　　　□大三　　　　□大四

3. 您的政治面貌？

　　□中共党员　　　　　　　　□中共预备党员

☐入党积极分子 　　　　　　　☐共青团员

☐群众

4. 您是否为学生干部？

　☐是　　　　☐否

5. 您就读的专业学科类别？

　☐人文类　　☐理工类　　☐农科类　　☐医学类

　☐艺术类　　☐体育类　　☐其他

6. 您就读学校所在省份？

　☐山东省　　☐江苏省　　☐贵州省　　☐陕西省

　☐重庆市　　☐北京市　　☐上海市　　☐江西省

　☐湖北省　　☐福建省　　☐其他

第二部分：大学生对红色文化的认知现状

1. 您了解红色文化吗？

　☐了解　　　☐不了解　　☐偶尔

2. 您认为红色文化包括哪些类型？［多选题］

　☐红色物质文化　　　　　　☐红色精神文化

　☐红色制度文化　　　　　　☐红色行为文化

　☐其他

3. 您知道以下哪些是革命烈士？［多选题］

　☐杨靖宇　　☐赵一曼　　☐张作霖　　☐邓恩铭

　☐江竹筠　　☐刘铭传　　☐孙铭武

4. 您认为以下哪些是红色革命历史事件？［多选题］

　☐平型关大捷　☐淮海战役　☐秋收起义　☐遵义会议

□开国大典　　　□改革开放

5. 您知道以下哪些属于红色文化教育基地？［多选题］

□红军长征纪念碑碑园　　　□华东革命烈士陵园

□延安革命纪念馆　　　　　□黎平会议会址

□毛泽东旧居　　　　　　　□遵义会议会址

□湖南雷锋纪念馆　　　　　□抗震救灾纪念馆

□中国航空博物馆　　　　　□其他

6. 您认为以下哪些属于红色文化精神？［多选题］

□井冈山精神　　□长征精神　　□延安精神　　□大庆精神

□红旗渠精神　　□抗洪精神　　□奥运精神　　□航天精神

□抗疫精神　　　□其他

7. 您认为红色文化的精神实质有哪些？［多选题］

□艰苦奋斗　　□顽强拼搏　　□自强不息　　□吃苦耐劳

□团结奉献　　□众志成城　　□开拓创新　　□其他

第三部分：大学生对红色文化的情感态度

1. 您是否会主动去学习红色文化？

□积极　　　　□比较积极　　□被动　　　　□拒绝

□无所谓

2. 您参加过多少次红色文化活动？

□0 次　　　　□1—2 次　　　□3—5 次　　　□6—8 次

□10 次以上

3. 您是否做过红色文化讲解员、宣传者、志愿者等宣传活动？

□0 次　　　　□1—2 次　　　□3—5 次　　　□6—8 次

□10 次以上

4. 您喜欢收看和阅读与红色文化有关的影视节目、红色网站及报纸杂志吗？

□非常不喜欢　　□不喜欢　　　　□一般　　　　　□喜欢
□非常喜欢

5. 您对革命英雄人物、事件的歪曲理解等持何种态度？

□严厉批判　　　□批判　　　　　□无所谓　　　　□肯定
□强烈肯定

6. 您对红色文化重要性持何种态度？

□非常不重要　　□重要　　　　　□无所谓　　　　□重要
□非常重要

7. 您认为社会思潮对红色文化的影响情况？

□影响很大　　　□影响较大　　　□影响一般　　　□无影响

8. 您认为当前的大众文化对红色文化的影响情况？

□影响很大　　　□影响较大　　　□影响一般　　　□无影响

9. 您认为红色文化对您有影响吗？

□影响很大　　　□有一定影响　　□没什么影响

10. 您认为是否有必要对当代大学生加强红色文化教育？

□很有必要　　　□有一定必要　　□没必要

第四部分：红色文化融入高校
思想政治教育的现状

1. 您是通过什么渠道了解红色文化的？［多选题］

□思政课课堂　　　　　　　　　　□专业课课堂

□参观革命遗址等社会实践活动 □学校报刊

□红歌比赛等校园文化活动　　□网络广播

□电视电影　　　　　　　　　□微信微博

□微视频　　　　　　　　　　□红色文化教材

□红色旅游　　　　　　　　　□其他

2. 您所在学校是否专门开设了有关红色文化的课程？

□有　　　　　　□没有　　　　　□不清楚

3. 您所在学校是否有专门的有关红色文化的教材？

□有　　　　　　□没有　　　　　□不清楚

4. 您的学校是否运用本土红色资源开展教育教学？（本土：本省范围内）

□经常　　　　　□一般　　　　　□较少　　　　　□没有

5. 您的学校是否运用非本土红色资源开展教育教学？（非本土：本省范围之外）

□经常　　　　　□一般　　　　　□较少　　　　　□没有

6. 您的教师采用的思政课的教学方式有哪些？［多选题］

□讲授式　　　　□案例式　　　　□讨论式　　　　□音像式

□专题式　　　　□其他

7. 您们采用的思政课的实践教学方式？［多选题］

□调研式　　　　□体验式　　　　□访谈式　　　　□现场式

□影像式　　　　□其他

8. 您对红色文化教学内容的看法是什么？［多选题］

□生动　　　　　□枯燥　　　　　□抽象　　　　　□政治化

□其他

9. 您所在的学校传播了以下哪些不同历史时期的精神？［多选题］

□革命时期的井冈山、延安、长征精神等

□建设时期的雷锋、大庆精神等

□改革开放时期的抗洪、航天精神等

□新时代的抗疫精神等

□其他

10. 学校开展的校园红色文化活动形式有哪些？［多选题］

□红歌比赛　　　　　　□红色经典朗诵赛

□红色历史知识竞赛　　□学习雷锋精神活动

□红色故事会　　　　　□红色绘画赛

□红色歌剧表演　　　　□红色文艺晚会

□红色产品创意大赛　　□红色微电影制作赛

□其他

11. 学校组织开展的社会实践活动有哪些？［多选题］

□参观红色革命根据地、纪念馆等

□寒暑假"三下乡"社会实践

□红色文化宣讲活动

□红色文化志愿服务活动

□重走长征路等体验活动

□红色文化教育基地实践

□红色文化社会实践调查

□红色采风活动 □其他

12. 您专业课教学中是否涉及红色文化的内容？

□多　　　　□较多　　　　□不多　　　　□偶尔

□没有

13. 请您评价一下学校领导关于红色文化教育方面做得怎么样？［多选题］

□重视和加强红色文化教育的开展和各方面的保障

□很少强调和开展有关红色文化教育相关工作

□学校开展的红色文化活动多半流于形式

□不太重视红色文化教育，着重于专业知识的教育

□其他

14. 通常情况下你们学校组织红色文化实践活动的组织者是谁？［多选题］

□主管领导　　□学生辅导员　□班主任　　　□授课教师

□学生会　　　□班集体　　　□自发组织

15. 本部分主要是对红色文化融入高校思想政治教育现状的补充陈述。

请您根据您的实际情况作答，选择符合的对应选项。

变量	测量维度	非常不同意	不同意	不清楚	同意	非常同意
红色课程建设	1. 我所在学校注重红色精品课程的创新					
	2. 我所在的学校拥有完善的红色课程教学体系					
	3. 我所在的学校一直致力于提高红色课程的质量					
红色文化育人资源	4. 我学习红色文化的书籍资料内容系统全面					
	5. 我所在的学校拥有丰富的校园红色文化资源					
	6. 我所在的学校很注重完善和拓展实践教育资源					
	7. 我所在的学校重视拓展网络红色文化资源					
红色文化课堂建设	8. 我在思政课方面的自我学习能力很强					
	9. 我所在学校很重视开展红色文化实践教学及社会实践活动					
	10. 我所学的专业课结合了红色文化教育内容					

（续表）

变量	测量维度	非常不同意	不同意	不清楚	同意	非常同意
现代信息技术的运用	11. 我所在学校常用 QQ、微信等通讯软件发布红色文化内容					
	12. 我所在学校常用抖音、快手等视频软件加强红色文化宣传					
	13. 我所在的学校重视新媒体技术在红色文化教育中的运用					
师资队伍综合素养	14. 我的思政课老师善于利用各类教学工具					
	15. 我的思政课老师对红色文化教学很负责任					
	16. 我的辅导员在红色文化教育方面的综合素养很高					
	17. 我所在学校的领导在红色文化教育方面的综合素养很高					
	18. 我的专业课老师常将红色文化教育融入教学内容					
红色文化育人联动机制	19. 我所在学校的思政课与校内红色文化活动能有效联动					
	20. 我所在的学校常与外校进行红色文化教育交流和合作					
	21. 我所在的学校常与政府、企业及组织等进行协同教育					
红色文化教育效果	22. 通过学校的思想政治教育，我学习巩固了红色文化的知识					
	23. 通过学校的思想政治教育，我意识到红色文化的价值					
	24. 通过学校的思想政治教育，我愿意继承发扬红色文化					

附录二　红色文化融入高校思想政治教育的现状（高校教师的〈电话/网络〉访谈提纲）

一、基本情况

受访对象：

工作单位：

工作岗位：

政治面貌：

年　　龄：

职称/职务：

访谈时间：

电话/电子邮箱：

二、访谈问题

1. 请您谈一下学校关于红色文化融入思政课、专业课等课程及教材的情况？

2. 请您谈一下学校运用本土（本省范围内）与非本土（本省范围外）红色文化资源开展教育教学的情况？

3. 请您谈一下学校关于红色文化融入实践教学的情况？

4. 请您谈一下学校开展校园红色文化活动的情况？

5. 请您谈一下学校建设红色文化网站的情况？

6. 请您谈一下学校领导对红色文化教育的重视程度？

7. 请您评价红色文化融入学校思想政治教育的总体效果？

8. 请您提出红色文化有效融入高校思想政治教育的建议？

参考文献

一、马克思主义经典著作和党的文献

[1]《邓小平文选》（第 2 卷），北京：人民出版社 1994 年版。

[2]《邓小平文选》（第 3 卷），北京：人民出版社 1993 年版。

[3]《胡锦涛文选》（第 1 卷），北京：人民出版社 2016 年版。

[4]《建国以来毛泽东文稿（第七册）》，北京：中央文献出版社 1992 年版。

[5]《江泽民文选》（第 1 卷），北京：人民出版社 2006 年版。

[6]《列宁选集》（第 1—4 卷），北京：人民出版社 2012 年版。

[7]《列宁专题文集·论辩证唯物主义和历史唯物主义》，北京：人民出版社 2009 年版。

[8]《列宁专题文集·论无产阶级政党》，北京：人民出版社 2009 年版。

[9]《马克思恩格斯文集》（第 9 卷），北京：人民出版社 2009 年版。

[10]《马克思恩格斯选集》（第 1—4 卷），北京：人民出版社 2012

年版。

　　[11]《毛泽东文集》（第 3 卷），北京：人民出版社 1996 年版。

　　[12]《毛泽东文集》（第 7 卷），北京：人民出版社 1999 年版。

　　[13]《毛泽东文艺论集》，北京：中央文献出版社 2002 年版。

　　[14]《毛泽东选集》（第 2—4 卷），北京：人民出版社 1991 年版。

　　[15]《毛泽东早期文稿（1912.6—1920.11)》，长沙：湖南出版社 1990 年版。

　　[16]《深入学习习近平关于教育的重要论述》，北京：人民出版社 2019 年版。

　　[17]《十六大以来重要文献选编（下)》，北京：中央文献出版社 2008 年版。

　　[18]《十七大以来重要文献选编（中)》，北京：中央文献出版社 2011 年版。

　　[19]《十七大以来重要文献选编（下)》，北京：中央文献出版社 2013 年版。

　　[20]《十八大以来重要文献选编（上)》，北京：中央文献出版社 2014 年版。

　　[21]《十八大以来重要文献选编（中)》，北京：中央文献出版社 2016 年版。

　　[22]《十八大以来重要文献选编（下)》，北京：中央文献出版社 2018 年版。

　　[23]《习近平关于党的群众路线教育实践活动论述摘编》，北京：党建读物出版社、中央文献出版社 2014 年版。

　　[24]《习近平关于青少年和共青团工作论述摘编》，北京：中央文献出版社 2017 年版。

　　[25]《习近平关于社会主义文化建设论述专题摘编》，北京：中央

文献出版社 2017 年版。

[26]《习近平谈治国理政》（第一卷），北京：外文出版社 2014 年版。

[27]《习近平谈治国理政》（第二卷），北京：外文出版社 2017 年版。

[28]《习近平谈治国理政》（第三卷），北京：外文出版社 2020 年版。

[29]《习近平新时代中国特色社会主义思想基本问题》，北京：人民出版社、中共中央党校出版社 2020 年版。

[30]《习近平新时代中国特色社会主义思想学习纲要》，北京：学习出版社、人民出版社 2019 年版。

[31]《习近平总书记教育重要论述讲义》，北京：高等教育出版社 2020 年版。

[32]《习近平总书记系列重要讲话读本》，北京：学习出版社、人民出版社 2016 年版。

[33] 习近平：《论党的宣传思想工作》，北京：中央文献出版社 2020 年版。

[34] 习近平：《思政课是落实立德树人根本任务的关键课程》，北京：人民出版社 2020 年版。

[35] 习近平：《在北京大学师生座谈会上的讲话》，北京：人民出版社 2018 年版。

[36] 习近平：《在全国抗击新冠肺炎疫情表彰大会上的讲话》，北京：人民出版社 2020 年版。

[37] 习近平：《在全国民族团结进步表彰大会上的讲话》，北京：人民出版社 2019 年版。

[38] 习近平：《在文艺工作座谈会上的讲话》，北京：人民出版社

2015 年版。

［39］习近平：《在中国文联十大、中国作协九大开幕式上的讲话》，北京：人民出版社 2016 年版。

［40］习近平：《知之深爱之切》，石家庄：河北人民出版社 2015 年版。

二、学术专著

［1］［奥地利］维克多·弗兰克：《活出意义来》，赵可式等译，北京：生活·读书·新知三联书店 1998 年版。

［2］［法］费尔南·布罗代尔：《文明史》，常绍民等译，北京：中信出版集团 2017 年版。

［3］［美］杜威：《道德教育原理》，王承绪等译，杭州：浙江教育出版社 2003 年版。

［4］［美］杜威：《杜威五大演讲》，胡适译，合肥：安徽教育出版社 2005 年版。

［5］［美］克利福德·格尔茨：《文化的解释》，韩莉译，南京：译林出版社 2020 年版。

［6］［美］马斯洛：《马斯洛人本哲学》，唐译译，长春：吉林出版社 2013 年版。

［7］［美］迈克尔·W. 阿尔普：《文化政治与教育》，阎光才等译，北京：教育科学出版社 2018 年版。

［8］［美］约翰·杜威：《人的问题》，傅统先等译，上海：上海人民出版社 2014 年版。

［9］［英］菲利普·史密斯：《文化理论——导论》，张鲲译，北京：商务印书馆 2008 年版。

［10］［英］约翰·斯道雷：《文化理论与大众文化导论（第七版）》，常江译，北京：北京大学出版社 2019 年版。

［11］《红色文化与社会主义核心价值观教育读本》编写组：《红色文化与社会主义核心价值观教育读本》，南昌：江西高校出版社 2016 年版。

［12］安维华：《虚拟现实技术及其应用》，北京：清华大学出版社 2014 年版。

［13］白锡能、任贵祥：《红色文化与中国发展道路论文集》，北京：中国社会科学出版社 2015 年版。

［14］陈秉公：《思想政治教育学原理》，北京：高等教育出版社 2006 年版。

［15］陈刚：《大众文化与当代乌托邦》，北京：作家出版社 1996 年版。

［16］陈华洲：《思想政治教育资源论》，北京：中国社会科学出版社 2007 年版。

［17］陈丕显：《陈丕显回忆录：在“一月风暴”的中心》，上海：上海人民出版社 2005 年版。

［18］陈万柏、张耀灿等：《思想政治教育学原理》，北京：高等教育出版社 2007 年版。

［19］陈先达：《文化自信中的传统与当代》，北京：北京师范大学出版社 2017 年版。

［20］陈序经：《文化学概观》，长沙：岳麓书社 2009 年版。

［21］程婧：《改革开放以来大学生思想政治教育研究》，北京：中国法制出版社 2018 年版。

［22］邓军等：《高校思想政治工作质量提升理论与实践（文化育人卷）》，桂林：广西师范大学出版社 2019 年版。

［23］翟振武：《社会调查问卷设计与应用》，北京：中国人民大学出版社 2019 年版。

［24］丁凤云：《沂蒙红色文化与沂蒙精神》，济南：山东人民出版社 2012 年版。

［25］费聿辉、刘涛：《红色基因传承研究》，济南：济南出版社 2019 年版。

［26］冯刚、郑永廷：《思想政治教育学科 30 年发展研究报告》，北京：光明日报出版社 2014 年版。

［27］冯刚：《大学生思想政治教育工作概论》，北京：北京师范大学出版社 2020 年版。

［28］高峰：《西方思想政治教育史》，北京：首都师范大学出版社 2015 年版。

［29］耿进昂：《高校思想政治课的"三位一体"教育》，北京：地质出版社 2017 年版。

［30］顾海良：《高校思想政治教育导论》，武汉：武汉大学出版社 2006 年版。

［31］关冠军、刘慧等：《红色文化品牌塑造：理论与实践》，北京：中国商务出版社 2019 年版。

［32］侯惠勤：《马克思主义意识形态论》，南京：南京大学出版社 2011 年版。

［33］胡移山：《革命英烈成长的故事》，沈阳：辽宁人民出版社 2012 年版。

［34］简奕、杨新：《信仰的底色——红色基因解码》，北京：人民出版社 2018 年版。

［35］李方祥：《福建红色文化实践教学指南》，福州：海峡出版发行集团、福建人民出版社 2018 年版。

［36］李昊婷：《思想政治教育学习心理研究》，北京：中国社会科学出版社 2020 年版。

［37］李合亮：《解析与建构当代中国思想政治教育的哲学反思》，北京：人民出版社 2010 年版。

［38］李霞：《红色资源与思想政治教育》，北京：人民出版社 2015 年版。

［39］刘道玉：《中国高等教育改革论》，武汉：武汉大学出版社 2018 年版。

［40］刘红梅：《红色旅游与红色文化传承研究》，北京：人民出版社 2017 年版。

［41］刘建军：《寻找思想政治教育的独特视角》，北京：中国人民大学出版社 2017 年版。

［42］刘建伟：《红色文化融入高校社会主义核心价值观教育研究》，北京：人民出版社 2018 年版。

［43］刘上洋：《红色摇篮》，南昌：江西人民出版社 2007 年版。

［44］刘书林：《思想政治教育学原理专题研究纲要》，北京：人民出版社 2018 年版。

［45］楼宇烈：《中国文化的根本精神》，北京：中华书局 2016 年版。

［46］卢黎歌、薛华：《当代大学生思想特点、成长规律与马克思主义大众化研究》，西安：西安交通大学出版社 2012 年版。

［47］罗国杰：《伦理学》，北京：人民出版社 1991 年版。

［48］罗仲尤：《思想政治教育属性研究》，北京：知识产权出版社 2017 年版。

［49］骆郁廷：《当代大学生思想政治教育》，北京：中国人民大学出版社 2010 年版。

［50］马静：《红色文化教育理论与实践研究》，天津：南开大学出版社 2015 年版。

［51］年仁德、戴淑贞等：《高校中华优秀传统文化教育的设计与规划》，北京：知识产权出版社 2019 年版。

［52］裴植、程美东：《先锋引领的红色文化》，北京：中国社会科学出版社 2019 年版。

［53］钱穆：《文化学大义》，北京：九州出版社 2017 年版。

［54］邱小云：《红色文化十讲》，南昌：江西高校出版社 2018 年版。

［55］渠长根：《红色文化概论》，北京：红旗出版社 2017 年版。

［56］渠长根：《红色文化研究与实践》，北京：红旗出版社 2019 年版。

［57］邵汉明：《中国文化研究二十年》，北京：人民出版社 2003 年版。

［58］沈壮海：《思想政治教育的文化视野》，北京：人民出版社 2005 年版。

［59］沈壮海：《思想政治教育有效性研究（第三版）》，武汉：武汉大学出版社 2016 年版。

［60］施丽红、苏洁：《高校思想政治课有效教学》，北京：光明日报出版社 2012 年版。

［61］石书臣：《现代思想政治教育主导性研究》，上海：学林出版社 2004 年版。

［62］石云霞：《高校思想政治理论课程建设史研究》，武汉：武汉大学出版社 2006 年版。

［63］舒醒：《江西红色文化》，南昌：百花洲文艺出版社 2019 年版。

［64］司马云杰：《文化价值论——关于文化建构价值意识的学说》，合肥：安徽教育出版社 2011 年版。

［65］苏振芳：《当代国外思想政治教育比较》，北京：社会科学文献出版社 2009 年版。

［66］孙利、刘存福：《红色基因、不竭动力——北京理工大学文化建设的传承与思考》，北京：北京理工大学出版社 2020 年版。

［67］孙其昂：《社会学视野中的思想政治工作（第二版）》，北京：科学出版社 2017 年版。

［68］覃银辉：《革命历史文化与思想政治教育》，广州：华南理工大学出版社 2018 年版。

［69］汪炜伟：《福建红色文化的历史与传承》，北京：中央编译出版社 2020 年版。

［70］王爱华：《多维视野下的红色文化》，成都：西南交通大学出版社 2011 年版。

［71］王炳林、张泰城：《高校红色文化资源育人发展报告 2016》，北京：人民出版社 2017 年版。

［72］王炳林、张泰城：《高校红色文化资源育人发展报告 2017》，北京：人民出版社 2018 年版。

［73］王炳林、张泰城：《高校红色文化资源育人发展报告 2018》，北京：人民出版社 2020 年版。

［74］王海丽：《红色文化在房山》，北京：中国商务出版社 2018 年版。

［75］王洪叶：《贵州红色文化资源与地域发展研究》，成都：西南交通大学出版社 2015 年版。

［76］王瑞荪：《比较思想政治教育学》，北京：高等教育出版社 2001 年版。

［77］王树荫：《中国共产党思想政治教育史》，北京：高等教育出版社 2018 年版。

［78］王易：《传统文化与思想政治教育创新》，北京：中国人民大学出版社 2018 年版。

［79］韦冬雪：《思想政治教育过程矛盾和规律研究》，北京：光明日报出版社 2011 年版。

［80］韦森：《文化与制度》，上海：上海人民出版社 2003 年版。

［81］项久雨：《思想政治教育价值论》，北京：中国社会科学出版社 2003 年版。

［82］肖灵：《当代大学生红色文化传播研究》，北京：中国社会科学出版社 2015 年版。

［83］肖云岭、陈钢：《井冈山革命根据地文化建设史》，南昌：江西人民出版社 2007 年版。

［84］熊建生：《思想政治教育内容结构论》，北京：中国社会科学出版社 2012 年版。

［85］徐占权：《中国工农红军长征全史（三）》，北京：军事科学出版社 2006 年版。

［86］杨忠明、贺培育等：《雷锋精神与红色文化》，北京：社会科学文献出版社 2019 年版。

［87］叶丹：《红色文化与新时代高校理想信念教育》，南昌：江西人民出版社 2020 年版。

［88］叶永烈：《红色的起点——中国共产党诞生纪实》，成都：天地出版社 2019 年版。

［89］禹玉环：《遵义市红色文化遗产保护与开发利用问题研究》，成都：西南交通大学出版社 2016 年版。

［90］袁俊平等：《人的全面发展理论与高校思想政治教育创新发展

研究》，成都：西南交通大学出版社 2017 年版。

［91］张海峰、刘焕峰等：《弘扬革命文化 传承红色基因》，重庆：重庆出版社 2019 年版。

［92］张开：《媒介素养概论》，北京：中国传媒大学出版社 2006 年版。

［93］张立学：《以文化人：大学文化育人研究》，北京：人民出版社 2019 年版。

［94］张泰城等：《高校红色文化资源育人发展报告 2018》，北京：中国书籍出版社 2015 年版。

［95］张文等：《媒介融合背景下的红色文化大众化研究》，北京：中国社会出版社 2019 年版。

［96］张文等：《媒介融合背景下的红色文化大众化研究》，北京：中国社会出版社 2019 年版。

［97］张耀灿、郑永廷等：《现代思想政治教育学》，北京：人民出版社 2006 年版。

［98］张耀灿：《思想政治教育学前沿》，北京：人民出版社 2006 年版。

［99］赵耀宏：《延安精神及其当代价值北京》：人民出版社 2017 年版。

［100］郑永廷：《思想政治教育方法论》，北京：高等教育出版社 1999 年版。

［101］郑永廷：《思想政治教育学原理》，北京：高等教育出版社 2018 年版。

［102］中共中央宣传部理论局：《马克思主义哲学十讲》，北京：党建读物出版社、学习出版社 2013 年版。

［103］周利生等：《红色资源与高校思想政治教育》，北京：九州出

版社 2018 年版。

　　[104] 朱小曼：《教育的问题与挑战：思想的回应》，南京：南京师范大学出版社 2000 年版。

　　[105] Character Education Partnership, *Eleven Principles of Effective Character Education*, New York：National Professional Resources, 1998.

　　[106] Donna M. Gollink & Phillip. C. Chinn, *Multicultural Education in a Pluralistic Society* (*9PthP edition*), New York：Pearson, 2012.

三、期刊论文

　　[1] 白显良：《论隐性思想政治教育的理念定位》，载《学校党建与思想教育》，2019 年第 13 期。

　　[2] 白显良：《提升思想政治教育亲和力需把握的几重关系》，载《思想理论教育》，2017 年第 4 期。

　　[3] 毕耕、谭圣洁：《全媒体时代红色文化传播的媒介策略》，载《红旗文稿》，2016 年第 3 期。

　　[4] 曹金龙：《关于新时代思想政治教育显性教育和隐性教育相统一的思考》，载《思想理论教育》，2019 年第 12 期。

　　[5] 曾德生：《充分发挥第二课堂思想政治教育价值》，载《中国高等教育》，2020 年第 8 期。

　　[6] 陈春荣等：《挑战与思考：思想政治教育中的红色文化载体》，载《中学政治教学参考》，2012 年第 6 期。

　　[7] 陈金龙：《以伟大抗疫精神凝聚中国力量》，载《红旗文稿》，2020 年第 20 期。

　　[8] 陈九如等：《新时代高校红色文化教育的逻辑理路》，载《思想理论教育导刊》，2019 年第 7 期。

［9］陈万柏：《论思想政治教育文化载体的特征和功能》，载《求索》，2005 年第 05 期。

［10］陈雪、王永贵：《新时代社会主义意识形态的功能提升研究》，载《河海大学学报（哲学社会科学版)》，2020 年第 3 期。

［11］程彪等：《革命文化的历史性内涵与时代价值》，载《理论探讨》，2019 年第 5 期。

［12］程刚、金一波：《高校思想政治教育实效性途径的探索》，载《高校理论战线》，2019 年第 01 期。

［13］崔健：《红岩精神：革命精神与民族精神的共铸及其在新时代的价值》，载《探索》，2019 年第 3 期。

［14］邓鹏：《论红色文化对大学生马克思主义信仰教育的价值及其应用》，载《思想理论教育导刊》，2016 年第 5 期。

［15］刁凤鸣：《试析高校思想政治教育"主渠道"与"主阵地"的交互作用》，载《学校党建与思想教育》，2012 年第 4 期。

［16］范方红：《红色文化融入高校思想政治教育的价值与路径》，载《学校党建与思想教育》，2017 年第 3 期。

［17］冯刚：《思想政治理论课与日常思想政治教育协同育人的理论思考》，载《学校党建与思想教育》，2017 年第 21 期。

［18］高放：《加强对马克思主义科学的整体研究》，载《马克思主义与现实》，2005 年第 2 期。

［19］谷松岭：《论红色文化资源的价值》，载《红色文化资源研究》，2017 年第 1 期。

［20］顾海良：《高校思想政治理论课"要坚持在改进中加强"》，载《思想理论教育导刊》，2017 年第 1 期。

［21］郭新春、刘科荣：《新时代红色文化育人的思考与实践》，载《中国高等教育》，2020 年第 11 期。

［22］侯惠勤、辛向阳：《中国梦与中国特色社会主义共同理想》，载《红旗文稿》，2013 年第 12 期。

［23］侯惠勤：《"不忘初心"是对共产党人革命精神的自觉磨练》，载《红旗文稿》，2019 年第 3 期。

［24］黄蓉生：《推进思想政治教育学科建设必须处理好几个关系》，载《思想理论教育》，2015 年第 02 期。

［25］黄蓉生等：《习近平红色文化论述的思想政治教育价值探析》，载《思想教育研究》，2018 年第 9 期。

［26］蒋尊丽、李康平：《长征革命老区长征红色文化弘扬研究》，载《思想理论教育导刊》，2019 年第 9 期。

［27］柯芳等：《革命文化国际传播的回顾与展望》，载《云南社会科学》，2019 年第 9 期。

［28］李东朗：《革命文化是党和人民宝贵的精神财富》，载《人民论坛》，2017 年第 17 期。

［29］李方祥：《"马克思主义与中国文化相结合"提法的由来辨析》，载《思想理论教育导刊》，2014 年第 9 期。

［30］李康平：《中国革命文化基本理论问题研究》，载《马克思主义研究》，2015 年第 7 期。

［31］李坤等：《弘扬和培育青年红色精神的路径探析》，载《学校党建与思想教育》，2019 年第 11 期。

［32］李义：《新中国成立 70 年革命精神的演化理路诠释》，载《马克思主义理论学科研究》，2019 年第 10 期。

［33］连洁：《建构高校思想政治工作全程全方位育人模式》，载《中国高等教育》，2017 年第 8 期。

［34］梁楹：《以革命文化涵养时代新人的担当精神》，载《思想理论教育导刊》，2019 年第 10 期。

［35］刘福来：《地方高校特色文化课程建设的探索与实践》，载《中国大学教学》，2013 年第 9 期。

［36］刘建军：《课程思政：内涵、特点与路径》，载《教育研究》，2020 年第 9 期。

［37］刘建军：《论马克思主义的创新精神》，载《华南师范大学学报（社会科学版）》，2018 年第 3 期。

［38］刘建军等：《坚定文化自信 加强革命精神研究》，载《中国高等教育》，2018 年第 10 期。

［39］刘润为：《红色文化与文化自信》，载《红旗文稿》，2017 年第 12 期。

［40］刘书林：《新中国 70 年高校思想政治教育发展主要经验和规律》，载《思想教育研究》，2020 年第 7 期。

［41］刘松：《革命文化是文化自信的精神支柱》，载《山东社会科学》，2018 年第 2 期。

［42］刘晓华、卢彦名：《高校思想政治教育中的红色文化微观历史叙事》，载《思想理论教育导刊》，2019 年第 2 期。

［43］刘晓华等：《高校思想政治教育中的红色文化微观历史叙事》，载《思想理论教育导刊》，2019 年第 2 期。

［44］卢俞成、林春逸：《多重"魅力"透视：高校思政课教师能力提升的五个维度》，载《广西社会科学》，2020 年第 7 期。

［45］罗丽琳、蒲清平：《红色文化的思想政治教育基因及其时代价值》，载《新疆师范大学学报（哲学社会科学版）》，2018 年第 6 期。

［46］骆郁廷：《抖出正能量：抖音在大学生思想政治教育中的运用》，载《思想理论教育》，2019 年第 3 期。

［47］骆郁廷：《改革开放 40 年来高校思想政治理论课教师队伍建设的历史发展》，载《思想理论教育导刊》，2018 年第 10 期。

［48］骆郁廷等：《论红色文化的微传播》，载《江淮论坛》，2017年第 5 期。

［49］马静：《红色文化教育话语转换的实践进路》，载《人民论坛》，2019 年第 9 期。

［50］马静：《论红色文化社会治理功能及其实现机理》，载《广西社会科学》，2016 年第 8 期。

［51］马晓燕：《基于实践体验的红色文化资源育人功能探究》，载《思想理论教育》，2019 年第 2 期。

［52］闵绪国：《意识形态性：思想政治教育的本质属性》，载《求实》，2014 年第 1 期。

［53］彭贤则：《红色文化融入高校学生党员教育的价值及路径研究》，载《学校党建与思想教育》，2019 年第 6 期。

［54］渠长根、贺艳秋：《对中国共产党榜样文化的基本认识》，载《学习论坛》，2015 年第 9 期。

［55］冉琴：《红色精神涵养社会主义核心价值观的方法论原则》，载《毛泽东思想研究》，2017 年第 9 期。

［56］任静：《浅谈对高校德育方法中显性与隐性教育整合的思考》，载《高教探索》，2016 年第 S1 期。

［57］沈成飞、连文妹：《论红色文化的内涵、特征及其当代价值》，载《教学与研究》，2018 年第 1 期。

［58］沈成飞等：《论红色文化的内涵、特征及其当代价值》，载《教学与研究》，2018 年第 1 期。

［59］石书臣、韩笑：《抗疫精神：新时代中国精神的生动体现》，载《学校党建与思想教育》，2020 年第 8 期。

［60］石仲泉：《中华民族站起来的历史启示》，载《红旗文稿》，2019 年第 13 期。

［61］苏明达、梁汝毅：《草原上的红色文化工作队——记内蒙古"乌兰牧骑"》，载《中国民族》，1965 年第 Z1 期。

［62］孙学文、王晓飞：《新时代红色文化的传承与发展》，载《吉首大学学报（社会科学版）》，2019 年第 6 期。

［63］孙宜芳：《红色文化现代化的三个维度》，载《红色文化学刊》，2020 年第 3 期。

［64］仝华：《研读党的文献，坚实学科建设根基——关于"中国近现代史基本问题研究"学科建设》，载《马克思主义理论学科研究》，2015 年第 1 期。

［65］汪亭友：《弘扬红色文化要坚决反对历史虚无主义》，载《党建》，2019 年第 5 期。

［66］王炳林、房正：《关于深化中国共产党革命精神研究的几个问题》，载《中国高校社会科学》，2016 年第 3 期。

［67］王春霞：《论红色文化资源在大学生思想政治教育中的功能定位及实现路径》，载《思想理论教育导刊》，2018 年第 5 期。

［68］王芬：《红色文化在高校思想政治教育路径探析》，载《毛泽东思想研究》，2016 年第 11 期。

［69］王玲等：《红色文化资源在高校思想政治教育中的价值和实现》，载《学校党建与思想教育》，2018 年第 6 期。

［70］王树荫、耿鹏丽：《新时代学习党史、新中国史、改革开放史、社会主义发展史的若干思考》，载《思想理论教育》，2020 年第 5 期。

［71］王涛、刘修阳：《高校主流意识形态教育的问题与对策思考》，载《思想政治教育研究》，2014 年第 1 期。

［72］王延光：《高校思政课要善用红色文化资源》，载《红旗文稿》，2020 年第 20 期。

［73］王勇、许静波：《新时代反对文化虚无主义的"理"和"路"》，载《思想教育研究》，2019 年第 12 期。

［74］韦红霞：《高校红色文化教育资源供给的路径研究》，载《黑龙江高教研究》，2017 年第 8 期。

［75］韦红霞：《红色文化有机融入高校思想政治教育的路径思考》，载《学校党建与思想教育》，2018 年第 6 期。

［76］魏培徽、马化祥、马莉萍：《高校第二课堂与大学生创新素质培养的关系研究》，载《思想教育研究》，2011 年第 10 期。

［77］魏启晋：《论高校思想政治理论课教师的职业定力和职业敏感》，载《思想教育研究》，2017 年第 09 期。

［78］魏晓文、秦雪：《历史虚无主义批判的三重逻辑——学习习近平关于"四史"的重要论述》，载《思想教育研究》，2020 年第 9 期。

［79］吴宏政、王海龙：《新时代思想政治教育的国家治理功能》，载《思想理论教育导刊》，2020 年第 11 期。

［80］吴建永：《提升红色文化的时代号召力和凝聚力》，载《人民论坛》，2019 年第 7 期。

［81］吴太宇：《网络空间红色文化资源传播的理论价值与实践路径》，载《郑州大学学报（哲学社会科学版)》，2018 年第 1 期。

［82］吴晓玲：《课程"泛化"：面相、过程及价值》，载《南京师大学报（社会科学版)》，2021 年第 1 期。

［83］邢佳妮：《红色文化传播力提升策略探析》，载《理论导刊》，2019 年第 6 期。

［84］徐礼平、李林英：《思想政治理论课虚拟现实技术教学：意义、局限与对策》，载《思想教育研究》，2017 年第 9 期。

［85］徐永健等：《试论红色文化资源与大学生思想政治教育的内在关联》，载《思想教育研究》，2016 年第 12 期。

［86］许硕、葛舒阳:《"思政课程"与"课程思政"关系辨析》，载《思想政治教育研究》，2019 年第 6 期。

［87］杨昆:《红色文化的思想政治教育价值》，载《中学政治教学参考》，2018 年第 12 期。

［88］杨晓慧:《以"大思政"理念创新思政育人格局》，载《思想教育研究》，2020 年第 9 期。

［89］杨宗源:《红色网站的优势及其运用探索》，载《人民论坛》，2017 年第 9 期。

［90］张丹丹:《复杂性视域下"课程思政"建设路径研究》，载《广西社会科学》，2018 年第 9 期。

［91］张来成:《充分发挥"红色文化"的思想政治教育作用》，载《中国教育学刊》，2017 年第 12 期。

［92］张泰城:《论红色文化资源的分类》，载《中国井冈山干部学院学报》，2017 年第 04 期。

［93］张泰城:《论红色资源的教育特质》，载《井冈山大学学报（社会科学版)》，2015 年第 6 期。

［94］张毅翔、李林英:《思想政治理论课虚拟仿真实践教学的内涵及其建设》，载《学校党建与思想教育》，2016 年第 6 期。

［95］赵建波:《习近平关于新时代爱国主义重要论述研究》，载《北方民族大学学报（哲学社会科学版)》，2019 年第 5 期。

［96］赵珑:《红色文化校本课程开发的价值及其实现途径》，载《教学与管理》，2017 年第 19 期。

［97］周博文、赵俊爱:《高校思想政治教育"主渠道"与"主阵地"交互机制探索》，载《思想理论教育导刊》，2014 年第 8 期。

［98］朱文、王涛:《论思想政治教育的文化功能》，载《思想政治教育研究》，2017 年第 8 期。

［99］朱志明等：《革命文化融入立德树人实践的价值意蕴及实现路径》，载《思想教育研究》，2018 年第 5 期。

［100］DavidKerr, Citizenship Education: An International Comparison across Sixteen Countries, *International Journal of Social Education*, Vol. 17, No. 1, 2002.

［101］Dalton JC, Crosby P C, Core values and commitments in college: The surprising return to ethics and character in undergraduate education, *Journal of College and Character*, Vol. 12, No. 2, 2011.